Segredos de uma Família Imperial

MARY DEL PRIORE

Segredos de uma Família Imperial

A vida da Princesa Isabel, de Gastão conde d'Eu e dos príncipes D. Pedro, D. Luís e D. Antônio no exílio

 Planeta

Copyright © Mary Del Priore, 2024
Copyright © Editora Planeta do Brasil, 2024
Todos os direitos reservados.

Preparação: Marília Chaves
Revisão: Valquíria Matiolli e Bonie Santos
Diagramação: Negrito Produção Editorial
Pesquisa iconográfica: Tempo Composto Ltda. | Daniela Baraúna
Imagens de miolo e capa: Instituto Moreira Salles
Capa: Filipa Damião Pinto (@filipa_) | Estúdio Foresti Design

CIP-BRASIL. CATALOGAÇÃO NA PUBLICAÇÃO
Angélica Ilacqua CRB-8/7057

Del Priore, Mary, 1952-
    Segredos de uma família imperial / Mary Del Priore. – São Paulo : Planeta do Brasil, 2024.
    240 p.

    ISBN: 978-85-422-2867-0

    1. Brasil – História. 2. Famílias reais. I. Título.

24-3738   CDD 981.05

Índice para catálogo sistemático:
1. Brasil – História

 Ao escolher este livro, você está apoiando o manejo responsável das florestas do mundo

2024
Todos os direitos desta edição reservados à
Editora Planeta do Brasil Ltda.
Rua Bela Cintra, 986, 4º andar – Consolação
São Paulo – SP – 01415-002
www.planetadelivros.com.br
faleconosco@editoraplaneta.com.br

*"Era um tempo fora do tempo
Era um tempo entre dois tempos
Um tempo antes de passar o tempo."*

Mazurca cantada por Isabelle, condessa de Paris

Sumário

Dias sem fim... **9**
A travessia **23**
Más notícias e mudança de projetos **35**
Restauração, sim ou não **41**
Restauração **47**
A partida **61**
"Insanos restauradores" **73**
Príncipes promissores **89**
Monarquistas em ação **101**
Silêncios e coisas não ditas **109**
A procura de uma noiva e de soluções **117**
Rescaldo **131**
Alguns passos **143**
Nuvens escuras **147**
A tempestade **155**
Em meio ao horror **165**
A mater dolorosa **179**
Ganhos e perdas **191**
O retorno **203**
A história sem fim **221**
Bibliografia **225**
Agradecimentos **239**

Dias sem fim...

Era novembro e não chovia. Mas os dramas que mudam vidas não escolhem o tempo. A Princesa Isabel viveu um deles. Foi no que "se deu a maior infelicidade de nossa vida", registrou. A dor impregnou suas memórias sobre o dia 15 de novembro de 1889. Elas combinaram surpresa e desespero. A rapidez do golpe republicano não deixou a família imperial reagir. Uma vida lhes foi arrancada sem aviso prévio. Uma vida feliz. Cercada de pessoas amigas, do conforto familiar, do calor das casas, de certezas de que tudo acenava para um futuro tranquilo. O destino, porém, não conhece linhas retas. E ela não entendeu por quê.

Isabel era boa, praticava caridade, rezava muito e tinha fé. Desde pequena colecionava imagens religiosas e frequentava asilos, distribuindo boas ações. Não perdia missas nem novenas. Afinadíssima, cantava o *Stabat Mater* e adorava o Santo Sacramento. Seus escrúpulos religiosos a antagonizaram com seu pai, D. Pedro II, várias vezes. Por duas, assinou leis que libertavam os escravos: a Lei do Ventre Livre e a Lei Áurea. Acreditava piamente que, protegida pela lei de 13 de maio, o devotamento dos abolicionistas e seu título de Redentora se tornaria invencível nas piores lutas políticas. Não percebeu que a alegria dos libertos tinha ficado para trás. Que suas boas ações não lhe protegeriam do mal. Habitada por paz interior, uma paz construída na certeza do dever cumprido como esposa, mãe e filha, o Bom Deus estaria sempre com ela. Mas Deus também era insaciável de louvores, pródigo de catástrofes, sempre pronto a distribuir desgostos. Ela o abrandava com ladainhas e missas. Mas Deus não esteve lá nesse dia.

Aos 43 anos, baixinha, dona de uma voz melodiosa, os olhos azuis incrustados em órbitas caídas que piscavam num tique nervoso, cabelos brancos num penteado tão imutável quanto os seus princípios, Isabel tinha sido até então uma mulher feliz. E tinha consciência de sua condição. Dias antes, numa regata de barcos em Botafogo, ela confidenciou às amigas: sua vida não poderia ser melhor. Era chamada pelo marido de "mamãezinha".

Ao contrário de muitos casamentos monárquicos que se arranjavam por interesse político ou diplomático, o dela se fizera por amor. Gastão, conde d'Eu, membro de uma das mais antigas famílias monárquicas francesas, os Orléans, costumava dizer que, em sua vida, o dever orientou todas as ações: "Até jogar a partida de bilhar todas as noites, pois fazia bem à digestão". Mas casou-se por amor. Eles se escolheram. E, como nos contos de fadas, seriam felizes para sempre. Unidos por profunda afeição, formavam um casal sólido.

Alto, magro, barba em ponta, os cabelos bem escovados, a testa alta, Gastão transpirava distinção. Na intimidade, era chamado "meu bem-amado". Dono de uma voz monótona que não escondia o acento francês, o príncipe era um produto perfeito da civilização europeia. Ele não deixava dúvidas de que toda a sua existência fora correta, bem ordenada e convencional. Sobressaltos? Sim. O casal enfrentou unido tempestades passadas, quando perdeu a primeira filhinha, Luísa Vitória, ou quando Gastão participou da Guerra do Paraguai, e junto enfrentaria aquela que estava por vir.

Até então, viviam pacíficos. Instalados no Paço Isabel, viam ao fundo uma pedreira coberta de mata e à frente um bonito jardim com palmeiras enfileiradas. Recém-reformada e plantada entre outras chácaras, a casa tinha vista para a baía de Guanabara e respirava a tranquilidade do bairro de Laranjeiras. O prédio retangular terminava em duas grandes alas que abrigavam um pátio interno. Ali, circulavam inúmeros criados, entre os quais o pitoresco cavalariço Fritz. Muitos cavalos para passeio ou para puxar carruagens arrastavam os cascos no paralelepípedo aos latidos de *Rob Roy*, cãozinho de estimação da princesa.

Entrava-se na residência por um grande vestíbulo que servia de salão e que separava duas salas transformadas em espaço de recepção. Nas paredes, grandes espelhos e esculturas em gesso. Colunas de capitel dórico sustentavam a galeria do segundo andar com pinturas. Ao fundo, o gabinete de Gastão. Espalhados, móveis de estilo Luís Felipe e Napoleão III e, como se queixava Gastão, as centenas de bibelôs que encantavam Isabel. Apesar de ser mais simples do que qualquer outra casa real, importaram, da *Maison Bettenfeld*, a mais famosa loja de decorações de Paris, cópias das mesas no estilo *Boulle*, com ornamentos em bronze dourado que se mesclavam às outras peças. Luxo? Não. Nem colunas em mármore, nem paredes cobertas de lambris de carvalho, nem tetos pintados ou pisos em mosaico. Não eram ricos. Um piano aberto lembrava que Isabel tocava o instrumento com facilidade. Na cozinha ela gostava de fazer sorvetes. Nos fundos, janelas se abriam para balcões em ferro forjado. Isabel colecionava orquídeas e animais tropicais.

O dia 15 começou com a regularidade dos relógios: Gastão levou os príncipes Pedro e Luís para uma cavalgada na praia de Botafogo. Luís, que sofria com dores de dente, foi obrigado a suportar. Segundo o pai, pequenas dores tinham que ser dominadas, o exercício matinal era bom para a saúde dos meninos, sem contar que a equitação forjava a disciplina dos futuros militares. De seu lado, Isabel percorria os salões. Arranjava os vasos. Dava ordens. Descia a prataria dos armários. O palácio abriria as portas para um jantar especial. Os homenageados eram os oficiais chilenos do navio *Almirante Cochrane* de passagem pelo Rio. Ao fundo, o som dos instrumentos da orquestra de São Cristóvão que ensaiava o hino da República do Chile.

A tranquilidade do cotidiano foi quebrada por volta de dez horas da manhã. Pouco a pouco começou a chegar gente. E não era para a festa: o coronel Lassance, mordomo de Gastão, o doutor André Rebouças, o conselheiro Marinho, o major Duarte e Miguel Lisboa. Todos "esbaforidos", traziam "novidades grossas", a princípio estranhas.

E depois alarmantes: "nos pareciam exageradas", reagiu Isabel. Tudo aquilo era um equívoco, não?!

Enquanto amigos do casal se reuniam em Laranjeiras, o general Deodoro da Fonseca, à frente de dois batalhões, tinha cercado o Ministério na Secretaria da Guerra, no Campo da Aclamação. Depôs o Gabinete ministerial e seu presidente, Afonso Celso de Assis Figueiredo, que tentou resistir. Para complicar, seu ajudante, o general Floriano Peixoto, se recusou a obedecer e, apesar de comandar as tropas fiéis ao imperador, passou para o lado dos revoltosos. Armados, estudantes da Escola Militar tomaram as ruas. Era o golpe republicano em andamento.

Sim, era difícil de acreditar. Afinal, Deodoro era amigo do imperador D. Pedro II. Por que arrancá-lo do poder? Gastão, recém-chegado do passeio, quando soube que Quintino Bocaiúva e Benjamin Constant estavam do lado de Deodoro, não perdeu um minuto: "A Monarquia está perdida". Entre os presentes, Gastão talvez tenha sido o único a intuir a coisa por vir. Tanto que "recebeu a notícia com surpresa, mas sem um gesto de revolta, sem a menor tentativa de reação" – contou o preceptor dos pequenos príncipes, Ramiz Galvão. Atordoados pelas notícias, os príncipes ligaram para o telefone dos Arsenais da Marinha e da Guerra. Lá, silêncio conivente.

Gastão sabia que, se sua esposa havia reinado sobre os ex-escravos, agora, os republicanos reinavam sobre os ex-proprietários de escravos e o Exército. Desde a Guerra do Paraguai "a ideia republicana avançou imensamente, coisa que a todos impressiona", ele já tinha registrado em março de 1888. Bem que Gastão tentou evitar a dissolução do gabinete conservador do ministro João Alfredo pedida pelo partido Liberal e pela ala dos conservadores favorável à compensação pela Abolição. Pela primeira vez em anos, solicitou uma audiência ao sogro. Explicou-lhe o seu ponto de vista. O imperador, sem dizer nada e um pouco contrariado, o deixou falar por meia hora. Sogro e genro não se bicavam. E sem lhe dar ouvidos, D. Pedro indicou um chefe liberal para presidir o novo gabinete, Franklin Américo de Meneses Dória, o barão de Loreto. Sua indicação os levou rapidamente ao exílio.

Em meio às informações truncadas, o casal reagiu. Isabel não quis sair do Paço. Temia que, "*talvez*, não sendo as coisas como se dizia, não viessem mais tarde acusar-nos de medo, do que, aliás, nunca dei provas". Ela nunca imaginou nuvens no céu que avistava da janela. Gastão pensou em se fardar. Sua presença e os serviços que havia prestado na Guerra do Paraguai poderiam inibir os colegas. Mas logo desistiu – contou o baiano Manuel Vieira Tosta, barão de Muritiba e fidelíssimo amigo da família imperial. Gastão, sim, sabia que contra golpes de Estado não havia nada a fazer.

Preocupados com os filhos, Pedro, de 13, Luís, de 10, e Antônio, de 7 anos, imediatamente encarregaram o preceptor de levá-los a Petrópolis. Lá ficariam "fora do barulho". Não se sabe o que os meninos pensaram da súbita mudança de programa, mas num bote a remo do estabelecimento *"Banhos High Life"* e depois num escaler do couraçado Aquidabã foram deixados no porto de Mauá, no fundo da baía, onde se encontrava a estação de trem. Tomaram o das dezesseis horas. Subiram a serra, cortando a mata exuberante e as imponentes árvores que não mais veriam. Mais tarde, o príncipe Luís recordaria que durante a viagem "nossa presença passou quase despercebida [...]. Lembro-me perfeitamente que nossos companheiros de viagem discutiam com pachorra as novidades do dia, sem lhes ligar, ao que parecia, grande importância".

Em meio à aflição e à falta de notícias, Amandinha, baronesa de Loreto, esposa de Franklin Dória e melhor amiga de Isabel, só então lhe transmitiu o boato que ouvira da baronesa do Rio Apa: uma conspiração iria estourar naqueles dias. A coisa vinha de longe. Era comentada à boca pequena até entre os amigos. Só foi surpresa para os príncipes. Os amigos André Rebouças e Alfredo, conde de Taunay, ambos abolicionistas e muito próximos do casal, insistiam para que o imperador ficasse em Petrópolis. De lá, poderia montar novo governo e, se quisesse, fugir para o interior. O conde de Carapebus, Antônio Dias Coelho Neto, sugeriu a Isabel que se abrigassem em vasos de guerra estrangeiros ancorados na baía da Guanabara. "Não deixo papai nem que me varem de balas" – ela replicou. Da surpresa ela passou à aflição e agora ao desespero. Choviam sugestões para protegê-los. Mas nenhuma solução.

O clima esquentava entre os presentes no salão do Paço Isabel. Com o pai incomunicável, a princesa mandou chamar o conselheiro Dantas. Queria sua opinião. Pediu-lhe que fosse assuntar o que ia pelas ruas, e ele saiu do Paço dizendo: "Vossa Alteza não receie nada, peço-lhe que tenha toda a confiança em mim, eu não quero República, eu não admito República".

As conversas foram interrompidas por um telegrama do conde da Motta Maia, médico pessoal de D. Pedro, informando que o imperador já sabia de tudo e descia de Petrópolis. Quanto ao telégrafo, este caiu nas mãos dos republicanos. Isabel resolveu encontrar o pai na estação ferroviária de São Francisco Xavier. Para agilizar o encontro, o casal tomou uma lancha a vapor, enviada pelo barão do Catete, no Morro da Viúva. A amiga Mariquinha, Baronesa de Muritiba, foi junto. Contou que, nesse dia, a baía estava linda e resplandecente. Ao cruzar a Santa Casa de Misericórdia, avistaram o coche puxado por seis cavalos do imperador. Desceram no cais Pharoux, atual Praça XV. Ao sol, a praça se espreguiçava tranquila como nos dias ordinários. D. Pedro já se encontrava no Paço.

Eram 13h30 quando a pequena comitiva cruzou o cais. Ao reconhecê-la, os transeuntes se descobriram. Os príncipes entraram no Paço e foram saudados com as continências de estilo. Alarmados com as notícias que incendiavam as ruas, os amigos foram chegando: o visconde da Penha, a mulher e a outra filha, Eugeninha, também amiga de Isabel; o doutor Caetano da Fonseca Costa; o conselheiro Silva Costa; o almirante Tamandaré; o general Miranda Reis; o visconde Nogueira da Gama, entre poucos.

Na sala, frente a frente, as primeiras palavras do imperador a Gastão revelavam que D. Pedro subestimava o movimento. Segundo ele, bastava dissolver os batalhões sublevados. E Gastão: "Fácil é dizer, mas como dissolver batalhões revoltados? Creio que a primeira coisa a fazer é constituir novo governo, pois o precedente está demitido". E o imperador, sempre impenetrável: "Eu não aceito demissão"! E Gastão, lúcido: "Mas diz-se que o governo Provisório já está constituído, composto de Deodoro, Quintino Bocaiúva e Benjamin Constant. Amanhã pela manhã o Senhor verá as proclamações afixadas...". D. Pedro esboçou um gesto de irritação. Gastão, sempre apoiado por Isabel, continuou: "O senhor convoque ao menos o Conselho de Estado para esclarecê-lo". Resposta: "Mais tarde". E D. Pedro começou a folhear uma revista científica. Teria ele jamais se lembrado das cartas anônimas que recebia?

"A S.M. o imperador.

A nação brasileira não está satisfeita com o Governo de Vossa Majestade, porque Vossa Majestade é o Protetor de Ladrões e Contrabandistas. Se Vossa Majestade tivesse vergonha já teria se retirado deste país, mas quem perde a vergonha nunca mais a encontra". Ou "O povo brasileiro pede a Sua Majestade o imperador que se retire do país por uma vez; a nação não está satisfeita". A doença? "Manha do imperador para poder ir visitar o célebre Victor Hugo". Ainda, "A nação está cansada de se deixar roubar. É preciso Vossa Alteza salvar o trono do Príncipe do Grão-Pará". "Vossa majestade é Burro, porém mais burro é quem o atura."

Nada parecia atingir D. Pedro...

Por volta das três horas, o imperador mandou chamar o visconde de Ouro Preto e indicou o nome de Gaspar Silveira Martins, advogado e político, para organizar um novo gabinete. Esqueceu-se de que ele era velho inimigo político de Deodoro. O imperador achava que se tratava apenas de mais uma queda de ministros e que sua substituição calaria os descontentes. Mais tarde, Mariquinha contou que, quando soube disso, Deodoro assinou a Proclamação da República. Odiava Silveira Martins.

Meia hora depois, o som dos cavalos anunciou a chegada de um piquete de quarenta praças, comandado por um oficial. Disse ter sido mandado por Deodoro para pôr-se às ordens de Sua Majestade. Resposta de D. Pedro: "Não tenho nada com isso e não conheço no Deodoro qualidade para assim proceder". O imperador parecia não compreender o que acontecia. Optou pelo fatalismo. Parecia querer assistir à morte da Monarquia. O oficial chileno, a quem Isabel e Gastão serviriam o jantar que não aconteceu, se apresentou e colocou seu navio, o *Cochrane*, à disposição da família imperial. Resposta de D. Pedro, sempre surdo aos fatos: "Isto é fogo de palha, eu conheço meus patrícios". Decepção e apreensão cobriam o rosto dos presentes. O imperador preferia ignorar. Sua imagem de autossuficiência, e mesmo de imodéstia, não combinava com a incerteza dos demais membros da família.

Ao mesmo tempo que entendia a gravidade da situação, Isabel buscava soluções. Era preciso tentar alguma coisa. Ansiosa e quase autoritária, convenceu o pai a enviar uma circular aos conselheiros de estado, convocando-os com urgência ao Paço da cidade. D. Pedro não reagia. O barão de Loreto escreveu aos dezesseis conselheiros uma carta-convite: "Sua Alteza Imperial me encarrega de rogar a Vossa Excelência queira com a maior brevidade comparecer ao Imperial Paço da cidade onde se acha Sua Majestade o imperador". Ela não tinha qualidade para convocá-los, mas a carta teve duplo efeito: lembrar que o regime estava em crise e que atrás do trono abalado ainda havia uma herdeira. Do lado de fora do Paço, o tropel de cavalaria espalhava quem quisesse se reunir para ver a família imperial. Quando algum deles se aproximava da janela, conseguia distinguir conhecidos ao longe. "Que horrível dia! Meu Deus! Ninguém sossegava", registrou Isabel. A imperatriz gemia. Os criados choravam pelos corredores.

Não à toa, a princesa se sentia traída. Afinal, seis meses antes, nas comemorações do aniversário da Abolição, o jornalista José do Patrocínio, falando no Teatro D. Pedro II, parecia ver nela, cercada de crianças, a Virgem pintada por Murilo cercada de anjos. Escritores como Artur Azevedo e Olavo Bilac foram vistos com braçadas de flores para atirá-las à princesa. A Guarda Nacional prometia seu apoio à Monarquia e ameaçava: se alguém tocasse na Redentora, seria sangrado. Até o clero que ela defendeu na luta contra a Maçonaria a esqueceu. Nesse dia, só o padre Herculano Brito veio confortá-los na tragédia.

Seis meses depois, sofrendo as consequências do furacão que os arrastou, Isabel se perguntaria: "Com outras medidas teria se evitado o mal? Não sei. Gastão também foi de opinião de conservarmo-nos em Petrópolis, mas não teve meio de comunicar com Papai, e quanto a mim, que sempre vejo tudo pelo melhor, estava longe de pensar que sucederia o que sucedeu". Ela se preocupava em ser acusada de fraqueza e se perguntava por que ninguém sabia de nada: "Como o Ministério, e especialmente os Ministros da Guerra, da Marinha e da Justiça e o Presidente do Conselho, por estes não se sabia nada! Imprudência! E mais imprudência! Descuido ou o quê?! Uma vez que a força armada estava do lado dos insurgentes, todos nós, nem ninguém poderia (sic) fazer senão o que fizemos".

Às 19h, muitos estavam presentes. Na madrugada de 16 de novembro, arrastado de casa, José Antônio Saraiva, conselheiro do imperador e nomeado por ele para formar um novo gabinete, escreveu a contragosto a Deodoro. Tentou uma conciliação. Enquanto isso, D. Pedro se fechou num aposento. Isabel e Gastão, nervos à flor da pele, resolveram esperar a resposta de Deodoro.

E chegou sem misericórdia: "Não aceito propostas nem cedo coisa alguma, os meus planos estão feitos e as pastas já distribuídas". Mariquinha anotou em seu diário: "Assim terminou o triste dia 15 de novembro, início de tão grande catástrofe para o Brasil". E a princesa: "Dizer o que se passava em nossos corações, não é possível. A ideia de deixar os amigos, o país, tanta coisa que amo e [me] lembra mil felicidades de que gozei, me faz romper em soluços".

Sobre o mesmo dia, em tom irônico, um grande proprietário de terras teria dito ao Visconde de Taunay: "Tudo foi muito bem. A princesa chorou a valer". Os escravistas se vingavam. No campo da Aclamação, o povo insultava os criados do Paço que passavam.

Três e meia da madrugada: ao longe, gritos de "vivas" ao imperador. Mais tarde, uns poucos tiros. Alguns marinheiros tinham tentado desembarcar e foram rechaçados pelas tropas golpistas. Raiou o sábado. Isabel tentava descansar e Gastão percorreu os jornais que exibiam as notícias da República recém-criada. Ruía o sonho do Terceiro Reinado.

Numa atmosfera glacial, crescia a preocupação de Isabel. Os filhos longe, o pai perto, mas trancado em si mesmo. Das novas autoridades republicanas, mais silêncio ainda. Nenhuma informação. Os amigos que chegaram cedo entravam no Paço. A partir das nove horas, os demais eram recebidos com o grito: "às armas" e eram barrados. Nem criados passavam da porta. A família imperial era prisioneira dos militares.

Ficaram sem comer até chegar o serviço oferecido pelo Hotel Globo. As horas se arrastavam. Às três e meia da tarde, na Sala das Damas, chegaram três oficiais com uma mensagem de Deodoro. Com calma e dignidade, D. Pedro lhes deu ordem de se retirar e leu. Um parágrafo enregelou os presentes: "Senhor [...]. Obedecendo, pois, às exigências urgentes do voto nacional, com todo o respeito devido à dignidade das funções públicas que acabais de exercer, somos forçados a notificar-vos que o Governo Provisório espera de vosso patriotismo deixardes o território brasileiro com vossa família no mais breve tempo possível".

E D. Pedro, em voz alta: "Eu parto e parto já". Isabel e Teresa Cristina romperam em prantos. Os amigos, um grupo de fiéis, quase trinta pessoas cercaram as senhoras. A sensação de impotência dominava o grupo. Tudo rodava. Uma ciranda de coisas, de lembranças, de restos. "Como haveremos assim de deixar amigos e meu país que tanto amo, que gente cruel", soluçavam Isabel e Teresa Cristina. Pareciam arrancadas de um sono profundo, ouvindo frases que não faziam sentido.

A verdade é que, em Laranjeiras ou Petrópolis, ninguém acreditava num golpe tão próximo. O Ministério recebia indícios desconexos, mas não deu atenção. Ouro Preto confiava em Floriano Peixoto, chefe direto do exército e a disciplina em forma de gente. Pela Marinha, respondia o Almirante barão de Ladário, íntimo da família. Um mês antes, no dia 15 de outubro, o casal de príncipes festejou bodas de prata com a casa cheia de amigos e admiradores. Segundo Gastão, até a imprensa, sempre tão crítica, os teria tratado com rara gentileza. A visita dos chilenos movimentou um baile oferecido pela Guarda Nacional na Ilha Fiscal, inaugurando o edifício gótico da Alfândega no dia nove de novembro. A família imperial participou da festa, surda às manifestações de militares que erguiam os copos brindando "à República... do Chile!". Se a ideia era reforçar a imagem do Império contra conspirações, o tiro saiu pela culatra.

Enquanto uns dançavam sobre um vulcão, Benjamin Constant, Deodoro e Ruy Barbosa desenhavam nomes para o ministério golpista. No exército, havia um forte ressentimento contra o imperador. Nos batalhões corria que, "enquanto uns se divertiam, gemiam as famílias dos infelizes soldados", descontentes com o governo desde o fim da Guerra do Paraguai. No dia onze de novembro, tranquilo, Gastão escreveu ao pai, o duque de Némours, em Paris: "O imperador subiu para Petrópolis, nada de novo. Eles devem voltar no sábado, como sempre". Aliás, nessa época, Isabel e Gastão também passavam mais tempo na cidade serrana do que no Rio. Os boatos que corriam na Rua do Ouvidor não subiam a serra.

Ah, a Rua do Ouvidor! Artéria que, segundo o viajante francês Marc Leclerc, de passagem pelo Rio de Janeiro, era um pedaço de Londres sob o céu do Egito. A sorveteria Deroche recebia tantos clientes quanto o restaurante O Globo, enfeitado de espelhos e mármores, em cujas mesas se discutia a política do país. Ateliês de fotografia faziam cartões de visita com retrato. A charutaria que atraia elegantes era a Loja do Bernardo, próxima ao Hotel Europa, que servia refeições à francesa. Cafés e restaurantes, até um grande restaurante chinês que servia quatro pratos a seiscentos réis, se acotovelavam. Mas os boatos eram fabricados, destilados e depois soltos a partir das redações dos inúmeros jornais ali instalados: o do *Comércio*, o da *Nação*, o *Diário de Notícias*, a *Gazeta de Notícias*. De uma janela nessa rua, José do Patrocínio, que jurou defender o trono de Isabel, a Redentora, proclamou a República às tres horas da tarde. Não foi o único traidor.

Tudo mudou num golpe de vento. Antes queridos, agora aborrecidos. "Como aceitar a inversão de autoridade, a arrogância do diálogo entre os golpistas e D. Pedro?", se perguntava Isabel, chocada com "a camaradagia" de Deodoro com seus aliados. Enquanto D. Pedro ruminava com o barão de Loreto a resposta que daria a Deodoro, Gastão ditava ao seu mordomo Lassance as despedidas das associações a que era afiliado. Agradeceu a "generosa hospitalidade" e assinava-se com "um saudosíssimo adeus e cordial gratidão". Sempre em lágrimas, Isabel se despediu numa carta: "É com o coração partido de dor que me afasto de meus amigos, todos brasileiros e do país que tanto amei e amo, para cuja felicidade esforcei-me por contribuir e pela qual continuarei a fazer ardentes votos".

A amiga Mariquinhas Tosta imediatamente se prontificou a segui-la no exílio. O visconde da Penha e a esposa também asseguraram que toda a família estaria na Europa para acompanhá-los. No rosto muito branco de Isabel corriam lágrimas. Antes gorducho e suave, ele envelheceu na noite maldormida. Olheiras fundas deram um ar sofrido à fisionomia da mulher que era conhecida por sua doçura. Foi um longo dia de aflições, pois os filhos ainda se encontravam em Petrópolis. Sem notícias, ela sofria. Sofreu com a frieza dos oficiais e soldados no Paço Imperial. Sofreu confrontada com a inconstância do povo. Sofreu porque foi surpreendida: "Não tivemos o menor aviso", queixava-se.

Assinaram-se procurações. Com ar de resignação, D. Pedro mandou chamar os oficiais e entregou-lhes sua resposta. A pedido de Isabel, Eugeninha, filha do visconde da Penha e de Mariquinha, junto com a velha criada Ludmila, foram ao Paço Isabel buscar objetos e pertences do casal. Elas lá ficaram das 19h30 às 22h30 e conseguiram reunir os bens mais queridos. Mais tarde e emocionalmente exaustos, todos os membros da família se recolheram.

O horror irrompeu à 1h30 da madrugada de dezessete de novembro. Foram arrancados da cama pela chegada de militares que batiam à porta. As ordens: obrigá-los a se vestir rapidamente e partir. Pode-se imaginar o constrangimento. D. Pedro resistiu. O barão de Jaceguai, vice-almirante da Marinha brasileira, lhe explicou: "O governo receia que haja derramamento de sangue, todos sabem quanto Vossa Majestade zela pelo sangue de seu povo, por isso seria conveniente embarcar já". A princesa era confortada pelo coronel Mallet, enviado de Deodoro, que lhe explicava que o governo estava animado das melhores intenções. Que punha amplos recursos à disposição da família imperial, que teria cinco mil contos de réis para suas despesas: uma fortuna à época. Sentindo-se injustiçada, Isabel explodiu: "Sr. Mallet, pois é quando nos vê com o coração partido de dor que vem nos falar em dinheiro, conhecendo, entretanto, o nosso pensar em assunto semelhante?!".

Criados fechavam malas às pressas. Gastão, muito calmo. Isabel, em choque, guardava as joias. Estava tão atarantada que esqueceu um valioso colar de pérolas na gaveta de um móvel. Depois de asseados e vestidos, despediram-se dos criados. Ajoelhados, eles tentavam beijar-lhes as mãos.

Ao passar pela mesa em que assinou o decreto da abolição, Isabel lançou ao barão de Jaceguai: "Se nos expulsam a mim e à minha família pelo que assinei ali, eu tornaria a escrever o meu nome sem vacilação". Atravessaram a escadaria do Paço, sempre guardada pela tropa, embarcando num carro que os levou até o cais de embarque. E a princesa fez questão de dizer a Mallet: "Se os senhores tiverem alguma lealdade, não deixem de declarar as palavras de meu pai que disse só embarcar para evitar um conflito inútil".

Era noite escura e chovia. Mergulhada em silêncio e escuridão, a praça parecia enfeitiçada. Embarcados numa canhoneira imprópria para travessia em alto-mar, o *Parnaíba*, ainda receberam a visita de amigos. "Em tudo notávamos receio e atrapalhação" – registrou Isabel. O mar batido obrigou a imperatriz a ser içada. Ela não conseguia subir as escadas que aguardavam os escaleres. Para consolação dos pais, os três jovens príncipes chegaram de Petrópolis trazidos por Rebouças, o professor de ginástica Mr. Stoll e o diplomata austríaco, Welserscheim. Rebouças embarcou com a roupa do corpo. Já o preceptor, o barão de Ramiz Galvão, desapareceu de cena e em breve aderiria à República. Constrangida, a princesa se desculpava com o diplomata: "Não pense muito mal de meu país, eles só agem assim num acesso de loucura". Outros diplomatas tinham sido impedidos de ver a família imperial.

Levantaram âncora na manhã chuvosa do dia 17 de novembro. A baía se escondia na névoa. A bordo, foi servido um almoço no qual Gastão ouviu de um oficial carcereiro: "Faça o favor de não se acanhar, quando está entre amigos". Numa carta à condessa de Barral, comentou com ironia que criados e oficiais pareciam sinceros na simpatia. Mas ainda assim seriam "amigos singulares". Em suas memórias, Isabel também registrou o diálogo mantido com um jovem oficial "que parecia bem-intencionado e comovido de nossa dor". Ele: "a transformação era necessária". Ela: "pensava que se daria, mas por outro modo: a nação iria elegendo cada vez maior número de deputados republicanos e este tendo a maioria, nos retiraríamos". Retirariam? Onde estava a mulher altiva, convencida do acerto de ter enterrado a escravidão, alheia às ironias dos conservadores e que ouviu do jornalista José do Patrocínio: "Vossa Alteza pode reinar?". Embora corresse que ela era alheia à política, quem garantia que não desejasse o trono para si ou para o filho? Havia tempos existiam profundas divergências entre os partidos do Império sobre a eventualidade de um Terceiro Reinado. Havia tempos, grupos políticos se interessavam pela princesa, na qual viam uma substituta para o pai. Porém, havia muitas resistências.

A travessia

A elite do Império era mestiça e o casal de príncipes levou consigo parte dela. A descrita como "morena", a baiana Amandinha, filha do "mulato" João Paranaguá, cujo olho, numa brincadeira, Isabel furou na meninice, e casada com o advogado e político "mulato de cabelos crespos" Franklin Dória. Os dois foram chamados de "negações absolutas de todas as boas qualidades da raça cruzada" pelo apoiador da Abolição, o jornalista mulato José do Patrocínio. Além deles, foram outro baiano, André Rebouças, dito "mulato" na época, engenheiro, abolicionista e grande conhecedor de música, filho do político e conselheiro de D. Pedro I, Antônio Rebouças, e as chamadas "damas de chocolate" de Teresa Cristina, D. Joaquina Fonseca da Costa e Joana d'Alcântara. Chegaram a Angra à noite e às 20 horas, numa operação perigosa, fizeram a transladação dos exilados para outra embarcação, o *Alagoas*.

As amigas Amandinha e Mariquinha Tosta, com os respectivos maridos, iam acompanhar a família imperial. A bordo, muitos choravam em silêncio. Outros se abraçavam. Outros ainda se isolavam, calados na dor. Cada um sozinho no seu sofrimento. Cada um se prometia voltar. O exílio não podia durar. Todos, porém, dividiam a mesma angústia diante do que os aguardava e que se parecia com a noite hostil. À meia-noite, partiram da Ilha Grande, passando ao largo do Rio de Janeiro às seis e meia da manhã. Um sol pálido e descolorido emergia da neblina. Iam vigiados por uma velha nau de guerra, o *Riachuelo*, que, segundo Isabel, "fazia um papel bastante ridículo", pois vigiava quem não reagiria, uma vez que "o resultado seria conflito e sangue". Isabel, portanto, sabia que haveria reações monarquistas.

Sob o céu chuvoso, navegaram ao largo da cidade que parecia triste. Ou talvez fosse triste com suas ruas extensas, mal calçadas e fétidas, impregnadas do mau cheiro das quitandas, dos depósitos de carne seca e dos açougues mal mantidos. Uma capital juncada de casas baixas e apertadas, de lojas escuras e becos. Do trânsito das multidões que por elas buscavam cafés e confeitarias. Salvavam-se os bondes, que ofereciam aos cariocas frequência e preços módicos. As reformas republicanas, que mais tarde transformariam o Rio de Janeiro em Paris, desvendariam a pobreza da capital: os cortiços, a febre amarela, a varíola cujas "bexigas" deformavam o rosto das pessoas, as frustrações da política imperial que não mudou a sociedade como um todo. Não por acaso, o lema dos republicanos era educação, higiene e saúde! A família imperial deixaria para trás um país que mergulhou num turbilhão de mudanças e que não lhes deu adeus.

E o mar não levou até os exilados o som dos corpos militares, da cavalaria, dos lanceiros, dos estudantes das escolas militares, dos carros de artilharia, dos carabineiros que marcharam na manhã do dia seguinte, sacudindo as espadas, sob o toque dos clarins e clamores de alegria. Não houve notícia da menor desordem.

Não, o casal não veria os jornais no dia seguinte anunciando as notícias. As folhas mergulhadas na lama das ruas, sob a roda das carruagens, do casco dos cavalos e da indiferença dos passantes: "Glória à Pátria e honra aos heróis de 15 de novembro!". Se alguns leram as notícias com olhar resignado, a chuva de verão se encarregou de destruir as manchetes.

Isabel e Gastão não responderam da mesma forma aos fatos. Enquanto os outros membros da família expandiam sua dor ou preocupação, Gastão parecia compreender tudo. Ele conhecia o significado da palavra exílio. Afinal, quando menino, acompanhou o avô naquele que levou a família Orléans a viver na Inglaterra. Tranquilo e cortês, recebeu os enviados republicanos como se se tratasse de mensageiros de outro planeta. Na hora de embarcar do palácio para o cais, dispensou o carro e fez o trajeto a pé como num passeio banal. Deixou 25 anos de bons serviços ao país para trás. Em suas cartas de adeus, despediu-se "saudosamente dos camaradas do Exército brasileiro". E "aos brasileiros" registrou "saudade e intenso pesar" por se afastar do país. Impecável! No íntimo sabia e registrou várias vezes: "o declínio da monarquia se acentuava cada vez mais".

Na verdade, Gastão já era um exilado. Seu exílio começou quando se casou com Isabel. Perseguido pela imprensa, enfrentou preconceitos nunca vistos. Lia com pesar os ataques da imprensa à esposa que adorava – "beata, perigosa, imprevisível, despreparada". E os que lhe eram injustamente feitos: sovina, ridículo, "francês". Sentia-se um "bode expiatório, responsabilizado por tudo sem ter voz, nem influência". Depois, houve o agravante de sua viagem, em junho, às províncias do Norte do país. Ela foi feita na melhor das intenções de aproximar a família imperial da gente brasileira. Mas só ajudou a incendiar os republicanos.

Afastado da família e do país de origem, quantas vezes não confessou ao pai que "não tinha vontade de terminar seus dias no Brasil". Gastão pertencia a uma velhíssima família de reis e príncipes que fez parte da história da França desde o século XVII, quando Felipe, filho mais moço de Luís XIII e Ana da Áustria, recebeu o ducado de Anjou e, depois, o de Orléans. Seu avô foi Luís Felipe I, o rei-cidadão, conhecido também como Felipe-igualdade. Para ele, a história do mundo antes dos reis de França não tinha muita importância. Gastão estava voltando para casa.

As longas estadias em Paris, onde, aliás, nasceu Antônio renovavam continuamente os laços com os parentes. As viagens ao sul da França, à Espanha, à Áustria ou à Itália, onde encontravam primos e amigos, contrastavam com a mesmice das reuniões no Rio ou em Petrópolis, onde o círculo de amizades era cada vez mais restrito. E o contato com políticos, quase nulo. E, mesmo durante as regências de Isabel, as "reuniões eram raras e breves". Gastão era um estranho num país que o fascinava e o maltratava. Caminhava no fio da navalha buscando se proteger na condição de estrangeiro. Mas um estrangeiro que nunca se recusou a servir ao Império brasileiro.

Dias depois, ao chegar a São Vicente, no Cabo Verde, espoucaram as 21 salvas de canhão para saudar D. Pedro. Ninguém sabia que ele fora destronado. Hastearam a bandeira do Império. O acolhimento caloroso deu a sensação de que a pátria continuava. Do tombadilho, os viajantes viam crianças nuas mergulharem em busca de moedas que lhes eram atiradas. A alguma distância, num outro navio, Afonso Celso, último chefe do gabinete do Império, também exilado e embarcado às pressas, acenava com o chapéu e o lenço. Por questões do regulamento sanitário, foram impedidos de se encontrar. Gastão desceu com os filhos e Rebouças para conhecer a pequena ilha de origem vulcânica.

São Vicente foi durante muito tempo local de pasto para gado dos criadores da ilha vizinha de Santo Antão. Apenas no século XIX começou a ser povoada, depois de os ingleses terem instalado, em 1838, no Mindelo, um depósito de carvão para reabastecer seus navios que percorriam o oceano Atlântico. Mindelo tornou-se assim, através do seu porto – Porto Grande –, um ponto de encontro de marinheiros de diversas origens. Gastão e seus acompanhantes aproveitaram para despachar correspondência para o Brasil e a Europa, pois o prédio dos Correios e Telégrafos foi especialmente aberto para eles. No mercado, as crianças compraram plantas e pássaros.

Novamente a bordo e sob a bandeira do Império, seguiram até Lisboa. Ao mesmo tempo, decaía a saúde da imperatriz Teresa Cristina. Ela era cardíaca e estava resfriada. No dia dois de dezembro, aniversário do imperador, fazia muito frio e vagalhões chacoalhavam o navio. Apesar da piora de Teresa Cristina e de as senhoras terem dificuldade de deixar seus beliches, à noite foi oferecido um banquete. Houve discursos. Brindaram ao futuro do Brasil. Os netos recitaram poemas. Não faltaram comentários sobre um retorno da Monarquia.

Apesar das circunstâncias, o ambiente era de intimidade burguesa. Isabel e D. Pedro se tratavam por "Menina" ou "Minha filha" e "Papai e Mamãe". Os principezinhos eram "os netinhos". Rebouças sensibilizava-se. Ninguém falava em "trono", "Reino", "Império" ou "dinastia".

Havia, sim, muita saudade: do Brasil, da bela pátria, "De Petrópolis, de minha casa, de meu jardim, de minhas amigas", suspirava a princesa. Sentada ao lado de Rebouças, Isabel ouvia as leituras que o pai fazia em voz alta. Gastão conversava com Rebouças sobre o velho "erro de considerar a Teocracia e o Militarismo os defensores da Monarquia". E, quando provocado sobre o golpe, respondia: "Não me admirou, nem fiquei surpreendido, senão pela demora; esperava desde que terminou a Guerra do Paraguai". Se Isabel parecia muito abatida, Teresa Cristina, com o rosto triste, repetia: "Podia ser pior! Fomos bem tratados e estamos todos juntos". E com a voz arrastada, apenas lamentava a "surpresa".

A bordo, Gastão impressionou o comandante do Alagoas: tranquilo, cuidava dos filhos. Virou mestre-escola, e, sobretudo, olhava por eles com severa disciplina. Os príncipes tinham horas rigorosas de acordar e recolher para o banho, o recreio e as lições. Gastão os levava à casa de máquinas. Explicava o funcionamento da caldeira, das polias, dos cilindros. Ele foi criado na mesma estrita disciplina pelo pai, o duque de Némours. Cresceu com banhos de água fria, movimentos de ginástica e exercícios para manter-se alerta. A vida militar estava na família havia quatro gerações. Ele a reproduzia sem dó. Uma longa tradição o ligava à ordem, à hierarquia, à potência dos uniformes que ainda guardavam reflexos do Antigo Regime. Para ele, somente o Exército e a Igreja conservavam as antigas virtudes e os refrões do passado. Escreveu a Ramiz Galvão, se queixando de não ter trazido "os seus livros de reza", e fez Pedro escrever pedindo "todos os livros de reza". Gastão tinha que preparar os príncipes, quiçá o imperador de amanhã.

Como Isabel, ele sabia que vozes em favor da família se levantariam. Pequenos grupos monarquistas aliados com velhos políticos da capital ou da província, funcionários e burocratas, portadores de títulos nobiliárquicos, jornalistas e católicos radicais não se esqueceriam deles. Afinal, iam perder o prestígio, cargos e privilégios que tiveram enquanto D. Pedro reinou. Mas, se havia quem falasse da apatia da população diante do golpe, sabia-se igualmente de quatro negros desarmados que, fiéis à Monarquia, em meio ao tumulto de uma passeata foram mortos por um pelotão do 5º Batalhão em São Luís do Maranhão. Eram ex-escravos que deviam sua liberdade à princesa. Temiam ser reescravizados pelo novo regime. Em Salvador, a padaria Esmero, ponto de reunião de políticos, foi apedrejada. Houve correria e capoeiras deram vivas ao imperador. No Mato Grosso, um destacamento militar na foz do Rio Apa se revoltou contra o golpe. Nas ruas cariocas, republicanos e os chamados redentoristas ou membros da Guarda Negra se enfrentaram. Os primeiros com revólveres e os segundos com cacetes e navalhas. A polícia escondeu os corpos.

Os historiadores são maioria em apontar a falta de sensibilidade da família imperial em relação às crises políticas e à rejeição de um reinado de Isabel como imperatriz. Sua experiência como regente nas ausências de D. Pedro não impressionou bem. As três crises que enfrentou entre os anos de 1876 e 1877 – o fiasco na reforma eleitoral, a renovação na Questão Religiosa e a Grande Seca do Nordeste – envenenaram sua credibilidade como governante. Somaram-se a agitação social e o desgaste do governo, combustíveis para o golpe republicano. Isabel nunca se expandiu nas simpatias do povo. Distraída espectadora da vida da nação, vivia concentrada nas preferências que votava a algumas famílias. Segundo contemporâneos, ela era seca. Acessível apenas durante curtos instantes. Mas um acesso que nada produzia. Não tinha autocrítica. E, no seu entender, a República foi fruto da traição e da falta de lealdade de alguns para com seu pai. O golpe? Uma armadilha na qual caíram todos.

As explicações sobre o processo de transição da Monarquia à República são várias. Alguns historiadores dão ênfase à questão do abolicionismo, outros se referem às questões religiosas, outros ao descontentamento do exército com o imperador, outros ainda falam dos excessos do poder pessoal na figura de D. Pedro. Existem também as explicações dadas pela historiografia tradicional, que entendem que a proclamação foi fruto da conspiração de personagens específicos como Benjamin Constant, Deodoro da Fonseca, entre outros. A verdade é que ninguém segurou os pilares do Império que ruía.

Segundo muitos autores, o tardio abolicionismo de Isabel não teria passado de uma estratégia para manter viva a possibilidade de um Terceiro Reinado. Ela só entrou na campanha a partir de fevereiro de 1888, impulsionada por André Rebouças, como provam vários documentos. E o seu apoio ao movimento, sem compensação para os donos de escravos, valeu-lhe o ódio dos fazendeiros. Mas não só. Sua devoção fervorosa e sua crença na infalibilidade do Papa era aceitável na vida privada. Na pública, seria considerada um tremendo atraso. Ela sofria da antipatia da imprensa, que a considerava "uma calamidade para o Brasil".

Isabel era a única culpada? Não. Biógrafos insistem que, até o fim, D. Pedro manteve a filha e o genro excluídos das manobras políticas. É sabido que ele se recusava inflexivelmente a dividir o poder com qualquer outra pessoa, inclusive com os parentes diretos. Gastão certa vez observou: "o imperador nunca gostou de intimidade com a família". Há quem diga que ele não gostava do genro e que não queria vê-lo como "imperador do Brasil". Não foi por acaso que, no início de 1899, os boatos sobre um possível golpe corriam até na Europa. E, em fevereiro, fizeram Gastão responder à amiga condessa de Barral, que lhes escreveu a respeito:

"Eu compreendo que a senhora esteja preocupada com a situação política do Brasil. Quem não estaria? No entanto acho impossível que Papai – D. Pedro – seja exilado. Enquanto ele viver, ninguém levará as coisas ao extremo. Mas depois? Isso é terrível de pensar. Não entendo que precauções a senhora quer que tomemos! Não temos meio de tomá-las de forma alguma." Do seu lado, os republicanos cansaram de esperar D. Pedro morrer para proclamar a República. Optaram por agir.

Mas nada disso foi consignado nas observações de Isabel. Ela era um ser emotivo. Seu sofrimento decorria de "deixar as amigas, o país, tanta coisa que amo e que me lembra mil felicidades de que gozei". Como dizem historiadores, Isabel partiu de costas para a população que a aplaudiu no dia 13 de maio de 1888. Segundo um biógrafo, Roderick J. Barman, "coube-lhe viver ainda três décadas na França, período durante o qual, tanto na avaliação de seus contemporâneos como na posteridade, ela nada fez que merecesse atenção".

Mas desgraças têm consolação. A viagem terminou no dia sete de janeiro, quando a embarcação entrou na barra do Tejo, às seis e cinquenta da manhã. O dia sorria. As colinas ensolaradas de Lisboa acenavam à frente. O povo acolhedor correu ao cais para saudar a família imperial. A ordem era não falar em revolução. Vestida de preto com um tricô cor-de-rosa ao pescoço, Isabel recebia os visitantes "com o sorriso amável que a caracteriza", segundo O Dia. Acolheram a bordo o príncipe D. Carlos, cuja coroação estava sendo preparada para o mês seguinte. Foram transportados para o cais na galeota real, "junto com o papagaio da princesa imperial numa gaiola revestida de flanela". Os marinheiros nas vergas dos barcos davam vivas enquanto disparavam canhões. No arsenal da Marinha esperavam-os ministros e altos funcionários da corte. Seguiram direto para São Vicente de Fora para visitar o rei, D. Luís, e depois o jazigo da família Bragança. Em landaus descobertos puxados por duas parelhas de cavalos, chegaram ao Hotel Bragança às 3h20. Membros da colônia brasileira os aguardavam. Nesse dia, o casal ultrapassou uma fronteira geográfica e uma etapa da vida. Deixavam para trás um Império e muitas lembranças.

Apesar da recepção, a presença de destronados por uma revolução republicana manchava a coroação de D. Carlos. Na correspondência diplomática circulavam notícias. O ministro austríaco, em carta ao governo, mexericou: "espera Sua Majestade que o imperador não demore muito a sua residência aqui, pois ele, com suas atitudes democráticas, assim como por sua preferência em se entreter com pessoas favoráveis à forma republicana de governo, como da última vez que esteve aqui, só pode trazer complicações". Recepção fria, portanto, por parte do primo, enquanto os democratas portugueses se animavam.

O melhor seria sair logo de Portugal para não causar constrangimentos. O plano estava feito. Isabel e Gastão iriam para a Espanha encontrar os duques de Montpensier. Antônio, tio de Gastão, era casado com Luísa Fernanda, infanta de Espanha. D. Pedro e D. Teresa Cristina iriam ao Porto antes de seguir para a Côte d'Azur, fugindo do inverno lisboeta. Afinal, a imperatriz sofria muito de frio e dor nas costas. Porém, não tinha febre. Com lágrimas na voz, não parava de lamentar: "Mas que mal fizemos nós àquela gente para nos tratarem assim... Ignorava que nos odiassem... Sou tão amiga do Brasil... Tenho tido imensas saudades de tudo e de todos". Pouco depois um telegrama da agência *Havas* anunciou o inexorável: a família imperial estava banida do território brasileiro. Um choque!

Gastão chamou a atenção de alguns jornalistas que corriam atrás dele. Raramente ele saia de sua atitude discreta. Mas a quebrou. E o redator de *O Tempo* conseguiu do príncipe uma entrevista particular na *Gazeta de Notícias*. Gastão lhe fez então uma exposição serena do acontecido: "pouco numerosos", os republicanos se aproveitaram de uma situação. O governo "extremamente fraco" não resistiu à agitação em torno da abolição imediata, pois "ela se fez [...] com rapidez insensata e produziu os efeitos mais perniciosos". O descontentamento foi enorme e "anulou as forças com que [o regime] contava entre fazendeiros e comerciantes". Outra causa foi a "extraordinária desorganização do exército" onde grassava "desordem e insolência a um ponto extremo". Porém, como "o governo não se atrevia a recusar coisa alguma ao exército, o exército estava senhor do país".

Ainda segundo Gastão, bem que se tentou reorganizar a Guarda Nacional. Seus membros, apoiadores da Monarquia, poderiam neutralizar o Exército. Mas foi só uma ideia. Deodoro? Um "homem de cabeça fraca e caráter tíbio. Estou persuadido de que ele próprio ignorava que a revolução conduziria à República [...] e que o exército tampouco o sabia [...]. Isso é tão exato que nos primeiros momentos da revolução os militares apenas gritavam: 'Abaixo o governo!'. E os republicanos e civis: 'Viva a liberdade!'. Só algumas horas depois é que alguns estudantes, encontrando outro grupo de jovens oficiais, gritaram: 'Viva a República!' [...] e começaram a percorrer a cidade com barretes frígios na ponta das lanças e das espadas".

Depois, o movimento se irradiou. Perguntado sobre a possibilidade de uma Restauração, Gastão respondeu: "é muito difícil. Em primeiro lugar, o Brasil está muito longe da Europa e depois ser-nos-ia preciso um homem para colocar à testa do exército". E o jornalista concluiu: "Vê-se, porém, que o Sr. conde não tem ilusões [...] e a sua declaração final é digna de nota". Essa entrevista calou as várias notícias que circulavam no Brasil de que D. Pedro iria renunciar em favor de Isabel, que, por sua vez, renunciaria em nome do filho Pedro.

Em entrevista a outro jornal, Gastão, sempre "Bondoso e de trato agradável, um pouco surdo, Sua Alteza o sr. conde d'Eu esteve muito tempo conversando conosco. Recebeu-nos com íntima satisfação, desejando saber notícias do Brasil, interrogando-nos sobre os mais pequenos detalhes das notícias que lhe íamos dando e que sabíamos dos telegramas que têm chegado do Brasil". Quando Isabel se aproximou, foi para criticar a construção de uma "horrenda coisa ao lado da torre de Belém", no caso um gasômetro recém-erguido. E, a seguir, perguntou ao repórter se Portugal iria aderir à nova bandeira do Brasil. Diante da resposta "até a Constituinte será mantida a antiga", Isabel, conformada, retrucou: "Alegra-me isso. Achava revoltante que se impusesse pela vontade de dois ou três homens uma nova bandeira à pátria".

No ex-Império do Brasil, o inconformismo estava no ar. Três dias depois da partida da família imperial, um batalhão se levantou na cidade do Desterro, em Santa Catarina. Com arruaças e gritos de vivas ao antigo regime, foram calados a balas. Em dezembro foi a vez de soldados no Rio de Janeiro. Os "arruaceiros" foram condenados de cinco a oito anos de prisão. Em São Luís ocorreram fuzilamentos. Embora, nos primeiros meses, jornais oficiais afirmassem que tudo era tranquilidade, em províncias como Maranhão, Bahia e Santa Catarina explodiram conflitos. Choques entre batalhões do exército fiéis ao imperador e praças de polícia recrutados para defender clubes e jornais republicanos estalaram. Bandeiras monarquistas flutuaram no ar. Tiroteios não foram poucos. Negros e pardos defensores de Isabel, temerosos de serem reescravizados pelo novo regime, reagiram e foram espancados. Por outro lado, as adesões à República se sucediam. Barões cujos títulos tinham sido dados pelo imperador passavam, rapidamente, de monarquistas a republicanos. A desculpa era o temor da anarquia. Invocava-se a necessidade de tranquilidade para o país. E o novo regime caiu sobre os antigos senhores da situação, prendendo e exilando.

A questão era: eles reagiriam? O jornal *O Pharol*, em sua edição de 12 de fevereiro de 1890, de Paris, entrevistou um deles, Silveira Martins, chefe do Partido Liberal do Rio Grande do Sul. Embora sempre insistisse na importância da ordem sob a bandeira da liberdade, ele fora preso em sua casa, em Botafogo, e exilado três dias depois do golpe. Sobre a possibilidade de voltar para o Brasil e "desafiar o governo provisório", ele disse que "nunca lhe passou pela cabeça semelhante ideia". E quanto a uma Restauração monárquica, esta lhe parecia "de todo impossível".

Em outra entrevista, ao *Diário de Notícias* de 16 de março de 1890, novamente perguntado pela possibilidade de uma Regência de Pedro, com abdicação da mãe e do avô para continuar as "gloriosas tradições" e conciliar "o passado e o presente, tendo os principais chefes políticos como poder moderador", Silveira Martins se omitiu. Omitiu-se, pois monarquistas seguiam vislumbrando um papel político para o partido. Esperavam apenas a convocação de uma Assembleia Constituinte para agir. A palavra "Restauração" estava em muitos corações e mentes.

Enquanto monarquistas eram presos e formigavam declarações sobre a restituição do trono, a família imperial contava os tostões. Gastão logo escreveu ao duque de Némours: "Sobre a situação financeira, neste momento estamos reduzidos a zero". Ao contrário do que o acusavam – agiota, dono de cortiço e pão duro –, Gastão devia ao Banco do Brasil 559 contos. Uma dívida maior do que a avaliação de seus bens particulares: 554 contos. Ele sempre foi um príncipe pobre. O pai o socorreu imediatamente. A partir desse momento, lhe enviaria uma mesada de oito mil francos mensais. Aliás, entre aristocratas, esse sempre foi um assunto espinhoso. Dinheiro, câncer e doenças venéreas eram objeto de um tipo de tratamento à base de silêncio. A excursão à Espanha os pouparia das festas portuguesas de coroação. A princesa se despediu dos pais, sem saber que não tornaria a ver a mãe. O velho casal seguiu para a cidade do Porto.

Os pequenos príncipes, desconhecendo que o tutor Ramiz Galvão já estava convertido ao novo regime, escreviam-lhe com carinho: "Nossas saúdes são boas, graças a Deus, apesar de termos tido grandes constipações. Vovô e vovozinha estão ainda em Lisboa, mas devem se reunir conosco na França e todos devemos ficar em Cannes", informava Pedro. Luís contava que em Sevilha visitou o Museu e a Catedral, enquanto Antônio, em mal traçadas linhas, despedia-se: "Seu amiguinho, Antônio". Apesar de banida, qualquer movimento da família imperial era registrado pelos jornais brasileiros. No dia 14 de dezembro, por exemplo, *O Povo* noticiava a partida da família para a Espanha.

Más notícias e mudança de projetos

O dia 28 de dezembro amanheceu com más notícias. Ainda em Madri, depois de assistir à missa das onze horas na Igreja de Santa Inez, Isabel e Gastão receberam um telegrama. Partiu "a virtuosa senhora venerada por suas virtudes", louvada até pelo republicano Quintino Bocaiúva. Teresa Cristina tinha morrido. Ela havia pedido a companhia de um sacerdote ao marido, que preferiu visitar a biblioteca da cidade. Lá, foi avisado do acontecido. Chegou tarde ao hotel. Isabel, Gastão e os filhos correram para a estação de trem. Soube-se que, no leito de morte, ela balbuciava: "sinto a ausência de minha filha e de meus netos, não os posso abençoar pela última vez... não morro de moléstia. Morro de dor e de desgosto... Brasil, terra abençoada que nunca mais verei...". Depois da respiração pesada, o silêncio.

Esperada na estação pelo conde de Motta Maia, a família chegou por volta do meio-dia. Todos se abraçaram em lágrimas. Soube-se pelo médico que o encontro do imperador com a filha e o genro tinha sido uma cena lancinante. D. Pedro estava abatidíssimo, enquanto Isabel beijava as mãos geladas da mãe: "Adeus, mãe querida, adeus".

Cobriram o rosto da imperatriz com um véu salpicado por estrelas de retrós. Ela repousava sob uma colcha branca. Sobre o peito, a placa da Rosa e a banda da Ordem do Cruzeiro. Segundo o jornal *Gazeta do Norte*, "a nota distinta e elegante" foram as coroas de flores colocadas simetricamente ao lado do caixão. Três altares improvisados sustentavam tocheiros e a luz das velas mal iluminava o ambiente. Quem entrava e saía beijava as mãos de Isabel. Houve quem também quisesse beijar a mão ou os pés da morta, que o médico teve o cuidado de descobrir. O quarto mergulhou em silêncio e orações. O conde português Joaquim de Alves Machado financiou o funeral, sublinhando "que nos funerais da imperatriz não se olhem as despesas". A família não tinha dinheiro.

Nas ruas do Porto, vendedores de jornais apregoavam a notícia. No saguão do hotel circulavam autoridades, repórteres e curiosos. No gabinete de leitura, o livro de pêsames se enchia de nomes e assinaturas. Centenas de cartas e telegramas chegavam de todos os pontos da Europa. Em frente ao prédio, uma multidão. Depois, o cortejo fúnebre desfilou pelas ruas. Cruzou gente contrita. O caixão seguiu de trem para Lisboa. O rei D. Carlos e sua corte aguardavam na estação. Troou a artilharia e tocaram os sinos. Teresa Cristina foi enterrada em comovido silêncio no escuro panteão dos Braganças em São Vicente de Fora. Na missa de sétimo dia, celebrada em Santo Agostinho, "foi bastante notada a ausência de certos personagens brasileiros que o antigo soberano encheu de honras e que recearam comprometer-se junto ao novo governo assistindo à missa pela alma da ex-imperatriz", ironizou o *Echo de Paris*. Por seu lado, D. Carlos queria a família longe. A morte da imperatriz empanou os festejos de sua Aclamação. Espetáculos e foguetórios foram suspensos. Os jornais não escondiam a falta de boa vontade para com os brasileiros.

Mas quem foi a "Minha querida e boa Mamãezinha" para Isabel? Ela era filha do pai e sabia-se imperatriz desde sempre. Era autoritária e egoísta. Da mãe herdou o que não desejava: a altura, o nariz e os olhos ligeiramente caídos. Tinham relações tão tensas que, quando Gastão partiu para a Guerra do Paraguai, deixou-lhe uma cartinha em que pedia que "tratasse bem a mãe por uma questão de humanidade". Isabel sabia que sua mãe nunca havia aprovado que se instituísse um Terceiro Reinado enquanto seu marido fosse vivo. "Não e nunca. Ela que espere sua vez!", foi a resposta que a imperatriz deu ao veador, o

Más notícias e mudança de projetos

barão de Teffé, quando, em 1888, este propôs que D. Pedro abdicasse por motivo de saúde e que Isabel o substituísse.

Para piorar, a condessa de Barral roubou de Teresa Cristina as filhas que a idolatravam. E o marido também. Barral era a fonte de toda a admiração. Ela era elegante, chique e culta. Dela emanava uma luz natural que resistiu à destruição do tempo. E a mãe, o oposto: a singeleza e a fealdade que Isabel aprendeu a desprezar. Era Gastão, órfão de mãe, quem lhe dava o braço e ajudava a velha imperatriz a caminhar. Afinal, tinham uma parente em comum, tia dela e avó dele: Amélia de Bourbon, esposa do rei Luís Felipe de Orléans.

Segundo um biógrafo, com a morte da mãe, Isabel deixou de ser a fonte de apoio para o pai. No exílio não renunciaria a mais nada. Ao deixar Lisboa, decidiu passar no santuário de Lourdes. Ali, num teatro de milagres, ou seja, a gruta onde a Virgem foi vista dezoito vezes, se reuniam os católicos ferventes. Os histéricos também. D. Pedro desprezava as devoções exageradas da filha, mas ainda assim a acompanhou. Tomaram o trem que ia cheio de doentes, peregrinos e religiosos. Os vidros iam abertos, pois a tosse e a tísica contaminavam. A cada parada se rezava um terço. Cantava-se: "Contemplemos o celeste arcanjo...". A cada campanário que o trem cruzava, os passageiros se benziam. Circulando entre eles, um padre com os santos óleos caso alguém expirasse. Isabel se reconectava com suas devoções. Sabe-se lá o que pediu à Imaculada Conceição nessa visita. Mas todos assistiram à missa, se ajoelharam sobre a pedra, comungaram, tocaram nos rosários e imagens sagradas e contemplaram a bandeira auriverde e coroada que Isabel tinha oferecido ao templo. E Isabel passou a colocar a família em primeiro lugar.

Ao chegar a Cannes, Isabel e Amandinha abriram as malas da finada imperatriz e houve distribuição de seus pertences aos amigos. Teresa Cristina costumava presentear dizendo sempre: "Para você não se esquecer de mim". Isabel parecia querer esquecê-la. A família recebeu muitas visitas, mas nenhuma mais aguardada do que a da condessa de Barral e sua nora, Chiquinha, irmã de Amandinha. A morte da mãe e a independência do pai convidavam Isabel a renascer.

O luto pela mãe foi internalizado. A vida seguiu livre, leve e solta. E Amandinha anotou em seu diário: "Levamos a vida mais frívola possível, imitando as elegantes que vivem na rua, entrando nas lojas e tomando chá ou comendo doces no Rumpelmayer, o confeiteiro mais afamado de Cannes". Enquanto isso, os meninos estudavam num colégio de padre jesuítas, o Stanislas. Tanto o *Le Figaro*, jornal francês, quanto jornais portugueses criticaram os condes d'Eu por entregar a educação dos filhos a uma congregação religiosa. Na República francesa e até no católico Portugal já não se fazia mais isso.

Cannes, antigo porto de pescadores descoberto por um lorde inglês que ali provou as delícias da sopa de peixe – a *bouillabaisse* – e construiu uma soberba propriedade, se tornou uma "cidade aristocrática". Inicialmente, reunia nobres ingleses e russos. Mas, com a abertura da estrada férrea ligando-a a Lyon e Paris, um canal de abastecimento de água potável, do Cassino Municipal e do hotel Carlton, a cidadezinha virou local turístico. Nos dois últimos endereços borbulhava a vida mundana que o casal desprezava. Em 1883, para ficar num exemplo, passaram pela cidade quase 19 mil turistas para tomar banhos com finalidade terapêutica e aproveitar as férias. Uma invasão burguesa!

Em Cannes, não parecia haver muito espaço para luto, nem para preocupações financeiras, mas elas estavam lá. Isabel começou a procurar uma casa para alugar. Queria arrancar o pai do hotel que custava mil francos por dia. Mas, como contou a Amandinha, D. Pedro se recusava. Parecia alheio a tudo que dissesse respeito a dinheiro e ameaçava com a ideia de meter-se num convento na Itália. O hotel era caríssimo e ele esbanjava, mandando rosas para a filha todos os dias. Parecia querer se vingar da vida entediante que levara no claustro pobre de São Cristóvão. Vivia de vinte contos de réis por duas vezes emprestados pelo generoso visconde de Alves Machado. Enquanto não se concluísse a venda dos bens da família, os banqueiros Rothschild se ofereceram para um empréstimo. A princesa recusou. Não fazia negócios com representantes da República brasileira. A explicação? Haveria "certas normas de conduta inerentes à própria dignidade que não se infringem impunemente".

Mas havia outra razão, como Isabel confidenciou à baronesa de Suruí: "semelhante adiantamento ligava-se à ideia da liquidação de bens, a qual por sua vez ligava-se à ideia de banimento que não podemos admitir. Depois era uma maneira de forçar-nos a vender como quisessem o que nós lá temos". E arrematava: "O que se passa por lá muitas vezes nos causa asco, vergonha, mas também muitas vezes dó. Quanta aberração [...]. Quanta falta de princípio".

A escassez de recursos da família, a necessidade de moderar gastos, a obrigação de recorrer a empréstimos preocupava sobretudo a Gastão, que desabafava com Ramiz Galvão:

"Os rendimentos dos poucos bens que possuo no Brasil são muito inferiores aos juros de minha considerável dívida e nada posso deles extrair. Para a Europa nunca mandei senão o que foi consumido pelas despesas de nossas viagens e tive mesmo de sacrificar em grande parte para acorrer às despesas inerentes à nossa posição no Brasil a pequena herança que me coubera por sucessão de minha mãe. Aqui vivemos parcamente com o que meu Pai pode dar-nos; e fomos forçados a tomar morada separada da do imperador para não continuar a aumentar as despesas que ele faz no hotel, e, portanto, seus compromissos para com seus credores, único recurso de que ele presentemente vive".

Enquanto o casal contava vinténs, no Brasil se discutia a respeito da legalidade ou não da manutenção do dote de Isabel após a República. Pelo Decreto nº 1.050, de 21 de novembro de 1890, o governo incorporou ao domínio da nação as terras do Paraná e de Santa Catarina dadas à princesa quando do seu casamento. Isso abriu o precedente para o Decreto nº 447, de 18 de julho de 1891, no qual o governo entendia que o dote lhe tinha permitido comprar sua residência. Logo, o Paço Isabel pertencia à nação. Os jornais apregoavam: "Não há direito adquirido contra o direito dos povos". O casal contestou na justiça e o processo foi dos mais antigos em tramitação nos tribunais brasileiros. D. Pedro, por seu lado, concordou com a exposição de motivos do governo, que julgou muito boa. Segundo ele, não havia nada a fazer.

O clima de reação à partida da família imperial continuava tenso. Enquanto eles se aclimatavam na Côte d'Azur, no Rio de Janeiro, no dia

18 de dezembro houve sedição no Regimento de Artilharia com mortes e prisões. Um jornal noticiou a greve de ex-escravos contra fazendeiros republicanos em apoio a Isabel. Nem nos cafés ou bondes se ousava falar mais de política. Abateu-se sobre a imprensa antirrepublicana uma placa de chumbo. Vários jornais foram fechados. Culpa dos monarquistas, diziam as autoridades. Tais jornais, acenando com a possibilidade de uma Restauração, denunciavam as arbitrariedades do novo regime. Este, por sua vez, atacava sem piedade os antigos senhores da situação.

Restauração, sim ou não

Na França também a volta da Monarquia era assunto do dia. Lá, nos últimos anos, o país havia se preparado para a Terceira Restauração. A bandeira do movimento era Ordem Moral, que seria tanto uma reconquista religiosa da sociedade quanto uma luta política, sem concessão, contra o radicalismo republicano considerado inimigo da sociedade. Ela se apoiava sobre a educação religiosa reforçada, respeitada como a única arma contra as más influências herdadas do Positivismo e da filosofia das Luzes. Exatamente a educação em que se banhavam os filhos de Isabel. Até a construção da Basílica de Notre-Dame, na colina de Montmartre, em Paris, de quem a princesa era devota, era considerada um assunto de "utilidade pública" pela imprensa conservadora. Em 1876, a eleição dos republicanos calou o assunto da Restauração com Ordem Moral. Mas a ideia latejava.

Latejava pois, na França, o partido monárquico continuava extremamente ativo e ameaçou a III República do presidente Sadi Carnot. Com o apoio da Juventude Monarquista, o jovem príncipe exilado, Philippe d'Orléans, retornou ao país às escondidas. Ele tentou um golpe. Foi preso e condenado a quatro anos de cárcere. Porém, agraciado quatro meses depois, teve tratamento privilegiado concedido por Carnot. Na prisão, recebia alimentação especial e visita de mulheres. E os rumores de uma Terceira Restauração com um Orléans no trono acendiam os espíritos antirrepublicanos na França ou no Brasil.

Não por acaso, em março, *O Correio Paulistano* reagiu. Publicou uma notícia que foi reproduzida na primeira página de outros jornais. A caricatura tinha um alvo: o conde d'Eu. Desconsolado com a perda do trono de sua esposa, ao saber da aventura desastrada do parente, duque de Orléans, ele teria se unido a André Rebouças, o Visconde de Ouro Preto e Motta Maia e concebido o plano de "pôr-se à frente dos monarquistas e restabelecer a monarquia constitucional representativa". Ainda, segundo a notícia, "ao ouvi-lo, D. Isabel teve um desmaio; voltando a si momentos depois, rompeu em comovente pranto, perguntando ao marido se ele estava doido". Isabel acreditava que ele seria assassinado por republicanos.

Perguntando-se se a aventura do primo teria "inspirado inveja", o jornalista preferiu caricaturar Gastão: ele embarcaria como despenseiro de bebidas num navio e usaria cavanhaque falso. Ao chegar ao Brasil, encontraria monarquistas ou funcionários em busca de colocação no novo governo. Mas decepção: eles lhe recomendariam voltar para a Europa e esperar ser chamado. Tudo não passou de "boato falso" – encerrava o artigo com ironia.

Se a campanha contra a família imperial tentava ridicularizá-la, a resistência monárquica se fortalecia. Jornais como *O Commercio de São Paulo*, de propriedade de Eduardo Prado, entre outros, criticavam o governo, que sujava a imagem do Brasil no exterior, apoiando medidas ditatoriais e distribuindo cargos públicos a militares e positivistas. O congresso elegeu Deodoro, que reuniu um "sindicato de ladrões e de doidos" e enviou inimigos para Fernando de Noronha – acusavam os monarquistas. Os embates no Congresso e as divergências no próprio ministério revelavam a fraqueza do regime. Na Europa, os exilados davam depoimentos descreditando o governo provisório.

E nem todos tinham traído a família imperial. O conselheiro Lafayette Pereira, monarquista intransigente, a mantinha a par do que ia acontecendo. Junto com o Visconde de Ouro Preto constituíam a resistência fora do Brasil. D. Pedro mandou chamar os antigos conselheiros e Silveira Martins. Todos favoráveis à Restauração, com exceção de Silveira Martins, que, como dito aos jornalistas, julgava muito tarde para chefiar um contragolpe. Foi um dos raros episódios em que houve notícia sobre grupos palacianos reunidos em torno da questão. Discutiu-se a sucessão. Sobre o príncipe herdeiro, D. Pedro de Alcântara, "pairavam dúvidas, pois seria governado pelos pais". Depois, ele enfrentaria a concorrência dos filhos da princesa Leopoldina, Pedro Augusto e Augusto de Saxe e Coburgo. Gastão não deixaria. Queria a coroa para os filhos e não escondia. Já um terceiro reinado com Isabel dividia os monarquistas. Gastão se mostrou inseguro: "Estou cercado por conspiradores da Sérvia", teria dito sobre a fragilidade das propostas.

Já em conversa com Godofredo Taunay, que insistia no retorno do imperador amparado por fiéis monarquistas, o próprio D. Pedro teria respondido: "Não sou só, nem inteiramente livre". Antes precisaria falar com Isabel, e, se ela ou Pedro não pudessem ir, "o Luís também deve ir. Precisa preparar-se para a sucessão, no caso em que fique assentado que Pedro não herdará a coroa".

Interessante: por que Pedro, o príncipe do Grão-Pará, o primogênito, não herdaria a coroa? Algo já se decidira? E prosseguindo: "Sim, iremos todos. Mas não ocuparei o trono. Ficarei ao lado do meu neto para guiá-lo e amestrá-lo [...] e disporei as coisas de modo a tornar a França de tempos em tempos". Luís era o preferido dos pais e do avô.

Ao voltar para o Brasil, Ouro Preto escreveu ao casal. Rio de Janeiro, Minas Gerais e Bahia continuavam monarquistas. Em novembro do mesmo ano, o príncipe D. Augusto de Saxe e Coburgo, inflado por um pequeno grupo, tentou desembarcar na Bahia. Engano. Não tinha ninguém a esperá-lo. A razão era que os monarquistas divididos não encontravam na família real alguém que encarnasse a mística do trono ou que os auxiliasse financeiramente na luta. Nessa época, o fiel Rebouças se distanciou. A calma indiferente com que todos da família aceitaram o exílio, o afastamento dos interesses brasileiros e a tendência frívola que deram ao cotidiano o decepcionaram profundamente. Ele sonhava com "o fim do pesadelo: o 15 de novembro". Parecia solitário nesse sonho.

O ano de 1891 começou com muitos rumores sobre a Restauração. Enquanto boatos corriam soltos, no fim do mês de janeiro, Isabel encontrou uma *villa*, a *Beau Site,* perto do hotel. A casa de campo tinha um jardim, uma quadra de tênis de grama, e o preço para toda a estação era de 500 francos. Ela tentou arrancar o imperador do hotel, mas ele resistiu. Houve choro e ranger de dentes. Em uma semana, ele já estava jantando na casa da filha quase diariamente. Às quintas-feiras, recebia a filha, genro e netos para jantar no hotel. Depois da refeição, Gastão acompanhava as crianças e Isabel ficava com o pai até as 22 horas. Também escrevia às amigas, como a baronesa de Suruí, mencionando "angústias e complicações de toda a sorte", além das "complicações financeiras". No resto da semana, cada qual em sua casa.

Gastão se abria com a condessa de Barral. Ele e Isabel nunca sabiam o que se tramava no hotel em relação às finanças ou à possível Restauração. E arrematava: "Como é estranho, mas, no fundo, coerente com o que sempre foi". Ou seja: o casal nunca compreendeu o que D. Pedro pensava. E, se estavam juntos, viviam separados. Na mesma carta, Gastão comentou que nunca esteve tão feliz e seguro: "É até um grande prazer as nossas despesas serem um pouco inferiores ao orçamento estabelecido por papai, ao passo que lá [no Brasil] uma das minhas aflições nos últimos 25 anos era gastar mais do que podia". Havia vantagens no exílio.

Uma carta de março de 1890, de Isabel à amiga Isabel Carvalho de Morais, revela o que lhe ia na alma: "Minha querida Isabelinha. Muito lhe agradecemos todos a expressão de seus sentimentos. Quantas dores! Quantas angústias pelas quais passamos em tão pouco tempo. Que Deus tenha piedade de nós e de nosso querido pai. Felizmente, as saúdes são boas e o clima de Cannes de uma doçura incrível. Não parece o inverno europeu e as palmeiras e plantas tropicais que vejo por toda a parte ao ar livre, o mar e as belas vistas me lembram tanto o Brasil!". E, desculpando-se por não ter respondido antes: "As tristezas acabrunhavam-me. Estou tão pouco acostumada a elas". Os jornalistas que a entrevistaram na "casinha entre as montanhas" contam que ela se sentia "saudosíssima do Brasil e falava do país com os olhos cheios d'água. Não tinha ressentimentos e só queria fazer o bem".

Sim, o coração tem memória. E, de fato, sua vida correu até tranquila demais, sem alarmes ligados num castelo de papel. Agora, machucavam a saudade dos amigos que ficaram entregues aos republicanos, os acontecimentos inesperados, as incertezas do futuro, a interrupção dos hábitos de comodidade, a alteração radical do modo de vida, o rosto dos traidores.

Mas nem tudo era ruim. Na França, a princesa encontrava outro sabor para a vida. Aliás, ela conhecia bem a Europa onde havia passado seis anos, onde era a condessa d'Eu. Ao mesmo tempo que partiu para o exílio, retornava ao seio de uma parte da família. E não ia só: suas melhores amigas, a Tostes e a Dória, estavam com ela. Nesses primeiros dias de aperto, luto e saudade, não faltaram brasileiros que acenavam com a volta deles ao Brasil. Afinal, a pátria estava mergulhada em desordens e rumores. Ainda corria que Isabel acreditava num retorno. E que Gastão preferia ignorar as propostas.

Restauração

E o assunto sempre latejando. Em março, o jornal mineiro *O Pharol* se perguntava se haveria espaço para Restauração. Resposta: "a República atravessou triunfante esta vasta capital sem um protesto dos antigos monarquistas".

Não, aparentemente não haveria espaço para Restauração. Segundo o artigo, o imperador "era uma vela que bruxuleava, prestes a apagar". A Princesa Isabel, que teria "na fortaleza de seu caráter e nas energias de sua vontade as grandes qualidades que requer um soberano", se fosse solteira, teria tido o apoio que D. Pedro II teve quando seu pai abdicou do trono. Se fosse viúva, seria aclamada como a rainha Maria Cristina de Espanha o foi. Porém, era preciso um bode expiatório, e ele era o conde d'Eu. Isabel seria parte da sina de príncipe exilado que o acompanhava desde o berço.

E o artigo concluía: Isabel nada faria pela Restauração. Faltava-lhe "espírito de iniciativa". Nunca teria a força de uma Maria Teresa da Áustria nem de D. Maria I de Portugal. E, para finalizar, ela não tinha partido que a apoiasse. Seus membros "couberam no vapor que conduziu a ilustre princesa ao exílio. Se alguns por aqui ficarão, nunca serão um instrumento para reações. Viverão eternamente da sua dedicação platônica e das saudades dos belos dias que não voltarão mais".

Em fins de julho, os meninos tiveram férias escolares. O casal entregou a casa alugada e partiu para Voiron, perto de Grenoble, nos Alpes franceses, para uma visita à amiga condessa de Barral. De presente, Isabel levava pés de artemísias amarelas para o jardim. Uma estada de quinze dias, acompanhada pelos Dórias, animou o elegante chalé que a condessa fez construir ao lado do castelo de Barral. Ali, arte e bom gosto se misturavam à música e às excursões ao ar livre. A paisagem era belíssima. Riachos transparentes despencavam das montanhas e as árvores agasalhavam os caminhantes. O convento de São Bruno, isolado no bosque, convidava à paz de espírito. Depois de duas semanas de férias e afeto, seguiram-se as despedidas. A amiga Amandinha voltou ao Brasil. Como ela mesma disse, tinham que voltar para recomeçar a vida. Não eram ricos. A condessa também se despediu. Não sabia se reveria Isabel. Tinha então 74 anos.

Em setembro, pai e filha se reuniram na estância mineral de Baden-Baden, onde D. Pedro fazia tratamentos hidroterápicos. Teve lugar um diálogo sobre a Restauração. As palavras foram reproduzidas no jornal carioca *Gazeta da Tarde*:

"– Papai, agora que o Congresso vai funcionar no Rio de Janeiro, acho oportuno o momento para o senhor publicar um manifesto, se não para salvaguardar os seus direitos e os meus, visto que meus sobrinhos se dizem abertamente pretendentes (ao trono), ao menos para salvar o direito dos meus filhos.

– Minha filha, esta questão de direitos à coroa é história da Idade Média que, hoje, pessoa alguma toma a sério, pois que os soberanos só se conservam no trono enquanto isso apraz o povo. Sob o ponto de vista pessoal de minha conveniência e meus interesses individuais, estou muito bem na situação em que me acho, frequentando as sociedades científicas e literárias, convivendo com gente de que gosto, libertado da terrível etiqueta e sem responsabilidade alguma. Quanto à manifestação, para que fazê-la? Ou o manifesto é peça de sabido valor e só é considerado como trabalho literário ou é peça malfeita e cabe no ridículo, provoca somente risota [...]. Em ambos os casos não provocará nenhum efeito prático".

Tudo indica que desde essa ocasião a princesa não falou mais ao imperador em manifesto, Restauração ou em qualquer assunto referente à política. Isabel entendeu que ele nada faria pelos netos. A 11 de novembro de 1890, quase um ano depois da expulsão do país, D. Pedro reuniu a família para um jantar íntimo em Cannes. No dia 2 de dezembro, ainda à beira-mar, festejaram seu aniversário. O tempo passava. Talvez mais rápido. Antes, o imperador decidia o curso das horas. Agora, o tempo se dissolvia antes mesmo que ele pudesse retê-lo.

Gastão decidiu partir para Paris a fim de procurar casa e foi seguido por Isabel dez dias depois. A cidade os acolheu como se ali tivessem passado a vida toda. Bulevares longos se apertavam entre os prédios escuros de janelas fechadas para não deixar passar o barulho das bicicletas, *tramways*, caleças, cupês e charretes que rodavam sem parar. A cidade oscilava entre tradição e modernidade. Cloacas industriais e vielas úmidas conviviam com o luxo moderno das residências na Champs-Élysées. Fornos, chaminés e trabalhos de renovação escorriam na direção da encantadora paisagem das margens do Sena. Nas águas escuras, circulavam barcos carregados de carvão e grãos. No ar, a voz rouca das sirenes.

Para os brasileiros, Paris era a capital ou o coração do mundo, a pátria da intelectualidade, a cidade máxima dos divertimentos, dos cabarés, de progressos materiais e o esplendor da civilização ocidental. Mas o farol da humanidade não iluminava igualmente seus habitantes. Bairros chiques, onde moravam orleanistas, como o Boulevard Saint-Germain, seguido de Passy e Auteuil, eram proibidos ao casal d'Eu pelos preços altos. No Panthéon, formigavam estudantes republicanos. Em Ternes, advogados; e na Champs-Élysées, *cocottes*. Bairros, portanto, infrequentáveis.

Eis porque Gastão resolveu que morariam no subúrbio. Além do preço, o bairro tinha escola religiosa para os filhos. Ele não os queria aprendendo pelos métodos científicos do ensino republicano. Métodos que colocavam em dúvida a existência de Jesus e da Divina Providência. Nada de evolucionismo ou Darwin. Proibidas as críticas ao Antigo Regime e elogios ao Terror da Revolução. Nos estabelecimentos católicos se evitavam promiscuidades e palavrões e, sobretudo, não se apanhavam piolhos. A moralidade dos alunos era estritamente vigiada. As confissões eram semanais. Cada pequena falta apurada. Seguiam-se as penitências, a absolvição dos pecados e a comunhão. Corredores e salas de aula ostentavam a imagem do Cristo na cruz. Uma vez por semana, missa. Nos invernos, a igreja não tinha aquecimento. Batia-se com os pés no chão para que não enregelassem. Dos altares escapava o cheiro de flores e da cera. No coro, gemia o som do órgão. Vestido de coroinha, um dos meninos virava as páginas do missal e molhava com água as mãos do celebrante... *Introibo ad altare Dei*... O som fresco do sino retinia através da igreja. E o melhor: tudo cabia na mesada enviada pelo pai.

A princesa também se mostrava cautelosa com gastos e, exausta, escreveu ao médico de D. Pedro, em 11 de setembro de 1890:

"Sr. Motta Maia. É da mesa da sala de jantar que lhe escrevo. Levamos todo o dia a correr seca e meca. Tomamos todas as informações, não deixamos nada por indagar, e por ora só encontramos dois apartamentos que poderão servir a Papai, no primeiro andar. Quanto a nós, impossível achar qualquer coisa senão Vila. Há uma que nos conviria, que não está longe do apartamento em Passy. Em Auteuil não há nada que sirva. A solução mais razoável para tanta complicação e dificuldade é mesmo Versalhes, a não querer se meter Papai em apartamento no centro de Paris, o que é menos conveniente.

Eis, pois, o que proponho e lhe peço encarecidamente: vá dispondo Papai igualmente para que Papai fale nesse sentido. Conto com sua dedicação e amizade".

Instalados em Versalhes na *villa Bréchignac*, situada no parque de Clagny, Isabel podia organizar a vida como bem entendesse. E entendia que sua função era se dedicar aos filhos, ao marido, aos deveres religiosos e às atividades filantrópicas. Autêntica católica, sabia que estava na terra para cumprir deveres. O casal era feliz e equilibrava compromissos. Ela visitava o pai, ele levava os meninos junto. Ela gostava de percorrer lojas com as damas de honra Mariquinha Tosta, baronesa de Muritiba e amiga de infância, e com Eugênia da Fonseca Costa, filha do visconde da Penha, que mudara para Paris depois do golpe. Mas o casal não frequentava as casas da aristocracia brasileira emigrada, cujas baronesas e viscondessas, como a da Estrela, enfeitavam os salões e se distinguiam por sua coqueteria – qualificativo que não combinava com Isabel.

Conta um biógrafo que, ainda que instalada em sua nova vida, Isabel não esquecia. Nunca soube esquecer. A decepção foi terrível e nem a religião era lenitivo. Quando do Rio de Janeiro lhe enviaram os móveis mais prezados para sua casa, foi com indignação que recebeu a mesa sobre a qual assinou a Lei Áurea. O móvel trazia gavetas arrombadas e bronzes distorcidos. E gritou: "Ladrões!". Enquanto viveu, Isabel se manteve inalterável no inconformismo. Ainda mastigava o ressentimento. Tudo indica que, em 1891, com as notícias que recebia do Brasil, pensava que a situação podia mudar. E Gastão não abria mão de preparar os filhos para o futuro.

Em abril, ele foi visitar o Papa em Roma. A aristocracia não se confundia com o comum dos fiéis e podia beijar as mãos do Pontífice com hora marcada. Na relação entre a Monarquia e a Igreja havia uma familiaridade feita de veneração e deferência. Até então, havia também a cumplicidade de dois sistemas que lutavam com os mesmos adversários – o liberalismo, a laicização e a quebra das tradições. Porém, esses eram novos tempos. Tudo mudava.

"Haveria Restauração?", dizem que o pontífice perguntou ao bispo D. Adauto da Fonseca Henriques. Resposta: "A mentalidade americana era refratária ao sistema monárquico". Todos sabiam que Leão XIII era favorável à ligação da Igreja com os republicanos. A Igreja de Roma pregava a tolerância pacífica e liberal entre partidos, o que descontentava os monarquistas. Não se sabe o que Gastão foi buscar junto a um Papa antimonarquista.

Antes considerada capital dos reis franceses, Versalhes mudou na *Belle Époque*. Passou a ser vista ironicamente como o berço da República. Tinha avenidas desmesuradas, pontilhadas de quiosques e um grande contingente de casernas. Tinha até mesmo uma aerostação militar que fazia experimentos com balões. Nos fins de semana, tambores rufavam e outros instrumentos militares animavam os concertos no parque. Apesar de vocação hortícola drenada para o grande mercado da cidade, Versalhes recebia veranistas parisienses e estrangeiros em visita ao palácio cujo parque brilhava de mil cores no outono. A folhagem, os lagos e os mármores lembravam os burgueses do lugar aristocrático que o palácio havia sido.

Nas ruas, mulheres vestidas na última moda, como a espirituosa duquesa De Villars, a bela Sra. Lenoir, a brilhante Sra. de Torrento, falando de literatura simbolista, dominavam. As gôndolas parisienses movidas a quatro cavalos faziam a ligação com Paris em uma hora e quinze minutos. Os trens saíam da estação Rive Droite para a capital. O Café Anglais reunia os elegantes e o Quarteirão Notre-Dame abrigava os chiques. No grande magazine *À la ville de Versailles* se vendiam as mais recentes novidades e confecções. Em Glatigny se erguiam os pavilhões mais luxuosos. Festas mundanas e recepções animavam as noites. As comandadas pela bela e inteligente viscondessa de Fontenay era uma delas. A Sociedade dos Amigos das Artes reunia músicos e pintores que moravam na localidade, como Gustave Boulanger, que retratou os mais belos rostos da sociedade. Para suas orações, Isabel estava bem servida, pois tinha a Igreja Nossa Senhora de Versalhes, a de santa Elizabeth da Hungria e a de santo Sinfrônio.

O Hôtel des Réservoirs, construção clássica de três andares, era considerado elegante e oferecia em seus salões recepções e saraus musicais. O problema eram os quartos gelados e as lareiras que enchiam de fumaça o cômodo. Ali, Isabel instalou o pai temporariamente. Mas D. Pedro não abria mão de projetos pessoais. Logo se mudou para a resplandecente Paris, onde poderia percorrer as academias, bibliotecas e instituições científicas de que gostava e onde era aplaudido. Deixou Isabel à vontade para tocar a vida sem se preocupar com ele. Embora sua posição exigisse, não se instalou numa casa, como faziam outros monarcas exilados, mas em outro hotel.

Enquanto a vida seguia e Isabel trocava cartinhas com o pai para saber de sua saúde, a 14 de janeiro de 1891 faleceu a querida amiga de ambos, a condessa de Barral. Isabel, depois de correr para o enterro e de rezar junto ao jazigo, foi a Cannes consolar o pai. Perder aquela que foi sua paixão foi um golpe duríssimo. Ele precisou da ajuda da filha para atravessar o rigoroso inverno. Todos sabiam o quanto devia a ela, que, em momentos cruciais, esteve sempre ao lado deles. "Não saberíamos ter outra amiga como ela", escreveu Gastão ao duque de Némours.

Nas férias, a 13 de maio, D. Pedro ofereceu a Isabel um ramalhete de flores, lembrança da data. No meio do ano, Isabel voltou a Cannes. Levava consigo Eugeninha Penha e Totó. No início do mês de agosto, houve notícias de que o advogado de Isabel e o procurador de Gastão teriam se negado a entregar o Paço Isabel ao governo. *O Pharol* clamava: "Seja o palácio tomado por violência, nunca entregue". O jornal defendia o casal de exilados.

Em agosto, ao visitarem Vichy, D. Pedro teve recaída. "Vichy é feio e sem interesse. Aqui só vim por causa de Papai", escreveu Isabel a Amandinha. O imperador frágil na cama, enquanto, além das janelas do quarto, o verão resplandecia. Flores frescas se abriam nos jardins, nas praças, nos vasos e nos decotes das senhoras.

Os príncipes vieram lhes fazer companhia e contar que, na distribuição de prêmios na escola, ganharam muitos. "O mais recompensado deles, o príncipe D. Luís": treze prêmios! Pedro já tinha 15 anos e, segundo o pai, era preguiçoso e indolente. O braço, paralisado num acidente de nascimento, devia trazer-lhe problemas de adaptação à vida escolar. Luís, ainda segundo o pai, tinha "capacidades admiráveis" e se desempenhava nos mesmos afazeres de Pedro, com prestígio e rapidez. As cruéis comparações existiam desde sempre. Antônio, apelidado de Totó, era o caçula e, além de mimado, tinha saúde frágil. Seu avô o achava "engraçado!". Gastão não escondia sua obsessão com os estudos e a disciplina dos filhos. Sobretudo em relação a Luís, "o mais difícil", mas, para ele, o mais promissor. Não se sabe como os jovens viviam as preferências paternas entre si.

Diferente do Brasil, onde títulos foram distribuídos desde D. João VI e não eram hereditários, na França uma família aristocrática expressava um sentimento de pertença a determinado meio, e todas as estratégias eram válidas para se manter ou se elevar ao alto da hierarquia. Existiam os aristocratas e os outros. Num comportamento sintomático e após décadas de distanciamento, Gastão quis reaver sua posição junto aos Orléans e tratou logo de reatar os laços com familiares franceses. Doravante, seria preciso resolver a sua própria posição e a posição de seus filhos na Casa de Orléans.

Aristocratas pareciam ter vidas ordenadas e espiritualmente harmonizadas, ainda que com poucos recursos. "Que pretendes ser, meu caro?", a pergunta vinha sempre impregnada de um sentimento de superioridade. Gastão tinha que ensinar os filhos a dar uma resposta. Para que não perdessem o *status* de príncipes, Gastão buscou reaver para os filhos os direitos de sucessão ao trono francês, em caso de uma Restauração.

Escreveu ao primo-irmão, Luís Felipe, então chefe da Casa Real de Orléans, solicitando o reconhecimento da nulidade de sua renúncia por ocasião do casamento com Isabel e a consequente naturalização brasileira. Depois de uma consulta aos demais membros da família, a resposta dele: "As possíveis reinvindicações de Gastão para reclamar sua posição na Casa de França e tudo o mais que é relacionado são absolutamente inaceitáveis [...]. Quando alguém deixa a Casa de França para se tornar um estrangeiro [...], para assim procurar em um trono estrangeiro uma posição oficial, tal ato possui consequências irrevogáveis. Ele não pode, trinta anos depois, dizer que cometeu um engano, que o passado não existe e reivindicar entre nós uma posição que ele deixou intencionalmente".

Grande decepção para Gastão. Ainda que o trono brasileiro tivesse sido extinto e substituído por uma República, nem ele ou seus filhos seriam integrados à Casa de França. Mas ele não desistiu e tentaria de novo, mais à frente. Reis decaídos sempre quiseram voltar ao seu reino. Se o assunto obcecava Gastão, Isabel não demonstrava nenhum interesse pelo que chamava de "questões dos príncipes franceses".

A vida mudou, mas as pessoas, não. Isabel, sempre muito católica, mergulhou na onda conservadora que submergia a França. Fiéis elegantes se amontoavam sob a abóbada de Notre-Dame para ouvir sermões. Seu sogro adorava a liturgia católica, suas tradições e rituais, e Gastão herdou do pai o sentimento religioso e intransigente na matéria. Para eles, tudo emanava de Roma e da vontade do

Papa. O casal assistia na Igreja da Madeleine às sedutoras pregações do padre Dupanloup. O mesmo que dizia que "mulheres tinham que ser educadas nos joelhos da Igreja". Eles engrossavam a vaga dos que comungavam ao som do órgão e perfume de incenso. Acreditavam que a religião, a pátria e a propriedade privada eram ingredientes básicos da vida. Era preciso lutar contra a secularização acelerada e os livres-pensadores que combatiam a influência católica. Em setembro, um fato importante fez ressurgir em Isabel a "beata" criticada até pelos grupos monarquistas. Depois de conseguir que D. Pedro, fragilizado pelo diabetes, recebesse os bispos de Rodez e Rennes, ela escreveu ao marido:

"[...] o bispo auxiliar de Rennes está aqui, ele pregou domingo; eu conversei muito com ele, assim como com o bispo de Rodez e ele me pediu muito para não deixar de ir a Paray-le-Monial. Nessa ocasião vai facilitar e que talvez eu consiga entrar no claustro, o lugar em que Nosso Senhor mostrou seu coração à santa Margarida Maria Alacoque. Eu vou ficar felicíssima. Vou rezar por nós três e pelos nossos três queridos que eu beijo de todo o coração".

A 20 de agosto, D. Pedro anotou no diário: "Tive discussão com Isabel, que quer ir a Paray-le-Monial, o que aumentará a fama de beata, prejudicando-a na opinião. Mas não faz mal e vá".

A cidadezinha era dominada não só pela Igreja mas pelos negócios. A organização das peregrinações era perfeita. Do mundo inteiro chegavam esmolas, e acordos com companhias ferroviárias alimentavam o fluxo de visitantes. Suas ruas eram cortadas por procissões e altares embandeirados. Religiosas ofereciam à venda missais, terços, imagens de santos e cartões-postais. As ruas eram embaladas pelo toque dos sinos, que, nos dias de missa cantada, despertavam os peregrinos desde a alvorada. Cabeça baixa, mãos entrelaçadas, murmurando orações, todos esperavam milagres. E eles vinham na forma de reações histéricas ou emoções intensas.

"Fanática", diriam de Isabel. Sim, católico, então, era sinônimo de fanático. Isabel começou a preparar a peregrinação ao santuário dedicado ao Sagrado Coração. Mas sua fama de beata tinha começado lá atrás, quando ela esteve no centro da chamada Questão Religiosa. O Brasil vivia, então, um momento difícil de crise econômica e política. Junto com o Papa Pio IX, bispos se armavam para restaurar o prestígio da Igreja, apostando no conservadorismo. Queriam a presença de seminários onde a reforma fosse assegurada. Ordens como as dos lazaristas, capuchinhos e jesuítas se encarregavam de difundir a rigidez doutrinária e moral. As chamadas Missões Populares, com muito sermão incendiário, velavam sobre a moralidade do povo. Em alguns grupos era consenso que a orientação espiritual do Papa era mais importante do que qualquer orientação política. A devoção ao Sagrado Coração de Jesus, à Imaculada Conceição e ao Menino Jesus era obrigatória. As comunhões frequentes também. A Igreja queria curar a sociedade por uma sangria da razão. Isabel e Gastão seguiam a cartilha com todo o fervor. O que lhes valeu o descrédito de muitos grupos urbanos de classe média.

Mas o que foi a Questão Religiosa ocorrida no Segundo Reinado? Tudo começou em 1864, quando o Papa Pio IX enviou uma bula que determinava, entre outras coisas, que todos os católicos envolvidos com a prática da maçonaria fossem imediatamente excomungados da Igreja. O anúncio acabou atingindo diretamente D. Pedro, que integrava os quadros da instituição censurada. Dois bispos, D. Macedo Costa e D. Vital, foram presos por ordem do Supremo Tribunal de Justiça por quererem expulsar maçons das Irmandades religiosas e Ordens Terceiras. As atitudes de Isabel e Gastão, visitando ou tentando libertar os bispos da prisão, trouxeram consequências para a sucessão.

Os jornais reclamavam da intervenção direta do casal. Porém, D. Pedro, apesar da insistência, não acolheu seu pedido. Isabel não se deu por vencida. No dia em que a princesa ouviu do pai que o casal iria à Europa cuidar da saúde de Teresa Cristina, ela lhe anunciou "que só assumiria a regência se ele perdoasse os bispos". Diante do silêncio de D. Pedro, ela insistiu: "Pois o papai fique certo de que, se até eu assumir a Regência o caso permanecer como está, eu anistiarei os bispos. Será o meu primeiro ato!".

Não precisou de mais para os republicanos a crucificarem. Segundo eles, Isabel era incapaz de racionalidade na gestão dos negócios públicos.

Sua instabilidade emocional fez dela um alvo fácil de satanizar. Ela se tornou a encarnação das forças do conservadorismo que obstruía o caminho do Brasil rumo ao progresso. O tiro no pé foi disparado no dia 28 de setembro de 1888, quando Isabel recebeu do papa a Rosa de Ouro, condecoração dada pelo Papa Leão XIII pela libertação dos escravos.

Isso porque, durante a cerimônia, D. Macedo Costa pronunciou um discurso que revelou o programa para o Terceiro Reinado. Ele era todo o oposto do que desejavam republicanos e liberais. O da união entre o Trono e o Altar: "[...] é necessário resgatar as almas de tudo o que é baixo, vergonhoso, degradante. Restaurar moral e religiosamente o Brasil. Esta é a obra das obras; a obra essencial, a obra fundamental sobre que repousa a estabilidade do trono e o futuro da nossa nacionalidade". Tudo muito parecido com o modelo francês de Ordem e Moral. Para a Igreja, mais importante do que a Abolição seria a luta contra o liberalismo.

Mas e o que seria Paray-le-Monial? O lugar de uma devoção gigantesca ao Sagrado Coração de Jesus. Ali, o Cristo teria aparecido a Margarida Maria Alacoque, nascida num vilarejo próximo e religiosa no monastério da Visitação. Ao cabo de três aparições, ele lhe apresentou seu coração com as palavras: "Eis o coração que tanto amou os homens e que deles só recebe ingratidão". Sua devoção ganhou o mundo católico. Mas sua função mais importante, junto com a construção da Igreja Sacré-Coeur, em Paris, era abafar as celebrações republicanas durante o centenário da Revolução Francesa. A ordem era comemorar a bem-aventurada santa. E não a Revolução, considerada verdadeira encarnação do mal. Afinal, ela foi a causa da queda da Monarquia católica. A República teria sido instaurada por judeus e maçons, inimigos contra os quais os fiéis deviam lutar com todas as forças.

A 22 de agosto, já de volta da peregrinação, ela escreveu uma carta exaltada ao marido: "Que hei de lhe dizer sobre Paray-le-Monial? Quando voltamos a Moulin, foi como se tivéssemos caído do céu à terra. Deixei aquele santuário com saudades. Lá, eu consagrei Totó ao Sagrado Coração. Que Ele o proteja". Como Isabel não o foi, Antônio também não seria protegido. Isso apesar de voltarem várias vezes ao santuário.

Os assuntos entre pai e filha não tinham mais nada em comum. A melhora da saúde permitiu a D. Pedro deixar Vichy e voltar a Paris, passando por Versalhes. Estava ocupado com outros planos. Conta Lídia Besouchet que ele conheceu em Cannes uma sobrinha-neta, casada e mãe de filhos, atacada de tísica, que o encantou: Antônia. Era neta do tio, D. Miguel, irmão de seu pai. Uma aventura sentimental no inverno da vida para quem D. Pedro lia poesia e levava ramos de flores. Não se sabe se buquês com mensagens: a madressilva queria dizer "laços de amor"; o heliotrópio, "eu te amo"; a camélia, "constância". As flores falavam o que a boca calava. Deliciava-se, ouvindo-a tocar piano. Fazia-lhe maus poemas, porém poemas. Sublimava emoções. Seu último diário registrou o nome de Antônia repetidas vezes.

À época, Isabel foi procurada por Silveira Martins. A dissolução do Congresso por Deodoro, que assumiu poderes ditatoriais, animou os monarquistas. Novamente, eles foram consultar D. Pedro sobre a possibilidade de ele e Isabel abdicarem em favor de Pedro, agora com 16 anos. Por não serem benquistos, Isabel e Gastão permaneceriam na Europa para não prejudicar o plano. A chefia do governo seria entregue a um governo regencial até que o jovem atingisse a maioridade. O ex-imperador aceitou tudo, mas Isabel foi contra:

"Embora brasileira, sou antes de tudo católica e com relação a meu filho ir para o Brasil jamais o confiarei a este povo [os políticos], já que o meu dever é a salvação de sua alma". D. Pedro anotou em seu diário: "o resultado foi o que receava". E por quê? Pois Isabel receava que o filho, um adolescente, fosse para um país onde havia hostilidade ao catolicismo. A nova República privou a religião do *status* de religião de Estado e ninguém, nem os bispos, queria reverter a medida. Pedro governaria um Estado laico, cercado de conselheiros irreligiosos. Na opinião de Isabel, a fé de seu filho mais velho estaria em perigo. Irritado e desiludido, o político respondeu-lhe: "Então, senhora, seu destino é o convento".

O amigo Ouro Preto também foi testemunha de uma conversa entre pai e filha que o impressionou. Ao perguntar ao amigo se ele assistira à conferência de Jacinto Loyson sobre a reforma da igreja,

D. Pedro foi aparteado por Isabel: "Oh, Papai! Pois o senhor iria ouvir um padre perjuro, o qual, sobre profanar votos sacrossantos, se levanta agora contra a comunhão religiosa de que fez parte?". "Que tem isso?! retorquiu ele. O ex-padre pretende reformar, não demolir a igreja. Escutá-lo não importa aderir às suas ideias, nem dar força à sua propaganda [...]. Demais é um homem inteligente, orador célebre, instruído, animado de fé. Querem saber de uma coisa? A mim não se me daria de ouvir o próprio diabo, se ele se propusesse a realizar conferências públicas." "Oh, Papai!" Isabel se insurgia contra a maré de novos costumes que escangalhava o altar da fé.

Mesmo para os mais devotados monarquistas, como Ouro Preto, as reações de Isabel incomodavam. Ela se agarrava à "moralidade" como a uma rocha sólida. O citado Loyson foi sacerdote carmelita, imenso pregador, filósofo e teólogo, que arrastava multidões para ouvir seus sermões. Com voz de trovão protestava: por que não poder afirmar que Catolicismo, Protestantismo e Judaísmo eram grandes religiões? Por que encerrar a Bíblia no obscurantismo de línguas mortas e não a divulgar para todos? Por que aceitar o dogma da infalibilidade papal?

Depois de percorrer a França fazendo conferências, provocando agitação, Loyson rompeu com a Igreja Católica, foi excomungado, desposou uma viúva protestante e fundou a Igreja do Livre Espírito, cujos princípios eram: o matrimônio dos sacerdotes, uma forte oposição à infalibilidade papal, a reivindicação da missa na língua vernácula e a abolição das classes nos funerais. Como tantos ultramontanos, Isabel lhe tinha horror.

A posição de D. Pedro não era a mesma de toda a família imperial. Ele era ligado à religiosidade da Igreja, mas, também, ao liberalismo presente na Maçonaria. Era reformista liberal na esfera da cultura e não ligado às enunciações místicas da religiosidade popular. Gostava de estudar hebraico, visitar sinagogas e escrevia a seus amigos, como o rabino Mossé, o que também muito aborrecia Isabel. Para ela, judeus eram assassinos de Jesus, opositores do catolicismo e ponto-final.

Em novembro a Marinha se revoltou contra Deodoro. Aprofundou-se o fosso entre ele e o Congresso, e Deodoro, sem apoio político e com a saúde fragilizada, preferiu renunciar. O vice-presidente Floriano Peixoto assumiu. A crise passou. Floriano era implacável. Seu estilo autoritário despertou a oposição generalizada, principalmente entre as forças armadas. A capital tampouco aceitou o republicanismo instaurado. E por isso passou por uma fase de turbulência, pois, com o novo regime, ocorriam várias transformações de natureza econômica, social, política e cultural. E ainda pairava a ameaça dos pronunciamentos das irrequietas repúblicas vizinhas – Argentina, Uruguai, Peru e Bolívia. Haveria República perfeita? Talvez os Estados Unidos, país do federalismo, de gente capaz de grandes realizações, um laboratório de atividades industriais, mas, também, da interferência nas pequenas repúblicas latino-americanas.

A partida

Longe, mergulhada nas práticas devocionais e em abafadas conversas sobre Restauração, Isabel não viu o tempo passar. O do imperador se esgotou. D. Pedro teimou em permanecer em Paris num fim de novembro muito frio. As chuvas transformavam dias em noites. A sua saúde dera grandes sustos nos últimos anos, e ele estivera à beira da morte em pelo menos duas ocasiões. O diabetes comia sua saúde pelas bordas e ele esteve imobilizado por causa de um sério problema no pé por muito tempo. Ele era uma sombra do que havia sido. Estava muito só. Como disse um biógrafo seu, "D. Pedro era uma relação menos desejada do que foi D. Pedro II, o imperador do Brasil".

Mas agora, fora as mazelas habituais, sentia-se relativamente bem e se preparava para a reunião da Academia de Ciências da França à qual pertencia. E dali a uma semana, para o desfile de conhecidos e amigos que inevitavelmente lhe prestariam homenagem no seu aniversário de 66 anos, em 2 de dezembro de 1891.

Mas não houve festa e ele agonizava quando recebeu uma cartinha em latim do estudioso Luís. D. Pedro nunca a leu:

"Meu avô caríssimo.

Congratulamos, os seus netos, muito por esta vida.

Tendo chegado finalmente o dia de seu natalício, é justo que peçamos de coração ao criador do mundo que possuas uma vida longa. Que viva ao nosso lado por muito tempo. Basta para nós sempre essa alegria. Peço por este poema, ó pai, com paciência que perdoe as coisas rudes pois aquele que compõe estes versos desconhece a arte poética".

Aconteceu muito rápido. Envelhecido, ele vivia modestamente no segundo andar do Hotel Bedford, onde ocupava um quarto com pequena sala de recepção e sala de refeição. Tudo forrado de papel cinzento escuro quadriculado em dourado. No dia 27 de novembro, D. Pedro anotou em seu diário: "5h50: E uma filha que me deixa sofrer a um pai durante um dia inteiro, sem se informar diretamente de seu estado. Nunca vi prova tal de falta de coração. Acabo de jantar mal e creio que me vou deitar". Esqueceu-se de que deu o exemplo, quando deixou Teresa Cristina sozinha, agonizante num quarto de hotel.

Ele passou o aniversário acamado e sem comemorações. Na noite do dia 3, ainda lúcido, o pai murmurou para a filha, colada ao seu leito: "Deus me conceda esses últimos desejos: paz e prosperidade para o Brasil". Entrou em agonia na noite do dia 4 e morreu aos 35 minutos do dia 5. No saguão do hotel, Isabel recebeu os parentes e amigos. O que se verificou nessas 72 horas foi uma procissão ininterrupta de visitantes que já sabiam o imperador desenganado.

Após ter reinado por quase sessenta anos, D. Pedro morria num hotel parisiense de segunda categoria no qual viveu o último ano de sua vida. Ao seu lado, nos momentos finais, o dedicado dr. Motta Maia, médico que o acompanhou por dez anos.

O barão do Rio Branco, que compareceu ao hotel, descreveu a cena: "Ao lado da cama, sobre uma mesinha, viam-se um crucifixo de prata, alguns círios e muitos livros e cadernos de notas. Sobre o assoalho, no meio da sala, iluminado pelo clarão de várias tochas, via-se o caixão ainda aberto. Ao lado, de joelhos, a Princesa Isabel chorava em silêncio. A alguma distância, também ajoelhados, estavam o conde d'Eu e o Príncipe do Grão-Pará. Os brasileiros presentes, trinta e tantos, foram desfilando um a um, lançando água-benta sobre o cadáver e beijando-lhe a mão. Eu fiz o mesmo. Despediam-se do grande morto".

A Infanta D. Eulália, filha da rainha Isabel II de Espanha e do duque de Cádiz, descreveu em suas *Memórias* os últimos momentos de D. Pedro e a dor de Gastão e Isabel:

A partida

"Eu tinha voltado a Paris, a fim de passar alguns dias junto à minha mãe, quando minha prima Isabel mandou me prevenir de que seu pai estava passando muito mal. Eu era a única pessoa de minha família que se encontrava, então, em Paris. Saí imediatamente e horas depois estava junto do venerando imperador [...]. Quando D. Pedro II se extinguiu, estávamos junto dele apenas a princesa Isabel, seu marido e eu. Tínhamos passado toda a noite velando por ele. Minha mãe se retirara ao anoitecer, e extenuada pelas emoções, porque dedicava profunda afeição ao moribundo. Essa afeição foi, no dia seguinte, causa de um penoso incidente. Tínhamos acabado a *toilette* do morto quando minha mãe chegou. Para que ela não tivesse má impressão, eu me apressei a tirar um lenço que havia passado em torno de seu rosto. Assim como as longas barbas estendidas sobre seu peito, ele apresentava uma fisionomia tão serena que, pouco depois, os assistentes, alguns fidalgos brasileiros e franceses que tinham acudido à triste notícia, ficaram estupefatos ouvindo a rainha Isabel II, sempre tão comedida em suas expressões, protestando, bradando que o imperador estava vivo, que não podia estar morto, com uma fisionomia tão tranquila, que íamos enterrá-lo vivo. Foi preciso a presença de dois médicos de sua confiança para convencê-la da dolorosa verdade".

Os presentes, um após o outro, beijaram a mão direita de Isabel, maneira de reconhecê-la chefe da dinastia. A seguir as exéquias, ou seja, a gestão da morte. Tinham que ser grandes e belas, pois os funerais hierarquizavam as classes sociais. O morto não representava mais só o cadáver de alguém bom ou mau. Era a representação de uma família, um grupo, um Estado, uma nação. O defunto era vestido com todas as galas e medalhas, semideitado no caixão de luxo, cercado de flores e círios. Seguiam-se o cortejo, o deslocamento de tropas e o grupo de autoridades e aristocratas, dando um toque final ao espetáculo. Foi assim com Verdi, Victor Hugo ou o jornalista Victor Noir. Seria assim com o imperador brasileiro. O presidente Sadi Carnot resolveu dar-lhe honras de chefe de Estado. Embalsamado e repousando a cabeça branca sob o saco com terra do Brasil, foi para a Igreja da Madeleine, transformada em câmara-ardente.

Em 9 de dezembro, realizaram-se as solenes exéquias, diante da família e convidados como Paulo e Eduardo Prado, Eça de Queiroz, Souza Dantas, a rainha Maria Bárbara das Duas-Sicílias e confrades do imperador dos institutos científicos. De lá, o corpo foi transportado em carro fúnebre para a estação de Orléans, de onde partiu em trem especial para Lisboa. Em Santa Apolônia recebeu-o o rei Dom Carlos, de onde seguiu, em grande cortejo, para a Igreja de São Vicente de Fora. Isabel foi muito visitada e recebeu telegramas de condolências enviados por todos os soberanos europeus e sumidades literárias e científicas. Os jornais brasileiros publicavam nas primeiras páginas notícias sobre a morte do imperador. Para muitos, porém, se D. Pedro havia partido, o Império não estava morto.

A princesa enviou a Lassance, ex-mordomo de Gastão, o telegrama: "Aprouve a Deus ferir-me com o golpe mais doloroso, chamando a si meu muito amado pai. Junto do leito em que expirou, meu primeiro pensamento é de anunciar minha desgraça aos meus patrícios certa de que eles hão de associar-se a minha dor pela perda de quem, em sua longa existência, consagrou todos os seus desvelos à felicidade e à grandeza da nossa pátria".

Na capital, Rio de Janeiro, o comércio cerrou as portas. As bandeiras desceram a meio-pau. Abalado, o ministério reunido no Itamaraty calculava os riscos de uma reação popular. As autoridades prometiam maior rigor em relação aos monarquistas, que, por sua vez, prometiam vingança. Foram realizadas missas de norte a sul do país enaltecendo o imperador e a Monarquia. Os jornais *O Brasil* e *Jornal do Brasil* também escreveram artigos na mesma ordem, sendo então perseguidos pelos batalhões patrióticos e o clube militar, que não aceitavam a propaganda restauradora de ocasião. Falava-se de um *Manifesto da Princesa* que circularia no dia seguinte. "Que fazer? Que rumo tomar?", se perguntava o amigo Taunay. E concluía desanimado: "O meu entusiasmo pela Restauração enterrou-se com o imperador".

Depois do enterro, enquanto Isabel, Gastão e os filhos viajavam para Madri, o assunto voltou. Em fevereiro de 1892, o *Jornal de Notícias* reproduzia uma alentada notícia do *Le Matin* sobre as tentativas de Restauração no Brasil. Segundo o jornal francês, as notícias de conflito entre Deodoro e o Congresso e as honras militares dadas ao imperador fizeram os monarquistas acreditarem que "a França republicana apoiaria veleidades de restauração alimentadas por alguns partidários da antiga dinastia. O povo brasileiro está hoje ciente de que em momento nenhum a nação francesa sonhou em contrariar a sua vontade livremente manifestada". E prosseguia dizendo que, apesar da integridade de D. Pedro, o regime imperial não tinha apoio. Nem dos republicanos nem dos monarquistas "mais autorizados do Brasil", além de jornalistas, deputados e ministros conservadores ou liberais.

E o jornal citava o nome de Silveira Martins como alguém que tinha servido a pátria, mas, que ao prever o advento de um Terceiro Reinado, chamara "a condessa d'Eu, futura imperatriz, de Joana, a doida". Era a pecha de beata que prejudicava Isabel. Segundo o articulista, o golpe republicano não foi nada imprevisto e germinava, havia muito, nos espíritos. E cravava: "a nação brasileira não retrocederá no seu caminho".

Será? Na época, persistiam dúvidas. No início do governo de Floriano Peixoto que sucedeu a Deodoro, jornais monarquistas como o *Jornal do Brasil* e *O Brasil* foram empastelados, pois não se calavam. Reuniões secretas de monarquistas se multiplicavam. Na capital, trabalhava-se a adesão popular à família do finado imperador. Organizaram-se greves e uma contrarrevolução desbaratada pela polícia. Como Floriano não tomava medidas drásticas contra tais palpitações monárquicas, seus adeptos achavam que o regime não estava consolidado. E que era hora de reagir.

Com o nome de Isabel fora do páreo, cogitava-se numa regência com Silveira Martins ou com o almirante Saldanha da Gama, que, então, tinha assumido o corpo dos marinheiros nacionais. Mais uma vez, a ausência de uma liderança sólida na casa de Bragança prejudicava as iniciativas monarquistas. No Rio de Janeiro, em São Paulo, em Minas Gerais, no Pará, em Pernambuco, no Ceará, no Rio Grande do Sul e no do Norte núcleos de resistência tinham se unido e publicavam jornais efêmeros, porém não existia coordenação, nem um porta-voz da casa imperial.

Graças à correspondência com monarquistas, Gastão sabia o que se passava. E insistia na necessidade de articular o movimento em torno de uma direção única. Mas a própria família não queria indicar um nome, pois sabia que eram grandes as tensões entre diferentes grupos monarquistas. Ele e ela se lembravam do dogma de D. Pedro: "deveriam voltar, *se fossem chamados*".

O próprio imperador não se submeteu ao humilhante embarque na calada da noite para evitar derramamento de sangue? Restauração, sim. Mas nunca pelas armas. Isabel e Gastão se comportavam como espectadores. Em carta a João Alfredo, de dezembro de 1892, ela parecia se esquivar:

"Lamento sempre as circunstâncias que armam irmãos contra irmãos. De forma alguma desejo animar semelhante guerra e tanto mais que não vejo nela base segura, nem êxito muito provável [...]. O senhor conhece meus sentimentos de católica e brasileira. Não duvidará, pois, que, uma vez que a nação se pronunciar, por convicção geral pela Monarquia, para lá voltaremos." No fundo, Isabel tinha esperanças...

Entretempos, em abril explodiu uma rebelião de deodoristas. Culpa dos monarquistas, gritavam os florianistas. Eles temiam a possibilidade de uma Restauração e usavam seu temor para cometer atos de violência. Enquanto isso, os monarquistas se reuniam e traçavam planos. Em maio, um Manifesto dos Monarquistas do Pará teve grande repercussão. Ele confirmava pretensões restauradoras, afirmando que o momento estava próximo e que "o patriotismo ainda não estava banido da terra de Santa Cruz". O manifesto provocou ainda mais a ira dos republicanos, que percebiam no documento a possibilidade de haver conspirações latentes contra o regime.

Mas o entusiasmo monarquista tomou logo uma ducha fria. O desapontamento com a família aumentou quando souberam que Isabel resolveu alugar seus imóveis em Petrópolis: "para escândalo dos devotados monarquistas, o próprio palácio imperial de seu augusto pai", além de "retalhar os terrenos dos jardins em lotes para edificação de casas de republicanos enriquecidos". "Já o arrendamento do palácio particular da Princesa para um endinheirado de ocasião, com as próprias camas e móveis mais íntimos de Suas Altezas, produzira muito mau efeito e fizera gritar contra a profanação". O pior foi o aluguel do palácio de D. Pedro para um colégio de irmãs de caridade que fez "transbordar a indignação". E concluíam: "o beatério e o engodo do ganho desprestigiaram os grandes vultos em que punham suas esperanças".

Em janeiro, uma notícia na imprensa internacional repercutiu no Brasil: Isabel estaria renunciando ao trono em troca dos seus bens, inclusive o Paço Isabel. O jornal *Éclair* mandou um representante a Versalhes para esclarecer a nota, antes publicada no *Gazeta da Cruz*, uma folha monarquista. Ou seja, de um lado, Isabel tentava recuperar a renda que a República lhe roubou. Mas, de outro, ao fazê-lo através do aluguel de bens, se desacreditava diante dos "devotados monarquistas". A notícia foi desmentida e Gastão reagiu: admirava-se um jornal monarquista publicando notícias falsas!

Havia muito tempo os monarquistas estavam inconformados com a hesitação e a falta de auxílio moral e financeiro da família real. Afinal, o regime monárquico, nos anos de 1895 e 1896, ainda vivia na memória do país. Era presente como uma forma de governo que foi derrubado, e presente como um regime que era possível recuperar através da luta política. Os jornais monarquistas lutavam para pôr fim à República e bombardeavam seus objetivos e ações. Enquanto os republicanos buscavam formas de consolidar o regime recém-instalado, os monarquistas lutavam pela Restauração a partir da organização de pequenos grupos com figuras importantes como Paulo Prado ou Joaquim Nabuco. Eles insistiam: a República não era a forma de governo ideal para os brasileiros.

Prudente de Moraes, o primeiro presidente civil, os ouviu. Abriu-se uma "nova era" em que a "ditadura militar" se enfraquecia e os restauradores, sem cerimônias, pediam a sua total erradicação. Dentro do partido, liberais e conservadores, junto com adesistas arrependidos, se uniram para uma arregimentação política e viram suas fileiras engrossarem com a volta de monarquistas emigrados que se encontravam na Europa. Por parte dos republicanos, temia-se um golpe de Estado e a volta do "monstro da Restauração". Com artigos e reuniões de ambos os lados, cozinhava-se em fogo brando um confronto.

A primeira das ações foi, em 1895, fundar o Partido Monarquista em São Paulo e junto publicar um manifesto em prol do retorno da Monarquia, apontando as fragilidades da República. Em 1896, inaugurou-se o Centro Monarquista no Rio de Janeiro. Ele era formado por partidos ligados a políticos de província, portadores de títulos nobiliárquicos, funcionários da burocracia estatal, bacharéis em Direito, católicos radicais, entre outros personagens insatisfeitos com o regime instaurado em 1889. O ressentimento pela perda de cargos ou privilégios, o sentimento antimilitarista e até mesmo o conservadorismo religioso alimentavam seus objetivos.

Muito ativo entre 1889 e 1910, o Centro foi apoiado por jornalistas e escritores, que organizaram manifestações, greves e revoltas. Teve revanche dos republicanos: jornais como *A Liberdade*, *O Apóstolo* e a *Gazeta da Tarde* foram invadidos e saqueados. Apesar da repressão, os diretórios já eram 55, e tinham se multiplicado principalmente nos estados do Rio de Janeiro, São Paulo e Minas Gerais. Debates ali promovidos eram difundidos em periódicos, panfletos e outros órgãos que buscavam expandir e consolidar uma posição ideológica e política.

O Visconde de Ouro Preto insistia e não desistia junto a Isabel: estavam se esforçando para organizar o partido. Precisavam de notícias: "É de máxima conveniência para a campanha patriótica que se publiquem constantes e minuciosas notícias de Vossa Majestade Imperial e de sua augusta família para revigorar a simpatia pela dinastia". Que ela ordenasse a alguém de confiança para municiar os diretórios com "fatos que interessassem à causa comum", por exemplo, o progresso dos príncipes nos estudos.

Mas Isabel estava ocupada com outras coisas. Com o fim do inventário dos imperadores, o casal pôde respirar e comprar seu teto. Muitos príncipes e monarcas exilados e empobrecidos, fugidos de Palermo, das Duas Sicílias, da Polônia moravam em Vincennes. A primeira residência deles também foi num subúrbio de Paris: Boulogne-sur-Seine.

A aristocracia não era uma coisa só. Outra parte dela vivia no Boulevard Saint-Germain, endereço dos membros da nobreza do Antigo Regime, os chamados legitimistas. Ou seja, gente da época dos Bourbon. Mais tarde alinhadas com Napoleão, tais famílias foram anistiadas e recuperaram seus bens – caso do marquês de Juigné, entre outros. Para eles, os Orléans eram descendentes de um homicida: o avô de Gastão, conhecido como Felipe-igualdade, cujo voto teria decidido a decapitação de Luís XVI. Eram considerados com certo desprezo pelos legitimistas como gente fascinada pela persistência da Monarquia e das instituições nobiliárquicas.

Longe dos legitimistas e em seu canto de Boulogne, Isabel voltou a fazer o que gostava: música, flores e caridade. Enviava aos amigos bilhetes elegantes, fotos e cartões-postais dando notícias e terminando com uma "sempre saudosa do Brasil" e "sua muito do coração".

O casal era avesso a festas desde recém-casado e evitava o *grand monde* onde circulavam as fortunas feitas na Bolsa, nos bancos, nas linhas férreas. Viviam sem largueza uma vida sossegada e quieta. Sempre vestida de tecidos pesados e escuros e coberta até o pescoço, Isabel estaria fora do lugar entre beldades de decotes profundos, joias esplêndidas e conversa cosmopolita. Optava por pequenas recepções caseiras, *matinées* musicais, *garden parties* e chás nos meses de primavera, maio e junho. De vez em quando, iam a um baile, na casa dos condes de Araguaya. Em geral, se isolavam de alegrias exageradas. Nada distinguia Isabel de mil outras burguesas francesas, reverentes ao altar e às lembranças do mundo que a *Belle Époque* ia enterrando. Leituras? As piedosas com certeza. Mas, também, as revistas destinadas às donas de casa, das quais folheavam, deliciadas, as páginas de papel brilhante trazendo modelos de costura, receitas, conselhos domésticos e jardinagem.

Simples e digna, Isabel era sempre vista na semiobscuridade do salão, as espessas cortinas brasonadas puxadas diante das janelas, respondendo sua correspondência à escrivaninha. Ela não oferecia mais o rosto ao sol do verão, como fazia em Petrópolis. Mas sofria de falta do ensolarado Brasil: "Quantas saudades", "não poderia encher-me mais de saudades pois elas sempre me acompanham", "saudades por toda a parte", "as saudades é que são grandes", "saudades e mais saudades", escrevia a Amandinha.

Ocupava-se com a presidência de várias associações beneficentes, como a União da Penitência, a Obra do Menino Jesus, o Comitê de Damas da Sociedade Antiescravagista da França, e outras, para as quais organizava bazares e concertos de caridade. Nada de ir fazer filantropia nos bairros miseráveis de Paris, como a Goutte d'Or, onde se aglomeravam crianças famintas, vestidas com trapos e escarrando sangue. Mas, como tantas "patronesses", ajudava as instituições onde o silêncio e o trabalho orquestrados pela Igreja eram a regra. Onde se mastigavam preces como balas na boca. No primeiro andar da casa, num quarto forrado de vermelho e transformado em capelinha, velava a Rosa de Ouro, presente do Papa Leão XIII. O cômodo cheirava à sacristia.

Para tais patronesses, a caridade pública era uma forma de demonstrar responsabilidade social. A massa de pobres constituía uma tribo que era preciso alimentar. Olhava-se sua miséria de longe, como se fossem os africanos ou chineses que vegetassem no inferno do paganismo à espera da conversão pelos missionários. Era preciso mostrar gentileza com os pobres, falar-lhes como se fossem doentes ou fracos de espírito. Não era sua culpa serem pobres. A pobreza não era um vício. Mas o que se podia fazer contra condições de vida tão deploráveis? Se um pobre tocasse a campainha, a criada corria com um prato de sopa e um pedaço de pão.

Em casa, o casal recebia quem vinha da pátria amada. Era o ponto de encontro dos patrícios que passavam para visitar a torre Eiffel e aproveitavam para deixar seus cartões. Isabel recebia com simplicidade e tinha paciência com os hábitos de viagem dos seus conterrâneos. Várias vezes por mês, sentava-se ao piano acompanhada do violinista negro, o cubano José Silvestre White y Lafitte, conhecido como Mister White. Cerravam-se as portas. As conversas em português e a música vazavam debaixo das cortinas franjadas, pufes, tapetes e biombos. A princesa, então, não admitia ser incomodada.

O aviador Alberto Santos Dumont, que costumava fazer evoluções no ar acima do hipódromo de Longchamp, certa vez, foi convidado por Gastão para tomar um chá com eles. Foi, voltou a Longchamp e subiu novamente ao ar com sua aeronave. A Isabel, tais manobras lembravam o voo dos grandes pássaros brasileiros. Ela lhe deu uma medalha de são Benedito – única condecoração que podia então distribuir. E as palavrinhas: "Use-a na corrente do relógio, na carteira ou no pescoço. Ofereço-lhe pensando na sua mãe e pedindo a Deus que o socorra sempre e ajude a trabalhar pela glória de nossa Pátria". Em 1901, se encontraram novamente no jantar oferecido pelo barão de São Joaquim "ao navegador dos ares por sua brilhante vitória", ou seja, à conquista do Prêmio Deutsch por ter contornado a torre Eiffel. Os salões da casa estavam enfeitados com um dirigível e crisântemos com as cores brasileiras.

O casal também recebia estrangeiros. A esposa de um marajá indiano, Brinda de Kapurthala, em suas memórias, lembrou que conheceu Isabel numa clínica, tendo ganhado dela "um Evangelho e uma gravura representando a Virgem e o Menino". Depois, Brinda retribuiu com uma visita a Boulogne:

"Ao entrarmos na casa, se me apresentaram os filhos da condessa, o príncipe Antoine e o príncipe Louis de Bourbon-Orléans eram ainda muito jovens [...]. Meus interlocutores estavam animadíssimos e pareciam (Antoine sobretudo) se interessar por mim, apesar de meu vestido e de meu mau humor. Não pude, naquele dia, apreciar devidamente, como faria depois, o espírito e a gentileza deles. Conduziram-me à princesa, eu fiz a reverência, ela me beijou e me fez sentar a seu lado. No momento que me instalei, percebi um retrato em tamanho natural do finado Dom Pedro, vestido com casaca e calça de cetim branco. A conversa me pareceu monótona e eu escutava quase nada do que falavam meus anfitriões. Recusava-me, no entanto, a dar atenção ao agradável Antoine; (o comportamento) seria pouco conveniente para uma noiva; concentrei-me no retrato de Dom Pedro.

Pobre de mim! O retrato estava disposto de tal forma que eu devia contorcer meu pescoço para observá-lo e, como não recusava nenhum *petit-four* que me ofereciam, o resultado foi que, deixando a casa, eu estava com dores de estômago, torcicolo e um horrível remorso por não ter preferido os assuntos principescos ao retrato do último imperador do Brasil".

Em Paris moravam brasileiros? Sim. Divididos entre monarquistas e republicanos. O Plaine Monceau era o bairro preferido dos sul-americanos "distintos". Alguns deles, Isabel e Gastão encontravam nas missas pela alma de D. Pedro, nos aniversários de sua morte na Igreja de Saint-Augustin. Aliás, quando celebradas em Eu, o quórum de brasileiros era mínimo. Porém, os Muritibas, os barões do Araguaya, de São Joaquim, do Rio Negro, os Itajubás e os Albuquerques sempre presentes. Com a embaixada ocupada por um republicano, o casal não aceitava os convites para comemorações patrióticas como as datas da Independência, o Centenário da Descoberta do Brasil ou a Proclamação da República.

"Insanos restauradores"

Enquanto isso, no Brasil, os monarquistas de diversas tendências se batiam com tanta força que os próprios jornais republicanos temiam os "insanos restauradores". Seria preciso agir contra eles com "violência indispensável"?, perguntava o *Correio Paulistano*.

Finalmente, estourou o confronto. O Centro Monarquista foi dissolvido por ordem do governo paulista e o medo da anarquia era real. Os monarquistas levaram a causa ao tribunal de justiça, vendo nisso uma forma de sensibilizar a nação contra um governo repressivo. Só se falava no assunto. Discutia-se a liberdade de imprensa, que sofreu com a lei da mordaça. E a derrota das tropas do governo em Canudos levantou as suspeitas de que os monarquistas estivessem mancomunados com Antônio Conselheiro. Eles lhes enviariam armas do norte de Minas Gerais! "Mentira", respondiam os monarquistas.

O que acontecia em Canudos era uma mistura de fanatismo com um passado de crimes e violência. Mas que havia ideias em comum, havia: Conselheiro reconhecia a legitimidade da Monarquia, acreditava que D. Pedro havia sido traído, que Isabel ganhou o ódio dos escravistas, que a República pregava o extermínio da religião e que o casamento civil desagregava valores. Parecidas, não?

A briga prosseguia nos jornais de um lado e de outro. *O Estado de S. Paulo*, por exemplo, alertava para um plano monarquista para conflagrar o país e derrubar a República. Restauradores agiam à luz do dia. Em resposta, na capital, não faltavam grupos que percorressem as ruas gritando "Mata os monarquistas. Morra, Ouro Preto!". O ódio aos monarquistas só aumentava. Depois do assassinato de um deles, as autoridades tiveram que oferecer proteção pessoal aos mais conhecidos, como Ouro Preto e Nabuco. Eles eram sistematicamente acusados de aliciar gente, comprar soldados, incitar o clero a associar-se a eles, enfim, "de levantar gente capaz de lutar revolucionariamente contra a república!".

Isabel, por sua vez, era lembrada a cada 13 de maio. As congadas realizadas em muitos cantões do Brasil celebravam a bondade da "Redentora", comemorando a Lei Áurea. Os cortejos de cavalhadas iam buscar os santos na casa dos festeiros. Entre eles, santa Ifigênia e santa Isabel, confundida com a princesa. Ela era responsável pela "vitória dos negros". Era a "mãe protetora". Os folguedos em torno de Nossa Senhora do Rosário e de são Benedito ou as manifestações de candomblé e umbanda não cediam às tentativas do regime republicano de apagar sua memória. Ao perder o trono, a princesa teria completado a obra de redenção, sacrificando-se por eles como Cristo no calvário se sacrificou pelos homens. E Isabel se alegrava quando as amigas lhe escreviam dizendo que não esqueciam a data.

Os acontecimentos se aceleraram. Em abril de 1896, o duque de Némours foi atingido por uma febre. Em maio, faleceu num incêndio no Bazar de Caridade, em Paris, a duquesa de Alençon, cunhada de Isabel e Gastão. Em junho, o pai de Gastão resolveu ir para Versalhes ficar perto do filho e se instalou no mesmo hotel e mesmo quarto que D. Pedro esteve. Nas fotos, sua figura severa guardava o olhar úmido dos velhos. Durante semanas os criados correram aos Correios para enviar telegramas aos parentes dando notícias de sua saúde. Ele partiu no dia 26, cercado de familiares e do bispo de Versalhes, que insistia: "Era a morte de um justo". "Estava preparado para aparecer na presença do Senhor [...] morrer tão santamente e no meio de tanta tribulação é um consolo", cravou Isabel. Seu falecimento foi comunicado às cortes europeias e ele foi enterrado com honras em Dreux, onde reluziam os escudos dos reis de França. Presente toda a família real.

Em outubro, Gastão resolveu fazer a volta ao mundo pela agência de viagens Cook. Afinal, quando jovem e sem dinheiro, ele não teve oportunidade de realizar o *grand tour*, obrigatório para a formação de aristocratas. Desde casado, ele mais fazia peregrinações religiosas com Isabel. As então chamadas "viagens culturais", que também promoviam uma "charmosa liberdade", permitiam descortinar o quão diverso era o mundo. Segundo ele, a viagem "completaria a educação pelo resto de seus dias". Visitou Estados Unidos, Japão, China, Ceilão, Índia, Egito e Terra Santa. Não ia só. Levava Pedro com ele e um amigo, cujo nome manteve secreto: o conde de B... Seguia com o trio o criado Latapie. Eram os "jovens", como são referidos no seu diário, a quem Gastão encarregava de cuidar das bagagens e das "comprinhas". Pedro não tem seu nome citado nem uma única vez nas mais de quinhentas páginas. A viagem era só do pai.

Em Nova York, Gastão se impressionou com o conforto de quartos e banheiros de hotéis. Em Chicago visitou uma fábrica de salsichas e assistiu a um *horse show*. Em Salt Lake City, o Tabernáculo dos Mórmons. Regozijou-se de que nos Estados Unidos não se davam gorjetas e reclamou do preço dos engraxates. Sempre econômico, registrou o preço de todas as refeições e despesas de locomoção. Em São Francisco tomaram outro vapor para Yokohama.

Em Tóquio maravilhou-se com o templo de Shiba e os passeios de riquixá. Em Nikko, "esplêndido", admirou os "cem budas" e comeu num "bentô" – caixinha laqueada com separação para diferentes alimentos. Viu "os restos pitorescos de uma civilização pagã" no museu de Tóquio, assistiu a uma peça de teatro, na casa de chá tomou chá e comeu algo parecido com "pão de ló brasileiro", visitou as casernas da artilharia, cavalaria e infantaria, evitou Yoshiwara, o quarteirão das prostitutas, e participou de um autêntico jantar em que se esforçou para engolir sushis, sashimis, enquanto gueixas executavam danças variadas. No dia 15 de dezembro, entre duas e três horas da manhã, a direção era o estuário do Yang-Tsé e Shangai. Em Hong Kong apreciou a beleza da baía e escalou um pico com os "jovens". Em Cantão foi a vez dos "barcos de flores": procurava o 'pitoresco' e saiu enojado com o espetáculo das jovens hetairas. Em Saigon visitou a casa luxuosa de um "espécime da vida da classe superior anamita": um chinês comendador da *Légion d'Honneur*. Em Madras, viu as relíquias de santa Isabel, rainha de Portugal e são Francisco Xavier. No Ceilão, separou-se emocionado dos "jovens" que foram caçar. Pedro matou ursos e elefantes ao lado de marajás. Espingarda de caça às costas, ele só aparece numa última foto que encerra o livro.

A viagem continuou e foi descrita por Gastão nos mínimos detalhes. A Índia de Sul a Norte, a travessia do Mar Vermelho pelo canal de Suez, o Cairo, onde "as famosas pirâmides não o impressionaram", a Palestina. Em Jerusalém, depois de percorrer todos os "lugares santos", surpreendeu-se ao ver, na Gruta da Agonia, um par de candelabros de cobre sustentado por uma placa com o brasão do Reino do Brasil. Após Alexandria, a travessia do Mediterrâneo na direção da França e do porto de Marselha, onde desembarcou e foi dar graças a Deus na Igreja de Nossa Senhora da Guarda.

De toda parte, Gastão enviou telegramas a Isabel com comentários. Ele visitou todas as igrejas católicas e, em toda parte, todos os domingos, assistiu à missa e comungou. Não perdeu um dia santo do calendário católico. Lembrou-se do aniversário do "segundo filho" no dia 26 de janeiro. A Agência Cook mostrou-se sempre presente para ajudar o viajante, pois o turismo já era moda. E assim nasceu um escritor. *Diário de um passeio à volta ao mundo em 118 dias* foi publicado com fotografias de autoria dos "jovens". O livro é um valioso guia de viagem, pois compreende observações sobre geografia, botânica, meteorologia, monumentos históricos, comércio e compras, vida social e impressões sobre os diferentes povos. E, à época, como não podia deixar de ser, um monte de preconceitos contra quem não era branco ou cristão.

Enquanto isso, Isabel escrevia aos amigos no Brasil: "Vamos bem, apesar da tristeza que nos causa o estado de nosso infeliz país". Sua saúde sofria com o frio, defluxos, gripes, palpitações e "vermelhidão na cara que só à custa de pó de arroz" ela podia disfarçar.

Uma vez por mês, às sete horas da manhã, Isabel saia de Boulogne e ia a Versalhes. Encontrava-se, então, com o intérprete das vontades de Deus na terra: seu confessor. Ela tomava o café da manhã na casa paroquial e, de lá, encontrava a baronesa de Muritiba. Passeavam por Paris até a hora do almoço. Isabel fazia então muitas visitas a hospitais e clínicas. Frequentemente, lhe faltava dinheiro por serem tantas as esmolas que desejava dar. Sofria da mania de praticar uma caridade infatigável. Buscava ao seu redor miseráveis para socorrer, cuja vida ela sustentava com a metade de seus rendimentos. Ser católica e caridosa era um sinal de distinção social ao qual ela não podia escapar.

É bem possível que, como tantas outras senhoras católicas, Isabel passasse regularmente no Comissariado do Santo Sepulcro, na Rue des Fourneaux, administrado pelos franciscanos, para se abastecer de relíquias: pedaços da verdadeira cruz, rosas de Jericó, rosários de caroços de azeitona do Jardim das Oliveiras e frascos com água benta. Ela não perdia a centenária e lacrimosa "Paixão de Cristo" em Oberammergau, na Baviera, para a qual arrastava Antônio. O catolicismo ultramontano que Isabel esposou era uma religião militante que mobilizava as mulheres na luta contra a laicização da sociedade. Mulheres tinham que ser verdadeiros "padres" domésticos.

Mas uma das particularidades dessa época foi oferecer-lhes a possibilidade de ter um espaço livre da dominação masculina. Na Igreja, elas eram tratadas como iguais, tinham vidas independentes daquelas dos companheiros, organizavam e participavam de obras de caridade ou de sociedades exclusivamente femininas. A Igreja oferecia a muitas a consolação de suportar as cobranças sexuais a que estavam submetidas pelos maridos, ou a subordinação que lhes era imposta. Outras mais confiavam no compreensivo confessor do que no sisudo esposo. A Igreja lhes oferecia uma "vida interior" e um asilo contra as exigências vindas do exterior. Ao oferecer um escape para as mulheres, ela reforçava, também, o casamento indissolúvel.

Além de rezar e fazer caridade, Isabel se distraia. Afora passear com as amigas, nas noites de inverno, uma vez por semana, ia à Ópera, onde ocupava o camarote do tio de Gastão, o duque de Aumale, e, às vezes, à *Comédie-Française*, no camarote de Eufrásia Teixeira Leite, uma brasileira rica e celibatária que morava em Paris. Solteiras ricas, se comportadas como "virgens eruditas" – como eram chamadas –, sem contestar a hierarquia dos sexos ou a ordem social, eram admitidas no círculo da princesa. O programa era considerado "um regalo". Menos prazeroso era saber que, em versos maliciosos publicados num jornal, o Visconde de Araxá cantou os encantos da ricaça brasileira pelos bigodes louros de Gastão. Isabel, porém, confiava na fidelidade inabalável do marido.

Os concertos do Conservatório atraíam um público refinado, mais silencioso que o de uma igreja, e que considerava a sala uma espécie de templo. A música clássica dava aos melômanos como Isabel o ar de uma seita de iniciados. Ali ocorriam onze concertos por ano e ouvia-se Haydn, Mayerbeer, Weber e Liszt. A música recreativa se ouvia no Teatro dos Italianos ou na Ópera cômica. Tudo com muitas bailarinas semidespidas e seus admiradores. Um ambiente que certamente ela não aprovava.

Não há notícia do casal d'Eu entre os poucos "barões em exílio", como eram chamados. Poucos, pouquíssimos, e destes muito poucos demorariam em prolongado exílio na Europa. O exílio não se deu logo após a República, mas já no fim do governo do Marechal Floriano Peixoto, pois não poucos se impressionaram com o assassinato, no Paraná, do barão do Serro Azul. O crime foi atribuído ao novo governo republicano.

Os "barões em exílio" eram antiabolicionistas e antirrepublicanos. Entre eles, conhecia-se o barão de Itaingá, senhor de engenho fluminense, que trouxe consigo mucama, latas de goiabada, caixas de marmelada, aguardente de cana, feijão e sacos de farinha, além de fumo picado para cigarros de própria fabricação e café que era servido em fina porcelana francesa com brasão da família. Morava em Passy. Sabia-se também da ruiva baronesa de Estrela, cuja beleza teria empolgado até o arquiduque Francisco Ferdinando e sobre quem pairava a pecha de falar mal do imperador. Ela o julgava "insípido". Ou o monarquista Eduardo da Silva Prado, que reunia em sua casa outros barões tropicais: o de Pitangaçu, o das Ubaias, o das Três Barras ou o de Monte Verde. Todos, inclusive o anfitrião, "morenos mais ou menos claros", segundo depoimento maldoso de um contemporâneo. Prado costumava chamar os republicanos de "toleirões", acusando-os de desorganizar o único país organizado da América Latina.

Prado não estava só. Pois a ideia da Restauração não parecia estar morta para alguns. Em novembro de 1892, um grupo de monarquistas dirigiu um apelo a D. Isabel:

"A reação contra a ordem das coisas instituídas a 15 de novembro lavra profunda e extensamente em todas as províncias, sendo que a do Rio Grande do Sul está prestes a romper movimento de combate. Para seu completo êxito e triunfo definitivo da causa, de que é V.M. a primeira e única representante, a causa que a maioria da nação adota, são necessários recursos pecuniários que, nas circunstâncias atuais do país, impossível é nele reunir".

Os conspiradores queriam que Isabel cumprisse sua promessa de que a Monarquia restaurada restituiria com juros todo o dinheiro emprestado para apoiar a rebelião. Também lhe pediram que sancionasse a própria rebelião, pois que "era tempo de agir; porquanto perdido o atual ensejo, dificilmente se nos oferecerá outro de restabelecer-se a ordem, a liberdade e a legalidade neste desgraçado país, ameaçado das mais terríveis desgraças".

Sem ofender os autores do apelo, Isabel recusou:

"Meu Pai, com seu prestígio, teria provavelmente recusado a guerra civil como meio de voltar à pátria... lamento tudo quanto possa armar irmãos contra irmãos... Não julgo de o poder moderador envolver-se em luta, sobretudo quando seu bom êxito só se me apresenta como possível. Não posso deixar de lembrar que, no caso do mau êxito, a tentativa atual tornaria mais difícil qualquer outra mais certa quando os espíritos amadurecidos estiverem mais aptos a consolidar o que fosse feito".

Assinou-se "Isabel", assinalando sua pretensão à Coroa. Mordeu e soprou. Não proibiu, mas também não afiançou uma tentativa. Seus sentimentos de "católica e brasileira" a impediam. Ela considerava o uso da força incompatível com o cristianismo. As batalhas só geravam viúvas, mutilados e órfãos a inspirar compaixão cristã. Não à toa a imprensa a retratava como fanática religiosa. E a distância e a situação financeira do casal os protegia de atuar lado a lado com os monarquistas.

Conhecedora dos riscos de Restauração, a imprensa republicana elegeu um velho bode expiatório para assustar seus leitores: Gastão. Corria que "ele não queria abandonar a luta pelo trono". Ou, como na notícia publicada em *O Diário*, a 11 de julho de 1892: "Diz um jornal europeu que o Sr. conde d'Eu, em conversa com um dos diplomatas da monarquia, dispensados pela República, soltara a seguinte frase: 'Ainda espero ser rogado pelos brasileiros, unanimemente, para ocupar o trono do Brasil. Então mostrarei o que é uma Monarquia'". Verdade ou mentira, tudo ajudava a manter o assunto em pauta.

Em 2 de setembro de 1893, uma nota no jornal *Correio da Tarde*, na coluna "Só para moer", dava como certo o desembarque de Pedro, o príncipe do Grão-Pará, no cais Pharoux. Mais uma "tramoia do único, esplêndido e incomensurável conde d'Eu", segundo o jornalista. Já *O Economista*, de 19 de novembro de 1893, apostava na luta pelo trono de D. Pedro de Orléans. Em dezembro, enquanto o príncipe estudava em Viena, o mesmo jornal noticiou seu embarque com uma comitiva de 25 pessoas para o Brasil. A família desmentiu imediatamente.

O pano de fundo de tais notícias foi a Revolta da Armada contra Floriano. A insurreição irrompeu em fevereiro de 1893 e foi extinta pela República em agosto de 1894. Divergências entre grupos políticos e o pouco prestígio político da Marinha em comparação com o Exército acenderam o estopim da convulsão que bombardeou a capital, Rio de Janeiro. Durante o conflito, as notícias sobre Restauração não paravam de alimentar os jornais. Os monarquistas, agora chamados de "sebastianistas", aproveitariam a confusão para trazer de volta a família imperial. Em quinze de dezembro era a vez de o *Correio Paulistano* ironizar: notícias chegadas diretamente de Madri e emitidas pelo Ministro das Relações Exteriores asseguravam o restabelecimento do trono no Brasil. Pedro de Alcântara teria sido proclamado imperador pela esquadra revoltosa:

"Essa novidade sensacional que todas as pessoas de critério receberam com um sorriso trocista fez palpitar os corações dos fiéis servidores do trono [...]. Mas oh! Desilusão cruel das coisas do mundo. Pelos últimos telegramas confirma-se que a República continua sendo a única forma de governo no Brasil".

O mesmo periódico publicou uma notícia no dia seguinte, ainda mais cruel. Depois de criticar o almirante Custódio de Mello, isolado e cercado pela armada florianista na Bahia, acrescentava:

"Os monárquicos, senhores do Brasil, desde 1822, deixaram sem defesa derrubar o trono semissecular de um velho soberano rodeado de prestígio, como poderiam defender o trono de um moço desconhecido e inexperiente? O príncipe de que se trata é efetivamente o filho mais velho de D. Isabel, filha mais velha do defunto imperador [...]. Fez 18 anos no dia 15 de outubro último, recebeu o diploma de bacharel em Letras em Paris, há quatro meses, e está atualmente num colégio em Viena. De aparência fraca, parecendo mais ainda ter um braço estropiado. Todos que conhecem esse moço tímido duvidam muito que seus pais o deixem ir sem rebuço afrontar um fim trágico, pois no solo livre da América nunca soberano algum acabou seus dias reinando".

Mal-informado, o jornalista tinha em mente a imagem do pré-adolescente que deixou o Brasil aos 14 anos. Pedro se formou em Letras na Sorbonne a dezoito de julho de 1895. E não só foi aluno aplicado como gozava da mais alta estima de professores e colegas. Aliás, essa característica de sua personalidade só iria se acentuar. Quem notava o braço estropiado eram os outros. Ele mantinha uma segurança e um sorriso que conquistava a todos.

A verdade é que havia vários monarquistas que apostavam na Restauração e republicanos arrependidos que começaram a achar que os tempos do imperador eram melhores. No Rio Grande do Sul, Silveira Martins, recém-chegado do exílio, foi acusado por Floriano de querer dar um golpe restaurador. Os monarquistas, porém, não tiveram apoio popular nem conseguiram derrotar as forças armadas. E Martins mais atuava como um caudilho que buscava a consolidação de seu poder do que ambicionava uma mudança da estrutura política.

Porém, o ódio dos republicanos ao conde d'Eu o colocava como causador da rebelião no Rio Grande do Sul. Ouçamos o jornal *A República* de 25 de junho de 1894:

"Não nos enganávamos sobre o caráter de insurreição que há três meses turva e ensanguenta a república brasileira. Como dizíamos, essa insurreição é claramente reacionária. Ela originou-se e prosseguiu no intuito único do restabelecimento do Império. A partida anunciada e comentada por nós do conde d'Eu para o Brasil era já por demais significativa [...]. O acordo estabelecido entre o Almirante Mello, chefe da insurreição, e o Almirante Saldanha, um dos membros mais influentes da pandilha imperial, foi novo traço de luz [...] após as últimas informações vindas por telegramas, o almirante Mello, apesar de atemorizado pela resistência do governo republicano, proclamou o imperador o conde d'Eu, genro do ex-imperador. O governo espanhol, apesar de sua correção e recusa em entrar em relação com os insurgentes, vê-se bombardeado com telegramas particulares do almirante rebelde tendo recebido notificação dessa proclamação. Uma coincidência prevista e que acaba de dar a estes incidentes a sua significação própria acaba de se dar em Paris. Ontem, pela manhã, o filho do conde d'Eu, o príncipe D. Pedro de Alcântara, que residia em Paris, partiu repentinamente pelo trem de Saint-Nazaire, onde vai tomar passagem num paquete a sair para o Brasil. Caiu a máscara, quer pelo lado da insurreição, quer pelo lado do que a desencadeou na esperança de dela tirar proveito. É para servir de estribo no trono de um Orléans que diariamente caem, há treze meses, infelizes sob as balas rebeldes do almirante Mello. O conde d'Eu mostrou-se tanto mais odiento nestas circunstâncias quanto não obstante ser a causa determinante do movimento que precipitou do trono seu sogro, devia ele obrigações pessoais ao governo republicano. O movimento popular que, há perto de quatro anos terminou com a Proclamação da República no Brasil, foi devido, em grande parte, às medidas de reação clerical tomadas por instigação do conde d'Eu. [...] O conde d'Eu deve a vida assim como a fortuna considerável que trouxe do Brasil à humanidade e à generosidade do governo republicano [...]. Os de

Orléans são todos os mesmos ingratos e ávidos a ponto de não hesitarem no derramamento de sangue dos seus, desde que esteja em jogo a sua ambição [...] a criminosa empresa do almirante Mello não é viável, visto como há três meses que dura e, apesar de invocar hipocritamente o nome da República, não pode obter vantagem alguma sobre o governo legal. Obterá muito menos hoje que as máscaras caíram e que por uma proclamação atrevida desvendou o almirante revoltoso o nome daquele por conta de quem devasta as costas brasileiras, e como verdadeiro pirata alastra fogo e sangue. Esse nome detestado, agora descoberto, comunicará nova energia aos defensores da ordem republicana. O receio de tornar a cair sob jugo imperial dará novo impulso aos heróis no desenvolvido pelos republicanos brasileiros na defesa de suas liberdades. A insurreição parece já ter compreendido que errou o rumo, mostrando-se enfeudada a um homem cujo nome é universalmente odiado. Ela procura concertar a falsa manobra para pôr em saliência o filho do conde d'Eu na esperança de que na mocidade deste faça esquecer quem é o pai. Eis o que explica a partida repentina do príncipe d'Alcântara e o seu próximo embarque. Vão subterfúgio. Os republicanos não se deixarão surpreender nem enganar. Eles se lembrarão que na funesta família d'Orléans os filhos parecem-se sempre com os pais".

Bem longe das falsas notícias, Pedro, o primogênito, chegou à maioridade em outubro de 1893, mas sem desejo de assumir a causa da Restauração. Não se sabe se o defeito que seus pais não o deixavam esquecer pesou na decisão. Pedro Augusto de Saxe e Coburgo, o filho de Leopoldina e sobrinho de Isabel, queria muito. Mas tentara suicídio e fora internado num hospício.

Em 1895, nascia o jornal monarquista *O Brazil*. A ideia era promover os jovens príncipes, desconhecidos da maioria dos monarquistas brasileiros. Em 1896, com fotos dos irmãos Antônio e Luís, *Auctoridade*, órgão do centro de estudantes monarquistas de São Paulo, trazia extensa matéria sobre os jovens príncipes. E alertava: "Os monarquistas devem estar alertas e prepararem-se para os acontecimentos tenebrosos, originados da política fraca, covarde e deplorável do Sr. Prudente de Moraes". Um horrível futuro estaria reservado ao povo se a Restauração do Império não viesse eliminar os republicanos.

No centro da página, a foto de D. Luís e D. Antônio, ainda meninos. Sem sorrisos. E a longa notícia de que estavam recebendo educação acuradíssima, preparando-se para exercer encargos civis ou militares, muito se distinguindo dos estudos e "alcançando sempre os primeiros lugares". Eram sempre os primeiros em educação religiosa. E arrematando a notícia: "Ambos são muito inteligentes. O Brasil lucrará muito com a educação tão acurada de seus príncipes". *O Commercio de São Paulo* também lhes deu longa reportagem em outubro de 1902, citando um deputado francês que os chamava de "Príncipes úteis". Depois de observar que nunca compreendeu as causas exatas da "revolução", o articulista elogiava a família "cercada de estima geral, a princesa distinta e seu marido, que dera provas de coragem sem limite", no exército brasileiro.

Em abril de 1895, Isabel voltou a Paray-le-Monial. Mais do que nunca sua fé a levava a crer: "Assistimos à procissão do Santíssimo Sacramento tão cheios de fé e de amor a Deus, de Nossa Senhora, e tão cheios de prodígios. Diante de Luís, levantou-se uma mulher que não tinha podido andar antes [...] um dos milagres mais bonitos foi o de um doente que entregou suas mágoas à Nossa Senhora e ficou bom", escrevia a Amandinha. Para Isabel, a fé curava.

A religião era fundamental para Isabel como pessoa, mas também para sua posição de condessa. O catolicismo ultramontano distinguia os nobres, sobretudo os provincianos, que suportavam mal a perda de seus privilégios, de suas posições e de sua preeminência tanto no plano político quanto no econômico. Representava os que viam com temor o fosso que se cavava entre uma aristocracia fragilizada, saudosa de remotas vantagens, clamando desesperadamente seu apego à terra, e uma nobreza parisiense cosmopolita, laica e dona de meios financeiros incomparáveis. Não foi à toa que Gastão quis recuperar o castelo que, como muitos, era vendido na bacia das almas. Era um saudoso dos bons e velhos tempos em que o vilarejo vivia à volta do castelão.

Mas sentimentos religiosos se acompanhavam de outro: um antissemitismo profundo. O duque de Orléans patrocinava um partido antissemita. Autores católicos denunciavam que os "filhos de Judas" haviam estilhaçado a nação. Em cidades como Paris, Marselha e Nancy, bandos organizados atacavam seu comércio. Eles seriam responsáveis pela degenerescência da "filha mais velha da Igreja", a França. Panfletos e jornais com caricaturas e textos virulentos se multiplicavam. Nacionalismo e racialismo trombeteavam a supremacia dos brancos sobre os "judeus errantes" ou os "cosmopolitas sem raízes". E por que os "israelitas" insistiam em morar em ruas com nomes de santos? A *Saint-Honoré* ou a *Saint-Germain* tão chiques, por exemplo?

Foi quando estourou o famoso "caso Dreyfus": uma simples acusação de espionagem, baseada em documentos falsos, contra um capitão do exército judeu francês degenerou em escândalo político e judiciário. Alfred Dreyfus foi condenado à prisão perpétua em 1895; poucos duvidavam de sua culpa e de sua traição em favor da Alemanha. Isabel não foi exceção. Mas a voz do imenso escritor Émile Zola se levantou em favor do injustiçado com um artigo intitulado "Acuso...!". E a voz de Isabel junto. Escreveu a Amandinha:

"Você terá visto pelos jornais que a loucura invadiu o mundo. Cada vez detesto mais o senhor Zola e toda a sua judiaria que tanto mal faz." E mais à frente: "Não posso deixar de escrever-lhe o quanto me envergonha para meu pobre país a nomeação de Zola para a Academia Brasileira. Sem falar de sua religião e negócio [...] um homem que escreve tão francamente, um homem que, antes mesmo dos negócios, a Academia francesa nunca quis para seu membro! Confesso que no dia em que soube de tal nomeação fiquei com o Zola ainda mais atravessado na garganta!".

Na França, apesar de o regime separar a Igreja do Estado, respeitar todas as crenças e a igualdade de todos os cidadãos, diferenças religiosas escondiam o antissemitismo que iria se alastrar durante a Primeira Guerra Mundial. Provas da inocência de Dreyfus foram publicadas na imprensa. O mundo se indignou e reagiu. Falou-se em boicote à Exposição Universal de Paris. O país se dividiu. Zola tinha publicado um artigo, intitulado "Pelos judeus", em que denunciava o clima indigno que se instalara na França e era atiçado por uma imprensa complacente. E sublinhava: o país fora infectado por forças amorais.

Mais tarde, Dreyfus seria absolvido e os verdadeiros culpados condenados. Reabilitado, o capitão Dreyfus foi reintegrado no exército no posto de comandante, recebeu a *Légion d'Honneur* e participou da Primeira Guerra Mundial. Não se sabe o que Isabel achou disso. A Academia Brasileira de Letras foi fundada em 1897, e Zola nunca soube que era correspondente dela. Ao contrário de D. Pedro, que tinha tantos amigos judeus, falava hebraico e era por eles igualado ao Rei Salomão, Isabel era antissemita.

Mas não menos antissemita do que a imensa maioria dos católicos franceses. Eles tiveram um papel-chave na expansão do ódio aos judeus. Os jornais católicos martelavam: a emancipação outorgada pela Revolução Francesa lhes tinha dado igualdade, mas, socialmente, foi um erro. Consideravam que "judeus infestavam" as estações de águas. A imprensa atacava milionários como os Lazard e Oppenheim, que se instalaram em castelos comprados aos nobres decadentes e frequentavam a parcela da aristocracia que apoiou Dreyfus. Os Noailles ou a condessa Greffulhe, por exemplo. Criticavam os Rothschild, símbolos do capitalismo. O sucesso que tiveram se voltou contra eles. Por terem abraçado a causa do liberalismo, os judeus se tornaram mais e mais perigosos aos olhos de seus opositores. Sua admissão nas lojas maçônicas reforçou a convicção de que eles faziam parte de uma gigantesca conspiração contra a Igreja. Muitos aderiam ao comunismo, reforçando a impressão de que constituíam uma ameaça para a ordem estabelecida. O caso Dreyfus aproximou mais ainda a comunidade judaica da República liberal, contrapondo-a ainda mais aos tradicionais inimigos monarquistas e ao clero.

Mas havia outro espinho no pé dos católicos radicais como Isabel. Em setembro de 1891, depois de passar duas semanas visitando a basílica, segundo o autor "parecida com sua sala de bilhar", a gruta, as piscinas, o hospital, o diorama "de chorar de tão feio" e até de provar a água da fonte milagrosa, "boa e clara"; depois de entrevistar peregrinos, padres e parentes de Bernadette Soubirous – que teria visto a Virgem dezoito vezes na gruta de Massabielle –, Émile Zola escreveu um texto jornalístico demolidor: *Lourdes*. Até o padre Pomian, que preparou Bernadette para a comunhão, ele entrevistou: "uma simplória de espírito, muito prosaica", cravou o confessor. Na visão de Zola, Lourdes era uma cidade, movida pelo comércio de falsos milagres, bibelôs e velas, e fotografias de muletas penduradas em sinal de gratidão, Bernardette "uma pobre idiota"; mencionou ainda a "tristeza horrível de tudo aquilo, o fedor assustador de suor, de hálitos podres, de miséria e sujeira". Foi o que bastou para receber centenas de ameaças de morte! Assídua visitante de Lourdes, Isabel não podia gostar dele.

Príncipes promissores

Entretempos, os jovens príncipes se tornaram adultos. Em junho de 1897, enquanto a Guerra de Canudos terminava em fogo e sangue, D. Luís, que estudou na Academia Militar para oficiais da artilharia da Mariahilfer Strasse, em Viena, na Áustria, publicou no jornal *O Commercio de São Paulo* uma narrativa de sua escalada ao Mont Blanc. Era como se o pedido de Ouro Preto estivesse finalmente se realizando. Por seu lado, Antônio já reagia à tendência controladora do pai, que o vigiava: "Você deveria me escrever sozinho, contando tudo o que fazem em Aix". Os meninos que partiram havia mais de oito anos emergiam em distintas personalidades.

A juventude era a esperança e o alvo de todo o investimento das famílias, além de ser o terreno onde se plantava a futura ascensão social. Adolescentes eram escrutados e controlados na escola e no círculo familiar, que lhes impunha firme disciplina. Os prazeres inquietantes e deliciosos de sua nascente sexualidade eram vistos aos olhos da Igreja como sujos e pecaminosos. As proibições faziam parte da educação. Mas eram contrariadas e mostravam que, se por elas, eles perdiam o paraíso, encontravam no inferno uma série de compensações. Os jovens estavam na fronteira do mundo adulto. Mas não se implicavam nos negócios do pai, não tinham obrigações e continuavam dependentes financeiramente. "Recebido de papai" ou "*Accepto a padre*" davam ao verbo aceitar o manto da ociosidade.

Na primavera da vida, usavam-se os recursos da família para brilhar em sociedade como faria Totó. Jovens deviam se exibir e criar redes que seriam úteis mais tarde na vida, como faria Luís na correspondência com monarquistas. Rapazes praticavam atividades coletivas capazes de lhes fornecer novas relações; a caça era uma delas, como veríamos com Pedro. Diversão demandava mais tempo que dinheiro. Mas só com a morte do pai, ou do chefe de família, o primogênito ganhava seu lugar na sociedade.

Quem lesse então a "pesquisa sobre a juventude", publicada no jornal *L'Opinion*, perceberia que o novo século desenvolveu na França uma atitude para com os jovens – "*les jeunes*". Eram glorificados. Eram os "*enfants gâtés*" – crianças mimadas – do novo século. Até ministros da República tinham menos de 30 anos, como Raymond Poincaré, considerado muito moço. A época vitoriana estava enterrada. Algo de instável substituiria décadas estáveis. Nascia uma época nada severa. Nada puritana.

Mas as distintas personalidades dos príncipes tinham marcas comuns. As que a cultura da época também impunha aos homens. Marcas tão caras a Gastão: a coragem, o heroísmo, a busca da glória, a necessidade de vencer desafios. Os médicos fisiologistas colaboravam para a consolidação desses valores. Para eles, o homem estava destinado à ação enérgica, ao engajamento nos confrontos sociais, à dominação. Eles promoviam o vigor nos embates sexuais. O fraco, o covarde, o impotente e o pederasta eram objeto do mais profundo desprezo. Multiplicavam-se os espaços de sociabilidade masculina: o colégio, o pensionato, a caserna, a sala de guarda ou de armas, o "*fumoir*", a sociedade de caça, o clube, o bordel. Todos teatros de expansão dos traços que definiam um homem. Desde cedo o menino tinha que endurecer seu caráter. Provar sua capacidade de suportar o afastamento da família, demonstrar que suportava o frio e a dor, engolir as lágrimas, receber pitos e punições sem piscar. A ostentação de bigodes e barbas demonstrava a adoção da virilidade.

À medida que cresciam os príncipes, os ensinamentos se tornavam mais precisos no sentido da moral. Existiam qualidades às quais jovens católicos tinham que se adaptar para encarnar o papel que, mais tarde, seria exigido deles. Seu dever? Amar a Deus, seus pais, irmãos, a pátria e o trabalho. A moral cristã que recebiam no colégio católico exigia que se mostrassem bons, retos, castos e submissos. A disciplina exigia: conservar bons hábitos, sobriedade, levantar cedo, desprezar o desejo de luxos e prazeres. Encher os pulmões de ar e exercitar os músculos, lembrando sempre que o espírito tinha tantas exigências quanto o corpo. A formação viril tinha passagens obrigatórias: brincadeiras pesadas, bebedeiras, brigas, duelos.

Pois, para conjurar tais rituais, a educação insistia na força da alma, na dignidade, na consciência e na pureza dos amores. Era preciso fazer triunfar uma outra forma de virilidade: a "virilidade cristã". Nela, ser um homem era saber conservar a força e a plenitude da vida moral. Não recuar nunca diante do sofrimento e do sacrifício. Tomava-se tal caminho servindo ao gênero humano, sendo forte para se conservar digno e puro. Todas essas regras marcariam mais ou menos a personalidade de cada um dos irmãos.

Mas por que razão Gastão insistia na carreira militar para os filhos? Não só pela tradição familiar: seu avô, Luís Felipe de Orléans, e todos os tios foram grandes soldados. Mas porque, desde a República, o Exército se tornou o refúgio da aristocracia, compensando sua exclusão da função pública e dando um novo vigor à tradição de servir as armas. Uma parte da aristocracia usava o Exército como uma espécie de *"finishing school"*. Lá, a juventude tinha aulas durante alguns anos em lugar de fazer estudos universitários. Na França, durante a Terceira República, que durou de 1870 a 1940, havia tantos oficiais com nomes nobres que se temia a ameaça de uma Restauração. Apesar de ser um bastião do clericalismo, os partidos asseguravam que o Exército contribuía para a regeneração moral do país e que o serviço militar obrigava os jovens a viverem as mesmas experiências, fortalecendo a consciência de uma comunidade nacional. Para eles, a luta seria a essência da vida. E a força, sinônimo de virtude. Tudo isso era música para os ouvidos de Gastão, que queria os filhos aptos para entrar no Exército francês que lhes estava vedado.

Mas quem eram os príncipes? Pedro tinha se tornado um belo rapaz. Era senhor de uma simpatia natural que juntava à extrema cortesia de fundo católico. Tratava do porteiro ao tabelião, do feirante ao ministro do mesmo jeito. Mas se tornou, sobretudo, um grande esportista. Seu defeito físico parecia invisível. Era alpinista de renome e exímio caçador. Em julho de 1894, na região de Cauterets, se encontrou pela primeira vez com o guia de montanha e futuro valete, Latapie, que assim o descreveu:

"Foi com desgosto que eu vi chegar o fim das férias, pois, quinze dias antes, eis que chegou o príncipe D. Pedro de Alcântara que trazia em si uma simpatia que o tornava melhor que todos. Aliás, todos eram muito simples, mas D. Pedro de Alcântara ainda mais que seus irmãos: estava sempre pronto a fazer por você tudo o que pudesse".

Quando saía em exercícios militares com a metade do esquadrão, os soldados festejavam porque ele mandava comprar carne de porco e cerveja para todos. Quando havia corridas a cavalo, ele ostentava as cores brasileiras. Levava o público à euforia, pois cavalgava com as rédeas entre os dentes e vencia. Fazia tempo que Pedro substituíra suas limitações pelo sucesso nas atividades físicas e pela simpatia. No Natal desse mesmo ano, numa caçada, matou duzentas e sessenta e poucas peças – contou o criado.

Sua foto no dia da formatura exibe um belo rapaz, alto e louro, em dólmã azul com botões dourados, a cartucheira prateada no cinto com a águia de duas cabeças, a *chapska* em crina na cabeça, o culote vermelho vivo, as botas de montaria brilhantes, o sabre na cintura e a peliça jogada sobre os ombros. Depois de árduo concurso que só classificava 34 dos 150 inscritos, ingressou no Regimento dos Lanceiros. Promovido, Pedro carregou a bandeira com a águia bicéfala e a imagem da Virgem Maria. No jantar de seiscentos talheres, foi especialmente convidado a sentar-se ao lado do comandante-general, honraria para pouquíssimos. Ele sabia tecer à sua volta um mundo amistoso. Depois foi a Ischl com a família para agradecer ao imperador Francisco José.

As férias de inverno eram passadas na Alta Savoia, onde Pedro e Luís escalavam picos, mergulhavam em abismos e visitavam geleiras. Nos altos cumes, eles dormiam em abrigos onde sonoridades alemãs se confundiam com os dialetos italianos de outros montanhistas. Sua vida social era extremamente agitada. Temporadas na Inglaterra, na casa do duque de Orléans; visitas ao castelo de Chaumont da família de Broglie; caçadas em Chantilly ou em Arasas, na Espanha; ou a elefantes, em Jaipur – onde Pedro matou dois. As viagens se sucediam: Egito, Marrocos, excursão de camelo pelo Saara. Faziam parte de uma juventude dourada que circulava entre parentes, mas também americanos europeizados, marajás, paxás e milionários do Novo Mundo. Só a existência de primos espalhados pela Europa, entre a Áustria-Hungria, a Bélgica, a Inglaterra, a Espanha e Portugal, garantia pouso onde quisessem. O lazer era uma vocação forçada, mesmo para nobres sem dinheiro como eles.

Para alimentar atos pios e alma pura, havia a visita obrigatória aos lugares santos de Jerusalém. Para educar o corpo, os jesuítas viam no esporte uma forma de combate à imoralidade e aos "atos ignóbeis". Exercícios físicos preparavam para os estudos sérios, além de se constituírem num mecanismo de educação moral e ética. Aristocratas, porém, eram considerados especiais e, por isso, nas respectivas escolas militares, raramente os irmãos ficavam na caserna. Para eles, era alugado um quarto de hotel, uma casinha ou um alojamento na casa de párocos.

Na época das manobras militares, Gastão os vigiava. O cuidado dos adultos não podia relaxar nunca. O ardor da idade podia expô-los a perigos. O nível de exigência de Gastão o tornava presente, até mesmo quando ausente. Quando Luís partiu para a Academia, aos 17 anos incompletos, o pai lhe enviou uma carta, em tinta preta, de três páginas. Ela deveria ser relida nas horas vagas.

Começava com um "Meu querido filho, no momento, longe de nós". A lista de recomendações era longa:

"Conserva e mantém o hábito de te <u>aplicares a todos os trabalhos</u> que a Providência te destine. Lembra-te [...] de que é regra universal, de acordo tanto com a Lei Divina como com a sabedoria humana, <u>fazer da melhor forma possível tudo</u> o que se deve fazer. É assim que se satisfaz a consciência e que se é honrado neste mundo". "Sê antes de tudo fiel aos preceitos de tua religião. Fica sempre atento quando estiveres na missa. Recomenda-te frequentemente a Deus e à Santa Virgem [...]. Não esqueças as orações da manhã e da noite, nem a tua pequena leitura piedosa [...]. Foge das conversas desfavoráveis à religião, à moral e aos bons princípios, das leituras perigosas, e também dos espetáculos que poderiam apresentar algum inconveniente [...]. Não descuides da tua saúde, nem do hábito dos exercícios físicos [...]. Toma cuidado com os resfriados [...]. Esforça-te por seres sempre alegre, amável, <u>bem-educado</u>, submisso, obediente, muito <u>pontual, ativo, ordenado</u> [...]. Manifesta sempre gratidão ao oficial colocado junto a ti pelos cuidados que ele tomar para te guiar [...] e sobretudo para facilitar os estudos um pouco árduos que tiveres de fazer [...]. Graças à Bondade Divina tens uma natureza capaz de muita coisa boa e até de sucessos, mas, por vezes, precisava de correções, etc... Escreve-me ao menos uma vez por semana, assim como a tua mãe", e despedia-se, abraçando-o ternamente.

Luís foi parar na Academia, pois Isabel, em carta a Adelaide Taunay, explicou: "é preciso que faça alguma coisa e a carreira militar nos parece a única que ele deve seguir". No futuro, em carta a um monarquista em São Paulo, Luís dirá que o "regulamento militar austríaco, que presidiu a formação do meu caráter, constituiu uma excelente regra de vida". Mas não foi só a Academia. Desde sempre, a sombra de Gastão e Isabel esteve sobre os filhos. O casal decidia o que era melhor para eles, que reagiam: "Hoje é meu dia de dar notícias a Papai", queixava-se Luís. As cartas, contando os detalhes de tudo o que faziam, eram obrigatórias.

Antônio, considerado muito mimado e dono de "um caráter original" – que em francês quer dizer "estranho", "excêntrico" –, tinha todos os seus desejos atendidos, contou o valete Latapie em suas memórias. Ele não saia da órbita de Gastão, que ia a Paris, todos os dias, apanhá-lo no colégio e acompanhar os deveres de casa. Por estar junto aos pais, Antônio acabava circulando entre os criados, com quem gostava de revelar fotografias e consertar bicicletas. Ele também ajudava Gastão a arrumar a biblioteca de livros trazidos do Brasil. Mais tarde, revelaria seu entusiasmo pelo teatro, por operetas-cômicas, pelo violino e pelo cinematógrafo que frequentava com regularidade em Boulogne. Era o queridinho da mãe, que lhe escrevia a 7 de maio de 1887: "Meu Totózinho querido. Você me faz tanta falta, mas se tivesse vindo [a Londres] estaria bem cansado e o tempo está frio. Eu te beijo mil e mil vezes. Papai te beija também".

Nesse mesmo ano, Luís quis demonstrar que a pedagogia da virilidade dera certo. Foi participar da Guerra dos Bôeres, que opunha colonos holandeses e britânicos pelo domínio de minas de ouro e diamantes, na África do Sul. Conheceu Moçambique e Zanzibar. Caçou com os zulus. Levou um amigo e um criado. Não há registro de sua participação em combates e jamais se arriscou a ser varado por zagais como Napoleão Eugênio, príncipe imperial da França e esperança de uma Restauração napoleônica.

Em 1898, foi a vez de Antônio partir para a Academia de Wiener Neustadt. Levou criado, às quintas-feiras jantava fora com amigos importantes e domingo, depois da missa, cavalgava – a equitação era considerada esporte guerreiro que afastava o medo e a covardia. Aos 18 anos, ele não escondia o tédio com que prestava contas de suas atividades ao pai:

"Bagnoles, 14 de agosto de 1899

Ocupações

2 de agosto: pela manhã passeei a pé. À tarde fiz meus deveres de férias e depois saímos de carro. Após o jantar tomei ar.

3 de agosto: pela manhã saí a pé. Tomei meu banho às 11 horas. À tarde fiz meus deveres.

4 de agosto: pela manhã, deveres e banho. À tarde ofício na Capela, passeio a pé com Maman" etc.

Quando vinham de férias, Isabel fazia questão de recebê-los na estação. Nessa época, os marqueses de Luart, os mais ricos da região da

Normandia, ofereciam infindáveis almoços e jantares. Não se sabe se eles eram convidados.

Mas o conde d'Eu não desejava que, depois do curso, seus filhos fossem oficiais de segunda categoria. Ele os obrigou a fazer – como, aliás, aconteceu – dois estágios na Escola de Brigada. D. Luís já tinha feito em Viena, na Academia, o que era equivalente à Escola Politécnica e, em seguida, a Escola de Guerra. Mas Luís não era um arquiduque, ou seja, um membro da Casa Imperial da Áustria. As notas do primeiro ano foram boas. As do segundo ano – aquele do concurso de posto, em que um jeitinho deveria ser dado nos exames –, menos boas. Faltaram-lhe dois pontos para ser aceito, contou o mordomo Latapie. Barrado, ele requereu a mudança de arma. Luís, até então na artilharia, tornou-se um hussardo, membro da cavalaria ligeira, mas não parou por aí. Frequentemente, passou a solicitar longas licenças para viajar. Nas primeiras, recebia o soldo inteiro, mas, depois, ele e os irmãos pediram as licenças sem soldo. Estava claro que não queriam aquela vida. O uniforme era uma prisão dourada. Agiam como outros jovens de sua geração, ou seja, queriam fugir às convenções nas quais foram educados.

Em agosto de 1898, no aniversário do imperador da Áustria, Francisco José, Luís foi nomeado capitão. Gastão e Isabel vieram para a cerimônia. Ele ficou muito bem em seu uniforme de gala. Pedro, que estava em Zolkiew, também veio. Depois de reunida, a família partiu para Aix-les-Bains e Chamonix. Como, de repente, Luís foi chamado para manobras no sul da Áustria, o conde d'Eu desejou acompanhá-lo por alguns dias. Ah! "Papai naturalmente veio me inspecionar", queixava-se Luís a Pedro, que por sua vez se queixava de ter de se dobrar "conforme desejo de papai e mamãe".

A 16 de agosto, D. Isabel chegou acompanhada de sua dama, Eugeninha, e a família fez e recebeu visitas protocolares de todas as famílias imperiais e reais que moravam em Viena. Um grupo de arquiduques se hospedou no Castelo de Hofburg, mas muitos ficaram no Hotel Sacker, onde estavam os príncipes brasileiros. À noite, a família foi à ópera. Viena estava em festa. Depois, Luís, acompanhado de seu ordenança, partiu para Ischl, para se apresentar ao imperador. Lá, misturado a outros alunos, foi recebido com tapete vermelho e ao som de marcha militar.

Os irmãos circulavam entre os quartéis num pequeno *"charron"*, veículo blindado de dezesseis cavalos, projetado para ser usado na guerra, mas tornado civil pela fábrica de mesmo nome. Em sua guarnição, em Maribor, Antônio levava de carro os oficiais para banhos de lago, jogava tênis e se ocupava dos dois cachorrinhos fox terrier que levou para o quartel. Suas instalações tinham sido decoradas por Isabel, que enviou quadros, tapetes, mobília e arranjos que garantiam o aconchego necessário ao rapaz – contou sua biógrafa. A mãe também lhe enviava cachimbos e fumo. Tinha uma vida totalmente diversa dos soldados, que dormiam em quartos apertados, sem luz ou ar, onde se acotovelavam de dez a vinte leitos. Para Gastão, enviava os tais relatórios com estrutura repetida em que Antônio se queixava, sobretudo, do clima e do frio do quarto: dois graus abaixo de zero.

Mil oitocentos e noventa e oito foi o ano em que Pedro se aproximou da família da futura esposa, em Pardubice, na Boêmia. Ele sabia que, em seu meio social, as uniões não eram deixadas ao acaso. Não era uma questão de coração. Ao contrário, a homogamia era um objetivo deliberadamente perseguido. Por isso, amores não eram ditados por escolhas entre um homem e uma mulher. E, sim, uma opção de famílias que teciam redes de aliança em que todas as dimensões – econômicas, políticas, sociais e simbólicas – eram levadas em conta. Porém, Pedro se cansou do regime de patrulhamento familiar. Não lhe interessou a nebulosa de parentas casadoiras capazes de transcender fronteiras. Por amor, não mais se dobrou "conforme desejo de papai e mamãe".

Também foi o ano em que, nomeado oficial, Antônio ficou ligado ao 5º Regimento dos Hussardos, de origem húngara e disperso por várias guarnições. Ele escolheu a cidade de Klagenfurt, na Caríntia, em cujas redondezas havia muitos castelos e muitas famílias nobres. Ficou bem ali, mas logo se arrependeu de deixar Wiener Neustadt, em cujos arredores, em Schwarzau, ficava o castelo do duque de Parma, e uma das princesas lhe interessava muito. Ela faria gosto a Isabel: era tão piedosa que queria ser freira.

Desiludido, Antônio passou a levar então uma "vida bem menos austera", contou o criado. À volta dos quartéis, multiplicavam-se pequenos albergues onde a fumaça do cigarro era tão espessa que não se ouviam as conversas. Onde se jogavam dados e bebia-se aguardente à base de cominho e cerveja. Onde se beliscava o traseiro das serventes. Como outros jovens, ele foi "conhecer as raparigas". Saía para noitadas no pequeno *Charron*, voltava tarde e mandava o valete buscar o carro que ficava na estrada. Nada mais normal do que buscar o caminho para a aceitação entre os companheiros. Mas Antônio nunca foi considerado, por seus irmãos em armas, tão simpático quanto Pedro – contou o valete Latapie. Enquanto isso, Gastão se preocupava. Estava perdendo o controle sobre os filhos. Pedro namorava uma desconhecida e Antônio reagia sem meias palavras:

"Eu recebi a carta de Papai me censurando minha ida a Florença. É evidente que poderia evitá-la, pode-se muito bem evitar muitas coisas e mesmo se retirar sobre uma montanha e ali viver de ervas e raízes".

Ainda na caserna, Luís, por sua vez, escreveu ao pai pedindo livros sobre o budismo e as religiões orientais. Gastão respondeu preocupado por seu filho se interessar por "tais leituras". Luís estava lendo Schopenhauer, filósofo que estudou o hinduísmo, e argumentava: "Peço que Papai não se abale por me ver ocupado com religiões hindus ou com filósofos alemães. Não é por perder a minha fé que eu os estudo às vezes, é mais para bem consolidá-la". Explicava: o meio militar era laico. Os oficiais não tinham nenhum interesse metafísico. Nas longas noites vazias, acontecia de se falar em religião. Ele queria, apenas, sustentar a sua. Trouxera mesmo consigo livros de apologética, ou seja, que comprovavam que a fé podia ser defendida pela razão.

Luís não era mais criança. Porém, modelado pelos pais, vivia mergulhado num mundo que ficava para trás. Até o escritor Marcel Proust, ao encontrar Gastão pela primeira vez, perguntou-se se ele deslizava sobre os pés porque tinha gota ou se eram lembranças da Corte. A França estava em outro momento: escola pública, socialismo, greves, vida mundana. O divórcio e o fim do direito de primogenitura tinham sido aprovados desde 1884, rachando a família tradicional. Parte da aristocracia estava mudando de rumo. Em vez do Exército, preferia a formação nas universidades junto à burguesia liberal. Jovens aristocratas frequentavam *"routs"*, grandes bailes e o *"jet-set"*. E nada de uniformes: vestiam-se à *"smart"*, na moda. Os jovens burgueses, por seu lado, acabavam adquirindo uma partícula no nome – um *von* ou um *de* – por meio de casamentos, mérito ou dinheiro. Aristocratas e burgueses já gozavam de uma sensação de intimidade e igualdade. A literatura antirreligiosa estava na moda. As ideias de livres-pensadores, descoladas de dogmas e postulados religiosos, se espraiavam em ondas, de Paris para o interior da França. O que contava era a experiência de cada um.

Focado em elevar-se espiritual e moralmente, Luís parecia não perceber as transformações. E se queixava em cartas de não gostar de bailes e vida social. Fugia das festas da *high society*. Era visto como um "jovem sério". Ele só frequentava lugares do seu próprio passado e mais: do tempo deste passado. Era o oposto de Antônio, que gostava de novidades. Que sofria da febre da juventude, das descobertas, das tentações. E que cada vez menos escrevia ao pai. E, quando o fazia, não escondia: precisava se divertir!

Em maio do mesmo ano de 1898, um telegrama de Lisboa anunciou: o corpo do devotado amigo, André Rebouças, fora encontrado ao pé de uma rocha íngreme, onde vivia, em Funchal, ilha da Madeira. Tinha 60 anos. Suicídio. Solidário, Rebouças acompanhou os príncipes na comitiva da família imperial. E por eles foi abandonado depois da chegada na Europa. Seu exílio foi uma forma de protesto contra a queda da Monarquia. Chegou a morar em Cannes para acompanhar D. Pedro, onde tentou organizar um Congresso de Paz e Liberdade em homenagem ao "pacificador da América do Sul". Seu sonho de um Império reformista foi esmagado pela estabilização da República. Se Isabel e Gastão o esqueceram, a Escola Politécnica do Rio de Janeiro rendeu-lhe as melhores homenagens.

Enquanto os jovens se formavam na Áustria, no Brasil assumira o presidente Campos Salles. Ele representava os interesses da elite cafeeira paulista e iniciou grandes reformas econômicas. Era preciso sanear a economia deixada em frangalhos pelos presidentes anteriores. Tudo parecia ir bem até que as metas do governo começaram a ser contestadas pelos próprios cafeicultores. A superprodução de café jogou os preços no chão, arruinando velhas propriedades agrícolas. A política anti-industrial impôs o aumento do custo de vida. Impostos extorsivos pipocavam. Sacrificadas, as classes populares não escondiam seu descontentamento. O presidente era chamado de "Bandido!".

Se até pouco tempo antes a morte de importantes chefes monarquistas e a sobrevivência de diretórios que se limitavam a mandar rezar missas à família imperial pareciam anunciar o fim do sonho da Restauração, tudo mudou. Os monarquistas viram na crise político-econômica uma brecha para atacar. E através do jornal *A Justiça* clamavam: "Coragem! A restauração do Império é hoje quase um fato; depende só de um grito [...]. Às armas! E o nosso grito de guerra seja esse: 'Monarquia ou morte!'. No aniversário de dez anos do golpe republicano, publicaram um livro, *A década republicana*, com uma resenha completa dos malfeitos republicanos. Comparavam o governo atual com o de ontem. A má República com o bom Império. Joaquim Nabuco era outro que acreditava na brevidade do regime. Em carta ao barão do Rio Branco, de 18 de outubro de 1891, dizia que a situação política e econômica conturbada anunciava o fim que poderia acontecer a qualquer momento: "A República está inteiramente desacreditada, pronta para cair de podre com satisfação geral".

Monarquistas em ação

Os monarquistas entraram em ação. Enquanto greves operárias e conflitos de rua espoucavam, o descontentamento penetrou em setores do exército apoiados por civis. Houve depredações, conflitos e até a prisão de conspiradores que estavam fazendo preparativos para prender o presidente da República. Sufocada a conjuração, Campos Salles tranquilizou a nação.

A calma era superficial e não durou muito. Por baixo, seguiam crepitando as brasas da Restauração. O retorno da Monarquia sanearia a pátria, limpando as impurezas deixadas pela República. Seria o retorno do Brasil honrado, o Brasil brasileiro, o Brasil monarquista, que teria passado por um breve período doente, mas que, após ser curado, ficou preparado para "aprender, aproveitar e adaptar todos os acréscimos com que o século XX adornou a civilização universal", dizia um entusiasta católico e monarquista Martim Francisco.

Em São Paulo, em agosto de 1902, eclodiu um importante levante restaurador. Desta vez juntando fazendeiros influentes e lavradores que, entre outras queixas, acusavam os "desmandos da lavoura". Boatos sobre atentados às linhas de ferro e às caixas-d'água anunciavam que havia uma revolução no interior. Graves ocorrências se sucederam em Franca, Araras, Mogi Mirim, Araraquara, São Carlos do Pinhal, Ribeirãozinho. De fato, houve Restauração. Mas durou apenas 36 horas. Houve traições. E os revoltosos foram dominados pelas tropas do governo e exilados no Acre. Graças à telegrafia, à correspondência com amigos e aos jornais, a família imperial sabia o que acontecia. Entre seus membros, um era especialmente interessado na questão: Luís.

Luís acompanhava as querelas da família e a obsessão do pai por um trono. Desde seu retorno à França, Gastão e o irmão, Fernando, duque de Alençon, esgrimiam. Em questão, a renúncia aos direitos dinásticos. Gastão se colocou numa situação pouco confortável ao querer recuperá-los. Fernando, de temperamento muito sério, reagiu: como chefe do ramo Némours, não admitia que, em caso de morte, outra pessoa que não seu filho Emanuel o sucedesse. Gastão lhe enviava cartinhas que eram desprezadas. Ficaram em maus termos. Só em 1909 um acordo entre ambos seria assinado. Até lá, briguinhas e mais briguinhas que só faziam envenenar a posição de Gastão.

Em 15 de outubro de 1903, no *Commercio de São Paulo*, a coluna "Notas e Notícias" anunciava que "Na modesta residência de Sua Alteza Imperial em Boulogne-sur-Seine, nesse refúgio discreto e poético como convém aos destinos rotos – na frase de um jornalista francês –, a data de hoje será comemorada com carinho". Era o aniversário de casamento do casal e também de Pedro, que completava 33 anos. "Se o sofrimento não fosse o companheiro inseparável daqueles que o exílio fere, hoje, naquele recanto banhado de sol e impregnado do perfume de esplendidas rosas, reinaria a doce alegria que santifica o lar". Segundo o articulista, adorada dos seus e adorando-os, a princesa festejaria modestamente a data: "Embora longe da pátria e do seu povo que a venera e ama, Isabel sabia que no Brasil muitos corações se rejubilavam por seu aniversário!".

Ela certamente ficava contente com tais notícias. Afinal, havia sempre uma esperança no fim do túnel. No fim do ano, conversas e planos foram entabulados. Em abril de 1904, Isabel escrevia ao Conselheiro João Alfredo. Pedia-lhe que viesse vê-la. O assunto da conversa era da "mais alta importância". E, nas entrelinhas, avançava: "não faço absolutamente questão da minha pessoa". Outro mais moço estaria mais inteirado do assunto "e poderia ser mais útil". Ela só não tinha ainda "soltado as rédeas", pois "a mocidade pode ser temerária". "Ninguém de minha família porá obstáculo ao que for o bem do país." Isabel referia-se a Luís e às suas ambições de Restauração. Ele teria o caminho livre, pois Pedro renunciaria ao trono.

Em 1905, Gastão adquiriu do primo o Château d'Eu. O castelo fazia parte da mitologia familiar. Nele, Luís Felipe recebeu a rainha Vitória da Inglaterra e conheceu os belos dias da Monarquia. O prédio era a encarnação do nome de família. Um nome petrificado. Muito antiga e várias vezes restaurada, a construção tinha sofrido um terrível incêndio, em 1902. Pouco restou. O corpo central e a ala sul foram reduzidos a cinzas. Sobrou a ala norte. Num cartão-postal com a vista do castelo do conde de Paris ainda intacto, Isabel escreveu à amiga Amandinha: "deste castelo [...], atualmente nosso, tomamos com alguns móveis para mobiliar a parte não incendiada que é bastante grande. Arrumamos as paredes com quadros que tínhamos em depósito em Boulogne. Contamos refazer o exterior. Quanto ao interior, só nos ocuparemos da Capela, o resto não sendo necessário, pois é muito dispendioso restaurar". Antes de pegar fogo, o castelo foi usado por Luís Felipe de Orléans, conde de Paris e último herdeiro de sangue do trono da França. Para Isabel, tinha a vantagem de estar localizado numa das regiões de maior número de praticantes católicos da França: a Mancha.

Como um nobre de sangue, Gastão também tinha que se distinguir pela posição adquirida havia gerações no seio de um seu *"terroir"*. O imóvel lhe permitia ter uma posição de primeiro plano no vilarejo. A família construiria um leque de sociabilidade com os moradores por meio de atos de caridade e práticas religiosas comuns. Não importava se ele tinha ou não recursos. Importava que pertencia a uma família aristocrática francesa, tinha prestigiosa ascendência, gostava de caçar, possuía uma cota de armas, tinha uma maneira especial de se expressar e até de comer à mesa. Esse era o conjunto de códigos que permitia aos Orléans e Bragança pertencer a um círculo estreito.

Na propriedade de seu nome, Gastão e Isabel reuniriam modestas coleções de arte, os papéis de D. Pedro, os quadros e relíquias brasileiras. Perto da pequena estação balneária de Tréport, o castelo recém--adquirido ia ganhando vida. Lá passavam os verões quando todas as famílias de posses fugiam do calor sufocante de Paris. De maio a setembro, as temperaturas eram amenas e as macieiras floriam. O pôr do sol era violeta e a água do mar, opala. Os campos se cobriam de papoulas e pequenas margaridas. De outubro a março, a região era castigada por longas temporadas de chuva gelada.

Como toda família aristocrática, ajuntaram móveis, quadros e objetos. O ambiente das salas era sóbrio. Mais uma vez, não havia luxo, douramentos ou o mobiliário valioso que se via em outros castelos das grandes famílias, como os Choiseul, os Polignac ou os Rohan, proprietários de imensos domínios. Ao contrário. Móveis, à época, considerados burgueses – a mesa de bilhar e o piano – denunciavam o lazer da família. Nessa época, era mais uma grande *"Maison de famille"* ou casa de família em obras. Não tendo adquirido a floresta de Eu, o castelo se tornou propriedade difícil de manter. E a parte destruída só seria restaurada após o falecimento de Gastão, por Pedro. Para Gastão, porém, o castelo permitia construir um reino todo seu.

Ali, o casal evocava o Império no exílio. O passado cobria as paredes e enchia os salões com móveis vindos do Paço e de São Cristóvão. Noventa e dois pacotes recheados de pertences lhes foram enviados pelo governo republicano. Na biblioteca, entre dois grandes vasos chineses, a imensa tela de Debret, a coroação de D. Pedro I. Espalhados no *"grand salon"* e no *"grand hall"*, os parentes de sangue: Dona Francisca de Joinville, tia de Isabel, pintada pelo famoso Ary Schaeffer; D. Pedro por Monvoisin, ou vestido como soldado, em Uruguaiana; Isabel Bourbon das Duas Sicílias, a bisavó. Espalhados sobre a lareira e mesas, várias fotografias e bustos em mármore ou bronze, do imperador, tudo iluminado pela lâmpada que veio da Capela Imperial de São Cristóvão. Encostada à parede, a espada com que Gastão lutou no Marrocos e no Paraguai. Nas fotos de época, Isabel aparece sempre sentada, admirando imagens do pai. Tinham perdido o Império do Brasil, mas o Império não saía de dentro dela.

Luís não estava de acordo com a aquisição da propriedade. Escreveu ao pai, advertindo-o que não se deixasse ludibriar pelo vendedor, o tio Felipe de Orléans. E que não via "muito Mamãe castelã num pequeno buraco como Eu sem boas obras nem concertos antiescravagistas.

Eu compreendo muito bem que o castelo quando se quer retirar para viver tranquilo com amigos do [...] coisa que se inventa de vez em quando. Mas no inverno e outono, Mamãe não vai querer jamais deixar Paris e no verão nós preferiremos ir a outro lugar. Eu temo, pois, que o *manoir* fique tão desprovido de habitantes quanto no passado".

Detentores de valores esquecidos no fim do século, o casal nada possuía da situação de que gozaram seus ancestrais antes da Revolução. A vida de castelães não passava de uma lembrança ultrapassada que se olhava com benevolência nos álbuns. O brasão no papel de carta serviria mais tarde a Luís para datar sua correspondência com monarquistas no Brasil. Eles eram "gente boa e muito simples", registrou Marcel Proust, que passou pelo casal em Evian, no Hotel Splendid. Tão simples que Proust nem se "descobriu" – tirou o chapéu – quando cruzou com Gastão.

Porém, quase invisível, havia no castelo d'Eu uma história cujas raízes mergulhavam na grande História. Havia a certeza de pertencer a um clã. Dois valores faziam toda a diferença: a religião e a família. Entre os aristocratas franceses, todos se casavam com tios, primos e sobrinhos. Nada de uniões livres. Essa era uma tradição intocável no tempo. Nessas alianças o dinheiro contava pouco. Valia o sangue. Raramente as novas gerações rejeitavam a transmissão de tais valores. Se bem que, nessa época, várias americanas, burguesas ou judias ricas salvaram príncipes em dificuldades junto aos seus banqueiros, alfaiates ou sapateiros.

Pedro, porém, cuja "mão seca" fora motivo de piedade e que era considerado pelo pai menos inteligente do que Luís e Antônio, se rebelou. Pedro, criticado pelo pai porque "não sabia nem jogar bilhar direito", afrontou a família. Estava apaixonado pela bela Elisabeth Dobrzensky de Dobrzenicz, irmã de seus melhores amigos de farda. Começaram a namorar em 1900, quando ele passava fins de semana no castelo barroco da família, em Chotebor, na Boêmia. Poliglota, excelente pintora e música, dona de um sorriso perfeito e uma fisionomia rosada, Elizabeth ou Lizie descendia de antigos senhores da região, ali instalados desde o século XIV. Ainda vinha a ser parente de Gastão pelo lado Kohary, de sua mãe. Seu pai, cavaleiro da Ordem de Malta, era conselheiro e camarista do imperador Francisco José.

Isabel torceu o nariz. Para ela, a moça era plebeia, e plebeus, nem pensar. O avô de Elizabeth foi o primeiro a receber o título de conde, e isso por posterior insistência de Isabel junto ao *Kaiser* Francisco José. Antes eram só barões. Isabel acreditava que, por ser herdeiro dos direitos dinásticos, Pedro só poderia se casar com membros de famílias reais de reinos existentes ou extintos. O próprio título de "condessa" não tinha valor, queixava-se Isabel. Pois só varões herdavam o condado.

Para Gastão, o problema parecia mais grave ainda. O casamento desigual não permitiria a Pedro transmitir aos filhos o título de Príncipe do Brasil, perdendo estes a posição direta no universo monárquico. Seriam apenas filhos de príncipe, mas não príncipes de fato. Mais uma vez, Gastão se voltou à Casa Real dos Orléans, na tentativa de solucionar o problema. Se seus filhos conseguissem ingressar nela, ainda que não herdeiros diretos do trono, e se Lizie, a futura noiva de Pedro, recebesse um título de nobreza, estaria resolvida a questão da desigualdade de nascimento?

Resposta: não. O duque de Orléans, filho de Luís Felipe, que chegou a estudar com os príncipes brasileiros no colégio Stanislas, era irredutível: "eles não podem tornar-se príncipes da Casa de França nem seu pai pode recuperar o *status* que perdeu". E sobre as conhecidas manobras de Gastão na sucessão de Isabel, não omitiu sua opinião sobre Pedro: "Ele deve continuar o Príncipe do Grão-Pará até tornar-se imperador do Brasil, assunto pelo qual seus pais deveriam se preocupar um pouco mais".

Os primos não gostavam de Gastão, considerado encrenqueiro e oportunista. Viviam em picuinhas. Gastão insistia em demandas que não eram atendidas. Nesse momento, Gastão haveria de lembrar do conselho paterno: fazer uma declaração conservando o direito à pertença de origem. Ele não escutou o duque de Némours. E, à época de seu casamento com Isabel, lhe respondeu: "É de todo o coração que renunciei à pequena chance de obter o que possuía pelo meu nascimento". Achou, provavelmente, que teria um trono dourado para sempre.

Havia ainda outra razão. A futura condessa Dobrzensky-Dobrzenicz, embora fosse de baixa nobreza e detentora de terras, não possuía riqueza, vivendo com modéstia. Os Dobrzensky fabricavam e comercializavam, ainda que localmente, a sua própria cerveja. "Fazer comércio" ou "pertencer ao comércio" era outra mancha negativa no currículo.

Atrás das pesadas portas fechadas, ou nos jardins para não serem ouvidos pelos criados, não foram poucas as discussões com Pedro. Os pais queriam dissuadi-lo de todas as maneiras. As conversas se repetiam como um pássaro que plana e volta, sobrevoando o assunto. Resultado? Romperam. Pedro foi para a África. E como contou o mordomo Latapie: "Ele bem que queria voltar, mas fizeram-no esperar por causa de certas condições às quais ele não cedia. Moveram agir a todos que pudessem ter alguma influência no caso, mas nada conseguiram". Simples: o amor foi mais forte.

Doravante, os pais poderiam aspirar ao Império para Luís, o preferido. E foram atrás de uma noiva sob medida. Enquanto os pais procuravam, Luís tinha sonhos de aventura e luta. À época do levante de Ribeirãozinho, ele palmilhava o mesmo trajeto que fizera Pedro, da Índia à Europa. Escreveu ao pai sobre "os dias felizes de iniciativa e independência" – longe dele, subentenda-se. Como insinuou sua mãe, Luís era temerário, arrebatado e insubmisso. O jovem alto, louro e de olhos azuis tinha planos de recuperar a posição da família junto a nobres e monarquistas de outros países, e junto a monarquias vigentes ou abolidas cujos círculos frequentava. Ser apenas "o príncipe do Brasil" não bastava. Depois, havia as esperanças de Gastão. Para o pai, ele era o predestinado. Sua inteligência e vivacidade se destacaram desde a mais tenra infância.

Antônio parecia não se interessar por política e até considerava as iniciativas do irmão em torno da Restauração sem chances de sucesso. Também não se interessava por questões dinásticas. Enquanto Gastão se esfalfava para não perder a condição de príncipe francês e legá-la aos filhos, Antônio lhe escreveu:

"Papai pode fazer o que quiser, mas eu acho, pela lógica, e já que me pedem a opinião, que se renuncia ao direito de primogenitura para a França nós fundamos um outro ramo da família, tendo o direito de fazer o que quiser sem se ocupar dos outros, e não tendo de nada fazer reconhecer pelos outros, nem deles receber títulos. Não se podem mudar as datas e Pedro permanece sempre o mais velho".

De fato, Pedro sofria com a tirania de Gastão, que o obrigava a usar a identidade de "conde d'Eu". Que o constrangia a exibir a sua condição de "herdeiro" francês, ainda que muito distante da Chefia da Casa de França. É provável que Pedro também achasse tudo isso desnecessário. Quiçá fora de moda. Finalmente, ficou estabelecido que os três filhos constituiriam uma Casa distinta do ramo da Casa de Orléans. Eles perdiam o direito a qualquer sucessão do trono, mas podiam frequentar as reuniões e cerimônias familiares.

Tudo sobre carretéis? Só na aparência. Um chá em Boulogne, com senhoras brasileiras, deixou vazar muitas fofocas. As "empregadas" teriam contado que Gastão andava zangado com todos. Com Luís, pois este se negava a se naturalizar francês. Com Pedro, por causa do namoro com Lizie, e com Antônio, "porque ele não é lá de muito siso" ou juízo. Isabel estaria mais zangada ainda com Totó, pois ele "vinha mantendo uma ligação com uma senhora casada". Austera e piedosa como era Isabel, ela "não podia admitir". Gastão queria que um dos filhos lhe herdasse o título e o castelo. Mas para isso era preciso que algum deles se dispusesse a dar um passo. Nessa mesma ocasião, Antônio fez uma aparição. Comentário de uma das senhoras presentes: "D. Antônio é feio, tendo tipo de português".

Silêncios e coisas não ditas

O estado de nervos do casal podia se justificar por uma situação mantida em segredo. Um assunto cheirava mal e Gastão quis empurrá-lo para baixo do tapete: o inventário da herança de D. Pedro. Havia pelo menos dois anos, os outros netos do imperador, filhos de Leopoldina, tendo à frente D. Augusto, lutavam para que o inventário fosse desbloqueado. O que não acontecia, segundo ele, por maquinações de Gastão. Abundante correspondência comprova a luta entre sobrinhos e tios para ter acesso aos bens que cabiam, por herança, aos filhos da irmã mais moça de Isabel.

Tudo começou décadas antes, quando a esterilidade do casal d'Eu parecia definitiva e ameaçava o futuro do Império. Leopoldina, que faleceu precocemente em Viena, deixou quatro filhos que já eram conhecidos dos avós e por eles adorados. Em Viena, no dia do enterro, num ato de extrema insensibilidade, Gastão exigiu do cunhado a entrega de todas as cartas que Isabel teria escrito a Leopoldina. O gesto causou a mais profunda estranheza. Depois da morte da filha, D. Pedro insistiu para levar os dois netos mais velhos e educá-los no Brasil. Afinal, seriam seus sucessores. A chegada dos meninos não foi bem recebida. Os tios os evitavam. A tensão só baixou depois do nascimento de Pedro.

Com a sucessão garantida, o duque de Saxe, pai dos meninos, aproveitou uma visita de Isabel e Gastão a Paris para tratar do assunto dos filhos. Foi mal recebido. Em carta à mãe, a Princesa D. Clementina, relatou: "Eu atrasei a partida sempre por causa dessa insuportável questão do Brasil. Isabel foi intolerável, grosseira, esbravejou, declarando que ela punha a sua posição bem acima da sorte de meus filhos". A caridade de Isabel sempre foi para os pobres. Nunca para os órfãos da irmã, que tratava com aversão.

O golpe republicano levou o mais velho, Pedro Augusto, a um sanatório para doenças mentais e pegou Augusto servindo na Marinha Imperial brasileira. Ele recebeu um telegrama a bordo do navio *Almirante Barroso*, quando se encontrava no Ceilão, hoje Sri Lanka. A ordem era: "Príncipe peça demissão do serviço". Em choque, pediu para consultar o avô. Resposta também por telegrama de D. Pedro: "Sirva o Brasil. Seu avô Pedro". Abandonado em Colombo pela Marinha, agora republicana, Augusto seguiu para Paris, onde ainda teve tempo de rever o irmão Pedro Augusto, abraçar o avô e receber a notícia da morte de Teresa Cristina. D. Pedro não economizou nas palavras. Disse-lhe que ele era pobre e precisava ganhar a vida. Novamente abandonado, Augusto seguiu para Viena, onde foi acolhido pela avó, a princesa D. Clementina. Começou então a batalha pelo espólio.

Data provavelmente dessa época a carta de gosto amargo enviada por Isabel ao sobrinho Augusto:

"Muito triste tenho andado estes dias com a moléstia do vovô. Felizmente, hoje vai melhor e o perigo passou. Quanto à sua carta, lhe direi: você é moço, nem sempre com bons conselhos, por isso não lhe quero mal. Mas asseguro-lhe: antes não receber carta alguma do que receber uma tão seca como a que você me escreveu. Se não escrevo não é por falta de amizade, enquanto, se você me escreve assim, por que é? Como lhe digo, não lhe quero mal por isso somente dói e lamento que você tome estas tendências. Lembre-se que sou muito mais velha que você e sou irmã de sua mãe. Sua tia que lhe tem muita amizade e por isso mesmo ficou triste".

Correspondência trocada com o Comendador Catramby, procurador dos príncipes Saxe e Coburgo, revela que o inventário da herança de D. Pedro era bloqueado pelas mais variadas desculpas de Gastão. Em carta em que pedia a Catramby a indicação de um advogado, Augusto desabafou: "[...] tomamos esta decisão porque nossa tia, a condessa d'Eu, e o conde d'Eu nos fazem sempre dificuldades, quando se trata de Petrópolis. Nós esperamos oito anos até que tomamos esta decisão, porém, agora, nossa paciência está exausta, e de agora em diante não temos mais considerações para com os tios".

Para um *affair* tão importante, só um advogado mais importante ainda: Ruy Barbosa. O velho republicano não teve pena. Cobrou uma fortuna: 150 contos de réis, pagáveis em três prestações anuais. Custou caro, mas, indiferente aos interesses políticos, defendeu com unhas e dentes os direitos de Augusto. Agora chefe de família – ele teve oito filhos –, o príncipe exilado precisava mais do que nunca que a partilha judicial da propriedade de Petrópolis se efetuasse. As relações com os tios se azedaram definitivamente.

Contam descendentes de Augusto que Isabel e Gastão tinham especial interesse de, a todo custo, se apoderar das propriedades de Petrópolis. Não somente para capitalizar com a aquisição para a qual ofereceram preço ridículo aos sobrinhos, mas porque a cidade serrana irradiava uma espécie de qualificação ligada à Coroa. E lutaram com todas as armas para declarar "Petrópolis é nossa", pois se consideravam os verdadeiros e únicos herdeiros, e, portanto, proprietários dos bens ali reunidos.

Não contente com seu castelo na chuvosa Normandia, Gastão queria garantir uma propriedade dos Bragança nos trópicos. Ele tinha três filhos e a esperança sufocada de uma Restauração. Para isso, era necessário afastar qualquer sombra de Saxe-Coburgo. Mas os documentos não deixam mentir. Em carta de 1902, de Augusto ao procurador, lê-se:

"Meu prezado amigo Catramby [...]

Recebi sua última carta, a qual me fez muito prazer. Quanto ao que me diz de Petrópolis, estou indignado pois nós nunca tivemos conhecimentos que estas rendas sejam empregadas para pagamentos e nós nunca demos autorização ao conde d'Eu e ainda menos Sabino Lopes de dispor de nossos dinheiros. E isso infelizmente aconteceu [...].

Como meu pai lhe telegrafou, nós nos opomos energicamente à venda de nossa parte de Petrópolis, pois Petrópolis tem um valor de 6.000

contos, e não de 1.000, como foi feita a avaliação. Naturalmente, sempre o conde d'Eu, se é verdade, deseja fazer negócio sujo, o que lhe é e foi sempre normal".

Ou ainda, pouco depois:

"Meu pai e eu desejamos que o amigo trate de descobrir donde o conde d'Eu faz-se remeter constantemente milhares de francos do Brasil. Fala-se que sejam os nossos cobres de Petrópolis que ele se faz remeter. Não é coisa fácil descobrir a origem deste dinheiro. E estou certo de que somos nós, como se diz em francês 'Nous sommes roulés dans cette affaire' – somos enganados neste negócio".

E, quando soube que o inventário estava longe de ser concluído, ameaçou vir ao Rio tratar pessoalmente dos negócios "escuros e sombrios". E perguntava: "De onde o conde d'Eu faz constantemente vir 50 ou 60 mil francos do Rio de Janeiro? Enfim, meu juízo sobre este nobre tio já se foi quando ainda estava na Escola da Marinha. Meu caro Pedro Augusto tinha razão de sempre dizer que o conde d'Eu era pessoa de pouca confiança. Meu pai também o reconhece".

Documentos indicam que Gastão não só vendia terrenos antes da partilha, sem autorização dos sobrinhos – fato comprovado por fotografias nas mãos de Augusto –, como oferecia uma soma pífia pela parte que lhes cabia. Pior, tudo de conluio com um procurador da Fazenda que os irmãos deixaram no Brasil, o antigo Conselheiro do Império, José Otávio da Silva Costa, um monarquista devotado a Isabel. Por isso, em outra carta, Augusto se referia ao tio que queria "de novo fazer um negócio sujo e uma grande pechincha". Augusto descobriu aos poucos que a demora em receber qualquer dinheiro se devia ao fato de que ambos, tio e procurador, omitiam informações sobre a renda de "centenas de contos nesse largo espaço de tempo" – expressão de Ruy Barbosa. Além de proteger ostensivamente os interesses dos Orléans.

O advogado também menciona "óbices promovidos no curso da avaliação em Petrópolis", entre outras irregularidades. O fato de terem encarregado Ruy de acelerar o expediente foi uma desforra ao tratamento dos tios que consideravam desonestos. Ruy também acusou sem rodeios Silva Costa: "Obstando a partilha do espólio imperial, pratica-se um desses atos daquele monarquismo devoto, em que se extasia o inventariante na enumeração de seus serviços profissionais à dinastia". E, num documento de 20 de junho de 1903, bateu sem dó:

"Não contentes dos artifícios com que têm conseguido tão eficazmente essa procrastinação, os empenhados nela buscam até arrastar a questão para o terreno das paixões e calúnias políticas, desviando-o do campo legal, vedado a combates violentos. E nesses terrenos se desmandaram a ponto de inventar contra a política republicana aleivos inauditos, acusando-a de haver confiscado os bens da família imperial – isso nos próprios autos dos inventariantes em que se trata de balanceá-los e partilhá-los entre os herdeiros do imperador.

O que julgarão de nós as justiças da Áustria ou da Alemanha, sob cuja tutela se acha o interdito herdeiro do senhor D. Pedro II? Que pensarão elas da proteção judicial dispensada aos órfãos pelas leis da República brasileira?".

Um rascunho de carta mostra a tentativa de defesa de Gastão diante do cunhado:

"Meu caro amigo. Recebi sua carta do dia [...] Felizmente, muitas vezes se podem interpretar as coisas de diferentes maneiras. Não quero pensar que você teve a intenção de nos ofender. Ofensas à parte, é preciso, portanto, que eu estabeleça as coisas como elas são e dizer-lhe que você se engana. Não tomamos [...] de ninguém. Nós apenas sonhamos em organizar nossa cabeça e consciência em razão de nossos filhos. Se prejudicamos alguém, nessa questão, terá sido as crianças.

Eu posso pensar sobre uma questão diferentemente do que você pensa, cada um pensa como julga dever pensar. Você não pode tratar diretamente com seus filhos, como faremos nós? Para evitar que nossa velha amizade seja, enfim, rompida eu não tratarei mais de negócios diretamente quer com você, quer com seus filhos. Temos honra nos negócios. Cada um com aqueles que ele escolher e com instruções, cada um se entenderá, doravante, entre eles. Caso encerrado".

Na época, as vacas deviam andar muito magras mesmo, pois Gastão fez um empréstimo de 100 mil reis ou 22 apólices da Dívida Pública, ao filho da falecida amiga condessa de Barral, Dominique, Marques de Barral Montferrat. Os juros seriam pagos a cada seis meses, em julho e dezembro.

Entretempos, Augusto ingressou na Marinha austríaca, perdeu o único irmão vivo e contraiu núpcias com uma princesa que daria inveja a Isabel: a arquiduquesa Maria Carolina da Áustria, na mesma igreja em que D. Leopoldina e o futuro imperador D. Pedro I se casaram. Presentes, toda a família imperial da Áustria e toda a alta nobreza do Império austro-húngaro. Passados os anos, instalado com a família em Pula, bela cidade cercada de ruínas romanas, incrustada no mar azul da Croácia, Augusto, com seu pai e seus irmãos, assinou a venda, renunciando a todos os imóveis de Petrópolis. Os Orléans ficaram também com a *"enfiteuse"*, um laudêmio que não aparece na correspondência. Outra pechincha?

Não se sabe se mais tarde, em 1915, a resistência que Luís encontrou quando se candidatou à Academia Brasileira de Letras encontraria estilhaços dessa história. À época, Ruy era o presidente da casa e, embora tendo-lhe escrito uma carta elogiosa, não lhe pavimentou o caminho para entrar na instituição. Na família, Augusto tinha apenas um amigo: Pedro. E nunca poderia adivinhar que, no futuro, Petrópolis se tornaria a morada definitiva do primo querido.

Aliás, a relação de Isabel e Gastão com o resto da família não era menos precária. Sempre mergulhados no ambiente de puritanismo e zelo do próprio nome, abandonaram à própria sorte a tia Januária, casada com o conde de Áquila, que tinha fama de caloteiro. Os reveses financeiros levaram os tios a uma situação de penúria, minimizada pelos bons préstimos do irmão dela, D. Pedro, enquanto viveu. Mas Isabel os ignorava. E sobre o filho do casal, seu primo-irmão, não só agiu para que ele não conseguisse um bom casamento como disseminava informações maledicentes. Católica fervorosa, ela chegou a comentar em carta sobre o primo:

"Se o tivessem preparado melhor, poderia ter sido um bom rapaz, mas o seu caráter está degenerado. Seu maior defeito, aos meus olhos, é não ser religioso – ele mesmo diz que não acredita em nada, que Paris o deixou assim [...] é indiferente a quase tudo, exceto a caçadas e cavalos. Não é religioso. Não acredita em nada. Nada lhe fala em favor". E impiedosa: "Deus queira que ele possa servir para alguma coisa".

Enquanto Pedro noivava com a bela Lizie, Luís e Antônio embarcaram no navio alemão *Kasser Wilbender Gross* com um criado. A travessia foi conturbada, mas não sem informações ao pai: "Querido papai, a vista da cama, o coração na mão, os soluços, os vômitos entrecortados por refeições imediatamente restituídas ao mar, eis o nosso balanço até aqui". O destino: Estados Unidos da América: Washington, Miami, Nova York, onde foram recebidos pelos Roosevelt e pelos Vanderbilt. Cruzaram de leste a oeste o colosso abençoado por recursos naturais, correntes de imigrantes empreendedores, um véu fino de restrições tradicionais e um laboratório de combates sociais. Como de hábito, Luís escrevia a Gastão: "hoje é meu dia de dar notícias nossas a papai". Segundo ele, o povo americano era "leal e honesto", capaz de realizar prodígios, mas de ideias superficiais. Só liam e apreciavam as artes por esnobismo. E, "impressionante: total falta de interesse por questões religiosas"! Aliás, a liberdade religiosa e a separação entre Igreja e Estado eram a bandeira do arcebispo de Saint Paul, o mais influente do país. O que diria Isabel disso? Na França, os americanos eram considerados pela aristocracia como crianças grandes e mal-educadas, das quais não se podia falar sem sorrir.

O ponto alto do passeio foi a visita à Exposição Universal de Saint Louis, no estado do Missouri, inaugurada às vésperas das eleições e do segundo mandato de Roosevelt. Do ponto de vista político, foi um dos momentos importantes da viagem. Proporcionou aos dois jovens uma aproximação com os monarquistas brasileiros. Foram entusiasticamente recebidos. Muitos eram cafeicultores importantes. "A visita teria sido proposital?", perguntam-se historiadores. Ao se separar, "batiam-se nas costas com grande alegria". Formou-se uma escolta que os acompanhou até o trem. A seguir, tentaram um encontro com o presidente. A rápida entrevista versou as vantagens do fuzil sobre a carabina, a atuação dos cossacos na guerra e a qualidade da cavalaria austríaca. O ponto fraco apareceu num dos relatórios sobre a viagem registrado por Antônio: Luís começava a ter os primeiros sinais – certas "palpitações" – da doença que o mataria.

Ao voltar, encontraram-se com os pais em Roma. O ano se escoou entre idas e vindas às guarnições e muitas caçadas e cavalgadas em belos endereços. Para manchar o brilho do momento, surgiram os problemas físicos de Luís: reumatismo. Não se sabe qual a reação de Gastão ao ver o filho dileto passar da saúde à doença. Aliás, não era de bom-tom mencionar a palavra. O corpo era visto como um conjunto de motores orgânicos. E os esportes, aos quais Gastão obrigava os filhos, a chance de uma explosão de energia para fortalecê-los. A preparação física através de alpinismo, tênis e equitação teria resultado em "enfermidade" e dor? O reumatismo era doença que, no entender de médicos, atacava mais jovens do que velhos com "dores violentas, variáveis e móveis", explicava o dr. Delpeich. Silêncio sobre o assunto.

A procura de uma noiva e de soluções

À época, Gastão e Isabel procuravam uma noiva para Luís. Não podia ser outra Lizie. Mas uma princesa real que, em caso de Restauração, estivesse à altura de subir ao trono brasileiro ao lado de Luís. Gastão, que continuava controlador e autoritário, escreveu-lhe sobre casamento. E Luís lhe respondeu:

"Quanto à questão casamento, ela é bem mais complicada. Em todo o caso, não posso me decidir sem ter visto mais princesas do que fiz até o presente. Somente tenho um medo horrível de fazer uma escolha de qualquer jeito. A esse respeito – como a respeito de muitas outras coisas – acrescentará Papai –, tenho uma natureza pouco feliz. Demoro muito para me decidir e, quando o faço, muitas vezes lamento [...]. As vantagens materiais são ainda as que se podem julgar mais facilmente. Quanto às outras... é uma loteria".

Mas o amor e o casamento definitivamente não estavam nos seus planos. Luís estava nas antípodas do comportamento de Pedro. Ele queria irradiar politicamente. No início de 1908, escreveu a Gastão:

"No que diz respeito à questão do objetivo, não tenho senão um que domina os outros – retornar ao Brasil. Esse é o único verdadeiro objetivo que a Providência nos deu e que eu, com a ajuda de Deus, atingirei um dia, tenho disso a firme convicção. Quanto ao casamento, não sinto em mim por ora nenhuma disposição para pai de família e subordino antes de tudo essa questão a outra. Se eu retorno ao Brasil, a única coisa necessária é uma princesa que saiba manter seu nível – não me é preciso o Grande Amor, para o qual receio não ter muita disposição – ou ao menos com certa simpatia e com suficiente dinheiro para me permitir representar na Europa um papel menos discreto que aquele ao qual eu seria condenado".

Desde o primeiro contato com Luís, o preceptor Ramiz Galvão enxergou longe a personalidade tenaz. Recusando-se a acolher o "doutor" e fechado em copas, Luís foi perguntado por que não falava. Resposta: "Porque não quero". O preceptor avaliou: "mais indiferente aos laços do coração e mais capaz de querer!". Luís queria muito.

Luís queria retornar ao Brasil, por que não? Gastão passou anos ministrando aos filhos lições sobre os reis da França, lembrando-lhes a origem da família Orléans e a alta posição por ela ocupada antes da Terceira República. Não há dúvidas de que a insistência no assunto, somada às expectativas que tinha sobre o filho, empurrou o príncipe a tentar sua sorte. Como ele mesmo se queixava:

"Tenho muito tempo, mas não sei o que fazer dele neste tempo sombrio, nos meus apartamentos ainda mais sombrios e povoados de pulgas. Eu me pergunto a cada vez que volto para cá se de fato eu não faria melhor em largar o serviço militar que não está na minha natureza para me consagrar a alguma coisa mais interessante".

Ir morar em Paris? Impossível. Não tinham dinheiro. E as mil coroas que recebiam do governo austro-húngaro mal davam para os gastos correntes, sem contar que os pais controlavam os bens da família. Diversões mundanas e bailes o cansavam. Pior. Havia um sentimento de desvalorização. De que servia ser príncipe? Ele continuava no mesmo posto no exército. Em carta ao pai, não escondia o ressentimento:

"Do ponto de vista militar, não tenho mais nada a aprender nos graus inferiores onde se obstinam em nos deixar. (O imperador, é verdade, não nos deve nada, mas, mesmo assim, se ao menos eu tivesse príncipes espoliados no meu exército, eu os trataria certamente mais favoravelmente.)"

Terá nascido em meio à indiferença dos pares, às economias familiares, às avaliações exigidas por Gastão e ao tédio o desejo de brigar pela Restauração? Algumas aproximações com o Brasil já tinham sido providenciadas. Ele publicou nos jornais os seus relatos de viagem – a excursão aos Alpes, por exemplo – e, em 1903, saiu o livro *Tour d'Afrique*, escrito nas horas de tédio na caserna de Neusiedl. O seu relato sobre uma viagem à Ásia, *À travers l'Hindu-Kush*, recebeu um prêmio da Sociedade de Geografia da França. Nesses textos, com farta descrição dos cenários percorridos, o que estava em jogo era a glória da aventura. As publicações o fizeram começar a sonhar em entrar para a Academia Brasileira de Letras. Afinal, ele e Pedro já pertenciam ao Instituto Histórico e Geográfico Brasileiro (IHGB), fundado pelo avô.

Nesses tempos, além de escrever, Luís se interessava pela situação internacional: Revolução Russa, a guerra imperialista russo-japonesa, as eleições na Hungria. Nascia lá, também, um movimento: o "catolicismo político", preocupado com causas sociais, com os malfeitos do capitalismo e a indiferença ante as desigualdades. O Papado se aproximava cada vez mais da República, o que dava muito o que falar, e os socialistas emergiam no cenário político. A aristocracia se dividia entre as correntes tradicionais e as mais avançadas. Tudo muito inspirador para ele que, segundo biógrafos, gostava de se expressar sobre os mais variados assuntos.

Mas o Brasil chamava e Luís o comia pelas bordas. Em carta à dona Joaquina de Araújo Gomes, baronesa de São Joaquim, escrita a 4 de abril de 1904, não esconde suas pretensões e retoma uma conversa que tiveram num trem entre Nice e Monte Carlo:

"A senhora sabe quais são minhas ideias e quais são meus desejos. Desde há muitos anos tenho refletido sobre as questões que tratamos nessa ocasião. Hoje cheguei finalmente à conclusão de que toda a minha vida e a dos meus irmãos deve ser orientada de um lado único: a restauração da Monarquia no Brasil. Durante muito tempo acreditei que esta restauração fosse coisa impossível. [...] os acontecimentos destes últimos tempos, a evolução política que se tem efetuado no

Brasil, várias conversas com pessoas vindas de lá, mudaram completamente a minha maneira de ver".

Afirmando ter querido "partir" havia muito tempo, pediu-lhe que sondasse João Alfredo, Ouro Preto e Lafayette, e enviasse a opinião deles por escrito. Para não comprometer ninguém, conformaria seus atos aos conselhos que lhe fossem dados. Luís estava informadíssimo pois em janeiro, durante a Revolta da Vacina obrigatória contra a febre amarela, houve outra investida monarquista. Afonso Celso, filho do visconde de Ouro Preto, várias vezes conclamou o Exército a reagir contra a "tirania sanitária" do governo.

Nas ruas do Rio de Janeiro, explodiram violentas manifestações populares. Os comícios e os choques com a polícia geraram um clima de revolta. Ouro Preto apostava no caos contra o governo e dizia: "quanto pior, melhor". Uniram-se novamente os monarquistas restauradores, republicanos descontentes e militares jacobinos. Os cadetes da Escola Militar foram incentivados a aderir à rebelião. Houve tiroteio com as forças do governo federal. Policiais, junto com militares da Marinha e do Exército, conseguiram controlar a situação. A presença de militares no movimento obrigou o governo, que precisava de seu apoio, a anistiar os envolvidos. Isabel tudo acompanhou graças à correspondência com o amigo João Alfredo.

Mas o bom amigo de Isabel não lhe dava grandes esperanças. Em carta de 24 de outubro de 1905, João Alfredo esclarecia que a ação dos monarquistas não estava "definitivamente delineada" e que dependia das circunstâncias: "Para uma revolução nacional, legítima, quando se trata de uma justa reivindicação e de salvação pública, temos a opinião, mas faltam os meios de combate. Para jogarmos com um elemento de eficiência certa [...] o terreno ainda não está aplainado".

Em 28 de outubro de 1906, fechou os olhos em sua residência, à beira-mar, entre a Igreja da Glória e o Passeio Público, o aliado Franklin Dória, marido da fiel Amandinha. Desde o mês de abril, o barão de Loreto confessava e comungava em casa, recebendo apenas a visita de velhos monarquistas como Joaquim Nabuco. O Rio de Janeiro imperial tinha desaparecido sob a construção de ruas largas, a avenida Central e as obras do porto ordenadas por Rodrigues Alves. Os velhos políticos se extinguiam e gente nova tentava dar ao país o governo dinâmico que a República prometeu.

No ano de 1907, foi a vez de Antônio fazer a viagem já realizada pelos irmãos: Montabrout, Jaipur, Baroda, Agra, Delhi, Dobjakart, Tosary até Surabaia, na Indochina; no Japão, Yokohama, Tóquio, Quioto, Kobe; na China, Pequim, Mukden, Harbin; na Rússia, Irkutsk, Moscou, São Petersburgo; e também Varsóvia e Berlim, voltando para a realização de exercícios militares que se realizariam na Hungria. Totó arrastava os pés. Ele queria dar baixa do exército e Gastão ameaçava: só com casamento! Porém, manobras militares começaram a pipocar em todo o Império em meio a rebeliões nacionalistas e atentados terroristas.

Ele escreveu várias vezes ao pai pedindo-lhe que enviasse uma solicitação de licença e mudança para um batalhão mais próximo da Áustria. Uma queda de cavalo o afastou temporariamente da caserna, mas logo recebeu o ultimato: ou voltava à ativa ou era aposentado por invalidez. Apesar dos laços familiares, o imperador Francisco José fechou os ouvidos para seus pedidos. A perspectiva de guerra se acelerava. Enquanto a guerra não vinha, o regimento se exercitava sob frio intenso. Em meio à movimentação das tropas, Antônio dizia-se "farto da má comida, da falta de sono e do ofício militar", como escreveu ao pai.

Adoeceu. Um resfriado o levou ao fundo do poço. Aceitava até se casar e concordava "com o que querem". Faria visitas em busca de um par. Ironizava: teria também que incluir as arquiduquesas velhas e solteironas? E terminava, ameaçando:

"[...] não será me fazendo ficar aqui que isso acontecerá a menos que me forcem moralmente ou fisicamente e neste caso eu não teria senão que fazê-lo, mas desobrigado de toda a responsabilidade". Os três irmãos eram cativos. Mas reagiam como podiam ao destino definido por seus pais. Só quando a guerra atingiu a França foi que, alarmado, Gastão começou a buscar alternativas para o filho.

Em dezembro, os pais levaram Pedro a Lisboa para visitar o Panteão onde estavam enterrados D. Pedro e D. Teresa Cristina. Visita curta. Não se sabe se para pagar promessa ou para rezar pela alma dos imperadores. A porta gradeada foi aberta pelo cardeal patriarca chamado às pressas. Depois, Isabel ficou no hotel e Gastão saiu para um passeio com o filho. Segundo um jornalista: "Sua Alteza não mostra os traços fisionômicos da idade que tem: 61 anos. Apenas a brancura dos cabelos denuncia a existência já longa que não apagou ainda o ricto jovial da mocidade. O cavanhaque quase branco e o bigode farto lhe dão um ar de marcialidade que não escapou a um dos nossos oficiais. 'Bem se vê que foi militar, disse ele' [...] herói da Guerra do Paraguai. A senhora D. Isabel apesar dos seus 57 anos conserva a boa cor e imponência da casa de Bragança. As suas maneiras despretensiosas cativam toda a gente. O príncipe D. Pedro de Alcântara é um belo tipo de homem louro, forte e sanguíneo". Outro jornal dava o grupo incógnito, apresentando-se como barões de Curitiba.

Enquanto isso, Luís mantinha-se fiel ao projeto. Enviava sugestões ao pai que, a princípio, ponderava sobre suas intenções. Luís queria juntar a Monarquia tradicional e conservadora, adaptando-a aos novos tempos sob o risco de vê-la varrida da História. Ou eliminada a tiros. Foi o que aconteceu numa série de atentados a monarcas que sacudiram a década, a começar pelo assassinato de seu parente, o rei D. Carlos III, e seu filho primogênito, o príncipe Luís Felipe, no Terreiro do Paço, em Lisboa, em meio à atônita multidão que os aplaudia.

Enquanto Luís se animava, o movimento monarquista entrava em declínio no Brasil. O presidente eleito, sucessor de Campos Salles, foi Rodrigues Alves, que venceu também os movimentos radicais dentro do exército e as greves populares. Ex-conselheiro do Império, foi um republicano de primeira hora. Tinha um programa que interessava à sociedade: modernização das capitais, saneamento básico, construção de portos e ferrovias, luta contra epidemias que varriam as cidades litorâneas. O domínio das elites, especialmente as paulistas, se consagrou em seu governo. Enquanto isso, o movimento monarquista se interiorizou e rediscutiu suas posições.

A proposta de uma "monarquia republicana" baseada na estrita disciplina de inspiração germanófila, ideia de Luís proposta a Martim Francisco, em vez de ajudar, feria os projetos do Diretório Monarquista.

Este, além de se sentir desprestigiado, não admitia que um soberano abandonasse o Poder Moderador – um assunto que surpreendentemente não interessava ao príncipe. Em resposta, Luís passou a se corresponder com grupos monarquistas dos estados, criticando a inação do Diretório. Ele conseguiu acender pequenas chamas no Rio Grande do Sul, Ceará e no interior de São Paulo. Apostou na propaganda, mas não conseguiu acordar o movimento, que, aliás, passava por uma intensa autocrítica. O interlocutor importante na época foi o professor e jornalista Carlos de Laet, que lhe confessava:

"Folgo de saber que também a Vossa Alteza não apraz a inação em que temos vivido. Ela se explica, aliás, por três causas, cada qual mais deplorável. Primeiramente (ouso dizer com franqueza) a atitude da Família Imperial destronada. Correu a lenda, mesmo desmentida, de que o imperador era infenso a toda e qualquer reação. E neste particular – por que não o dizer, até mesmo Vossa Alteza é culpado. Quando de Vossa Alteza escreveu seus livros, sempre esperei que os fizesse olhando para o Brasil, onde seriam lidos. Mas as obras nunca foram aqui expostas à venda! Nunca foram traduzidas [...]. A família banida tudo tem feito para que dela aqui não se lembrem. É, talvez, austeramente nobre; mas não é político. Perdoe-me Vossa Alteza o desafogo de um sentimento longamente sofrido e recalcado".

Em segundo lugar, os homens postos à frente da causa não possuíam as "energias suficientes" para enfrentar a violência da República. Eram estudiosos, habituados às "lutas da Tribuna". Acreditavam que a Restauração seria coisa fácil. Enganaram-se. Pior, estavam sem lideranças. Em terceiro lugar: os intelectuais nas mãos do governo, a corrupção, a "bestialização popular". Tudo perdido? Não, mas era preciso trabalhar. Quando Laet escreveu, já era tarde. Os monarquistas estavam velhos e se recolhiam para morrer.

Luís não desistiu. Para efetivar seu plano, precisava se afastar do Exército austro-húngaro. Impaciente, abandonou a caserna sem autorização dos superiores, o que lhe custou problemas ao voltar. Sua mãe nada fez para impedi-lo. Porém, a viagem ao Brasil estava longe de ser aprovada pelo Diretório Monarquista do Rio de Janeiro. Ali se concentrava a velha guarda de conselheiros: João Alfredo Correa de Oliveira, o visconde de Ouro Preto, Lafayette Rodrigues e Domingos Figueira, um dos mais combativos opositores da República. Em São Paulo, em torno da faculdade de São Francisco, reuniam-se os membros mais organizados: João de Almeida Júnior, José de Queiróz Aranha, Eduardo Prado. Eram autônomos em relação ao Rio de Janeiro. Com o fracasso do movimento restaurador de 1902, ficou claro: sem as Forças Armadas, era impossível derrubar o regime.

Em 1906, Luís tentou se aproximar do exército brasileiro, através de um plano enviado ao conselheiro João Alfredo. Apresentava-se como "militarista de coração" e elogiava o exército alemão, modelo do "complemento indispensável da prosperidade de um país". As "classes armadas" seriam importantíssimas para a sustentação do trono. O exército seria uma escola de cidadania e de educação para a "alma popular", afirmava. Elogiava o marechal Hermes da Fonseca e sua atuação no Ministério da Guerra. Convenceu Gastão, dizendo que sua aproximação com o exército era apenas uma estratégia política, "útil para dar de nós a ideia de que somos fundamentalmente militaristas".

Gastão aderiu. Nos bastidores, tentou articular uma acolhida favorável ao filho com Afonso Pena, o barão do Rio Branco e Hermes da Fonseca. Cartas de recomendação chegaram a ser escritas, mas foram abandonadas com a anotação de próprio punho, feita em abril de 1906: "projetos aos quais não se deu seguimento". O comportamento apressado de Luís anulou as negociações de bastidores.

O Diretório não estava interessado num Bragança vivo. Mas no morto. Junto com Gastão e Isabel, queriam transladar os despojos de D. Pedro e D. Teresa Cristina para o Brasil. Isabel se opôs, pois só admitia a transladação dos despojos se viesse junto a abolição do banimento. Escrevia a João Alfredo, seu antigo ministro, explicando que não admitiria ver partir os restos "de quem tanto amei", podendo rezar "por perto" por eles. Em 1910, a proclamação da República em Portugal a fazia indagar, aflita: "Ficam eles em Lisboa, à mercê de quem?".

A entrada de Luís em cena mudou o foco. Mas não para todos. Para começar, suas posições políticas conflitavam com as dos fiéis ao

Império do avô. Por isso, os monarquistas cariocas o achavam "impertinente". Falavam em "caminhos furtados e intrujices" para se referir às suas manobras. Diante da falta de apoio dos cariocas, Luís migrou sua correspondência para São Paulo. Lá havia desejo de Restauração, mas não a volta dos tempos de D. Pedro. Os paulistas publicaram o Álbum Imperial – *quinzenário político e literário* e desafiaram os cariocas. Ou o Diretório assumia a "orientação firme do movimento" ou cada um para o seu lado.

Diante do silêncio da velha guarda, os paulistas resolveram concorrer nas eleições de 1906. Havia um número expressivo de cafeicultores entre os monarquistas e, diga-se, cafeicultores preocupados, pois os preços internacionais do café despencavam. Anteviam prejuízos. Para achar uma política de valorização do produto que fosse o número um na pauta de exportação, São Paulo, Minas Gerais e Rio de Janeiro se uniram no Convênio de Taubaté. Encontraram resistência no presidente Rodrigues Alves, que se recusou a manter uma política cambial favorável às exportações. Em resposta, o governo de São Paulo passou a comprar o produto excedente para manter o preço. O descontentamento com o governo reorganizou os quadros do movimento monarquista em São Paulo, e Luís emergiu como uma solução: Restauração à vista para resolver os problemas do país.

A pressa de Luís, visível na correspondência com Ouro Preto, acabou por melindrar o velho conselheiro, que achava imprudente a decisão da viagem. Isabel, por sua vez, manobrou, pedindo a João Alfredo para obter dos colegas "alguma coisa que acalme o Luís ao mesmo tempo que não o deixe cair em desânimo. Ele está cheio de boa vontade para trabalhar por nossa causa". Até com o irmão, Luís adiantou o assunto: "Eu conversei sobre política com Pedro no outro dia pela primeira vez depois de muito tempo [...]. Seu único desejo é que eu me case para que, uma vez feito isso, ele possa por sua vez se casar" – registrou em carta para Dominique, o filho da condessa de Barral, seu amigo de infância.

Em Paris, em abril de 1907, dizendo-se "bastante penhorado" ou agradecido pela visita, Luís concedeu uma longa entrevista ao jornalista Fernando Mendes Júnior, do *Jornal do Brasil*. Tinham combinado a pauta. Uma foto no centro da página exibia o jovem de cabelos gomalinados divididos por uma risca, uniforme militar e o olhar firme para o além. A desculpa de visitar a América do Sul, mas "sem tocar no Brasil", era uma escalada dos Andes. A entrevista girou em torno da viagem, "resultado de um desejo contido e só agora realizável". Ele não tencionava só "passar pelas águas e ver as terras brasileiras de longe". Anunciou a viagem ao Chile porque não podia revelar por completo o plano: passar alguns dias no Rio, ir a São Paulo e Petrópolis e depois visitar os campos de batalha da Guerra do Paraguai. Por causa do banimento, preferiu ocultar suas intenções. Perguntado se sua presença não seria vista como uma provocação política, argumentou que a atual constituição não previa a pena de banimento e que ele tinha ao seu lado o Supremo Tribunal Federal.

Um pedido de *habeas corpus* em favor da família imperial já tinha sido impetrado por advogados paulistas. Além do mais, ele não era o herdeiro do trono, e sim Pedro, que não o acompanhava. Os brasileiros eram muito hospitaleiros, portanto nada a temer. Caso fosse barrado, apelaria para a Justiça. Fez vários elogios a soldados e oficiais brasileiros – "corajoso, resistente, disciplinado e patriota". Perguntado sobre Joaquim Nabuco, esquivou-se de falar mal do antigo monarquista, agora convertido pela República a embaixador em Londres. E encerrava com diplomacia: ele e a família achavam "natural que os amigos políticos continuassem a servir o país com zelo". Melhor, porém, seria fazê-lo como Rio Branco, Ministro dos Negócios Estrangeiros e monarquista – a quem Gastão recomendou o filho.

Sempre valorizando o regime monárquico, Luís negou-se a comentar as vantagens da República Federativa e manifestou seu temor pela ingerência norte-americana na América do Sul, sobretudo na Amazônia. Perguntado, por fim, qual a posição dos pais diante da viagem, explicou: "O conde d'Eu não é contrário, assim como a Princesa, ao meu projeto. Somente como meus pais não querem que se veja nessa viagem um plano político preconcebido, foi que combinamos ter a minha visita à América do Sul um caráter todo incógnito".

Depois da entrevista, cujo vazamento proposital para jornais no Brasil foi considerado inoportuno pelo Diretório, os monarquistas cariocas compreenderam que não tinham controle sobre os atos de Luís. A quebra do segredo entre João Alfredo, Ouro Preto e a princesa azedou a relação. O Diretório se sentiu traído e desautorizado. João Alfredo transmitiu a Isabel o desapontamento dos correligionários. Assim que o plano foi revelado, o governo federal não perdeu um minuto e decidiu: o banimento seguia valendo para todos, inclusive para os netos do imperador.

E o plano desmoronou. O projeto inicialmente combinado com Gastão e João Alfredo consistia em desembarcar incógnito no Brasil, e só depois do fato consumado revelar sua identidade. Numa carta confidencial, porém, Luís contou que poderia adaptar o plano às circunstâncias "conforme tinha sido, inclusive, combinado com Pedro". Ele se perguntava se sua presença causaria temor à República ou se passaria batida. Porém, nos últimos dias da viagem foi reconhecido a bordo. Antes tivesse seguido o conselho de Gastão e não buscado o confronto aberto.

No dia 12 de maio de 1907, às vésperas do aniversário da Abolição, ao meio-dia, o vapor *Amazone* acostou no cais da capital. Uma flotilha de lanchas seguia o vapor. Alugavam-se botes para quem quisesse ir a bordo. O cais Pharoux estava coalhado de gente. Bandeiras se agitavam. O povo acenava para a figura sorridente do rapaz de chapéu *canotier* no tombadilho. Este, por seu lado, dizia aos jornalistas: "Que bela manhã está! Não sabe como me sinto feliz tornando a ver a minha terra. Não calcula a alegria que tive tornando a ver o Pão de Açúcar e o Corcovado!". Foi logo perguntando se o "Fernandinho" havia publicado a matéria do *Jornal do Brasil* e ouviu: sim. O povo aplaudiu? Sim. Mas o governo proibiu o desembarque. Leve tremor nos lábios do príncipe e ele: "Quis fazer uma experiência, por isso vim".

No elegante camarote de número 125, ele abraçou os comovidos membros do Diretório: Ouro Preto, Afonso Celso, João Alfredo. Carlos de Laet discursou: "A sociedade reverencia D. Pedro [...]. Por maiores que possam ter sido as vicissitudes da política, as paixões revolucionárias, o desvario dos homens, o passado segue intangível!". Um sargento da polícia que serviu nos campos do Paraguai ao lado de Gastão quis dar vivas à República e ao Império! Foi silenciado.

Ao ver a massa de pessoas que queriam tocá-lo, abraçá-lo e ouvi-lo, Luís chamou todos ao tombadilho. Distribuiu autógrafos. A cada monarquista que perguntava: "Mamãe como está?", respondia: "Boa. Papai também. Mandam lembranças". Não faltou quem, como o conselheiro Lafayette Pereira, considerasse a viagem "uma imprudência" e o dissesse em alto e bom som. Até João Alfredo confidenciou a Isabel que "politicamente o melhor teria sido ele ter vindo incógnito".

Cercado de amigos e admiradores, Luís conseguiu um feito: reacender os sentimentos monárquicos e mostrar à República que ela não era tão forte. Afinal, temia o desembarque de um jovem que só queria rever sua pátria. A bordo, uma festa: discursos, brindes e vivas à Monarquia e ao "ilustre rebento da Casa de Bragança". "Temos homem", ouvia-se em toda a parte. Isabel recebeu um telegrama dando conta do sucesso do filho às vésperas dos dezenove anos da Lei Áurea. E a propaganda não podia ser melhor: fotos nos jornais ao lado do negro Severino Antônio Pernambucano, de calças rasgadas e pés no chão. Na infância, Severino levava Luís aos banhos de mar no Flamengo. Perguntado por um jornalista se voltaria, não titubeou: "em três meses estarei de volta. Não lhe digo adeus, digo até a volta".

Luís não perdeu tempo e redigiu um manifesto: "Impedido de desembarcar em terras do Brasil, onde nasci e de que sempre tenho me mostrado afetuoso filho, não posso deixar de lavrar este protesto de violência que ora me é feita, tomo por testemunha Deus e a nação brasileira [...]. Brasileiro, como os outros que o possam ser, e sentindo vibrar em meu peito todas as fibras do meu patriotismo, revendo após dezoito anos de exílio às terras do Brasil, e não podendo nele desembaraçar, apelo para a opinião de meus compatriotas, para o mundo civilizado, para Deus supremo regedor das Nações e confio que um dia me fará a Justiça que é me negada".

Os republicanos reagiram: cidadão brasileiro, desde quando? Onde estava o passaporte? Não lutava no Exército austro-húngaro?

Ele explicou que não ganhava soldo, o que era meia-verdade. Em Santos, Luís também não pôde desembarcar. Martim Francisco liderou uma enorme comitiva, vinda de trem, de São Paulo. Foi festejado por mil pessoas no cais e cem no tombadilho. Distribuiu trezentos cartões autografados.

Só elogios? Não. O padre José Severiano de Rezende escreveu artigo duríssimo para o Álbum Imperial e avisou: suas opiniões "desconcertariam" outros monarquistas e a família. Querer desembarcar foi uma veleidade imperdoável à qual a polícia opôs óbices, com razão. Por que fazer um "balão de ensaio"? Poderia um príncipe ficar passeando pelas ruas como um comum cidadão? Onde estava a gravidade das intenções? Luís teria que desembarcar, sim, para ficar e reerguer a Monarquia. Ademais, o príncipe lhe pareceu "uma flor de estufa, melindrosa e frágil". Falava sem gravidade na voz. Piscava muito. Seu discurso não traduzia a experiência de quem dizia ter cruzado tantos mares, escalado tantas montanhas, conhecido tão diversos ambientes. Ele escrevia torto por linhas tortas. "Ai de nós", gemia o padre, que não gostou nada do representante da família.

À noite, o *Amazone*, escoltado pela política marítima, partiu em direção a Montevidéu. O Diretório entrou com uma ação de protesto contra o desembarque. Perdeu em duas instâncias. Os monarquistas paulistas, porém, continuaram apoiando o príncipe. Eles lhe deram cobertura jornalística, contando das recepções que teve em Buenos Aires ou em Mar del Plata.

Luís seguiu viagem. Trechos de seu diário de viagem também foram publicados no Álbum Imperial. Cruzou Chile, Peru e Bolívia. Em lombo de mula foi, via Cochabamba e Santa Cruz, até a fronteira do Brasil. Pisou solo brasileiro em Corumbá e Cáceres, de onde enviou um cartão-postal a Martim Francisco. Parecia dizer a todos: estou no Brasil! Passou pelo rio Paraguai, onde fotografou o "acampamento no salto de Avanhandava", também publicado. Aportou às margens do arroio Conceição, que separava Bolívia e Brasil, e, contornando o Brasil por via fluvial, voltou a Buenos Aires, de onde zarpou para a Europa.

Rescaldo

Lá chegando, em fevereiro de 1908, tomou uma bronca do pai. Gastão achou inadmissíveis suas iniciativas e opiniões políticas. Argumentava: a família lhe dava rédeas? Pois elas eram curtas. Ele tinha que acatar a opinião dos mais velhos e controlar suas iniciativas de comando. E ainda teve que ir se explicar com o imperador da Áustria, cujo exército abandonou sem dar satisfações. A recepção não foi ruim só do lado da família. Ele não ficou fora do radar do Império austro-húngaro, cujo canal diplomático foi lacônico nos comentários sobre o evento: "os sentimentos de fidelidade dinástica, no Brasil, significavam uma grande raridade [...] o partido monarquista tem demonstrado falta de energia decisiva, tanto no tempo da fundação da República como ainda hoje [...] nesta circunstância não [é] muito mais do que um sentimento de piedade reconhecida para com o soberano falecido".

Um diplomata português foi ainda menos indulgente: "O Príncipe nunca pensou em poder desembarcar, desde que vinha a rufar de tambor. Desejar desembarcar no Brasil só para ver o país e matar as saudades da pátria e fazer publicar a famosa entrevista era impossível. Só se explica a sua vinda por esta forma ou a falta de bom senso [...] ou na intenção de agitar o partido monarquista e avaliar sua força. Creio que Vossa Alteza não deve ter ido muito satisfeito da experiência e não posso ocultar que a impressão geral acerca do Príncipe e de sua visita foi desfavorável".

Outras consequências? O espalhafato das notícias sobre a viagem de Luís ao Brasil foi marcado por uma campanha antimonarquista na própria França. Jornais como *Temps* e *Liberté* vomitavam calúnias: D. Pedro teria vendido a coroa imperial, portanto não havia coroa a reivindicar. Ele teria aceitado abdicar e recebido um cheque de 15 milhões! Uma calúnia quando era sabido que nem os cinco mil contos oferecidos pela República D. Pedro quisera. Enfim, uma série de mentiras que tinha por objetivo descreditar os Braganças, mas também os Orléans. Ao atacar o imperador, atacavam-se os parentes da Casa Real de França.

Apesar da viagem malograda, a pressa era outra. Que Luís arranjasse logo mulher. Pedro e Lizie só poderiam se casar depois do casamento do "herdeiro". O que era recusado só alimentava os sentimentos do casal de namorados. Gastão e Isabel se atarefavam em garantir uma estratégia matrimonial dinástica para Luís. Depois de rezar muito e pedir a intervenção divina, Isabel arranjou-lhe uma esposa. E moça de família religiosa. Os biógrafos sabem pouco sobre como se deu essa aproximação.

Ele tinha trinta anos e ela também. Bonita como Lizie? Não. Um nariz comprido entre dois olhos azuis e miúdos e a boca de lábios finos não embelezavam Maria Pia, que, nessa idade, já podia ser considerada uma solteirona. Era uma prima, sobrinha-neta da imperatriz D. Teresa Cristina, e pertencia à Casa Real das Duas Sicílias. A consanguinidade não parecia ser problema e era considerada garantia de "pureza da raça". A família Caserta foi destronada por Garibaldi durante o processo de unificação da Itália. Luís e Pia se conheciam desde a adolescência, e, de acordo com a biógrafa Teresa Malatian, apesar do interesse da jovem pelo príncipe, só se casariam mais tarde. Era a quinta filha dentre onze filhos e seu pai também não possuía fortuna, sendo o mais pobre dentre os Bourbon-Sicília.

Luís não teve meias-palavras: "Estou decidido, contanto que papai me dê as garantias pecuniárias necessárias". Ou seja, viveria de mesada. Preocupado com as incumbências que assumiria como príncipe imperial do Brasil, escreveu à mãe: "O futuro há de mostrar se Deus deve ser louvado ou não. Estou, aliás, bastante contente. É sempre um alívio estar-se decidido – e Pia é perfeita. Se não nos agradarmos, nunca há de ser sua culpa. Ela é um modelo de tato e juízo". O noivo quis casamento discreto. Apenas as duas famílias, "lá pelo dia 15 de outubro", "em Cannes, com toda a simplicidade". Gastão pediu em carta solene a mão de Pia ao "caro primo". O conde de Caserta respondeu que não só consentia com o casamento como pressagiava para os noivos "o futuro dos mais felizes". Pia saberia "por sua afeição profunda e sua doçura" fazer Luís feliz.

E faria Isabel igualmente feliz. Além de pertencer à velha família aristocrática, Pia era a noiva ideal aos seus olhos. As convenções exigiam que mesmo uma mulher de trinta anos se mantivesse no estado de inexperiência, ingenuidade e ausência de desejos que já nem combinavam mais com sua idade. E tudo em consideração à família e aos bons costumes. Em carta à futura sogra, Pia se mostrava à imagem e semelhança das moças pudicas e dóceis, saídas de uma esfera esterilizada:

"Eu estou ainda todo emocionada de vossa boa e excelente carta e desejo vos exprimir o sentimento de alegria do qual meu coração transborda. Eu me sinto tão feliz desse título de filha que vós me dais e que eu me esforçarei para merecer, e da afetuosa confiança que me testemunha meu caro Luís, que eu teria dificuldade em expressar minha alegria. Eu temia não estar à altura da distinção que me é feita [...]. O anúncio que me fez Luís, vossa maternal distinção e a graça do bom Deus me ajudando eu espero responder dignamente a essa expectativa. Por mim farei todo o meu possível para me dedicar a ele, para agradá-lo e para me tornar digna de sua afeição. Em minhas preces de cada dia, eu pedirei a Deus a graça de bem cumprir meus deveres e, quando eu tiver necessidade de luzes, farei apelo à bondade e à experiência de minha cara tia, da qual receberei fielmente os conselhos como uma filha devotada e reconhecida [...]. Crede, cara tia, que eu vos amo já assim como ao caro Tio como uma filha muito reconhecida de ser aceita como tal, de vossa carta e da marca de afeição que vós me dais. Eu vos beijo respeitosamente a mão e me digo vossa sobrinha afeiçoada".

O casamento foi precedido pela renúncia de Pedro, que, finalmente, se casaria dez dias depois. O amor se imiscuiu nas combinações tradicionais. Ele não era mais efeito, mas a causa de uniões. O coração tinha razões que a razão desconhecia. Pedro provaria o gosto da independência, passando de filho a marido. A solução, encontrada pelos condes d'Eu, para o suposto dilema do casamento foi obrigar Pedro, detentor dos direitos inalienáveis à sucessão, a renunciar. Isabel teve que se explicar, pois choviam críticas: "Cada um escolheu seu rumo e penso que serão muito felizes" – explicou a Amandinha Loreto. E, depois de dar opinião sobre as noras, acrescentou: "Não é exato que o Príncipe [Luís] tivesse, como disse o *Jornal do Brasil*, falado na renúncia de Pedro por ocasião do almoço de casamento. Mas foi, com efeito, assinada dias antes do casamento de Luís".

Os pais atropelaram toda a legitimidade constitucional e jurídica. Sequer consultaram o Diretório Monárquico no Brasil. Um dos membros reagiu por escrito: "Francamente nunca percebi que uma mudança na ordem de sucessão facilitasse o restabelecimento da Monarquia". Em 30 de outubro de 1908, em Cannes, às vésperas do casamento de Luís, Pedro teve que escrever uma carta "renúncia", sem valor legal ou respaldo na tradição:

"Eu, Príncipe D. Pedro de Alcântara [...], tendo maduramente refletido, resolvi renunciar ao Direito que pela Constituição do Império do Brasil [...] me compete à Coroa do mesmo País. Declaro, pois, que por minha livre e espontânea vontade dele desisto [...]. Prometo por mim e por meus descendentes manter a presente declaração".

Contra tudo e todos, após oito anos de namoro e noivado, Pedro e Lizie se casariam em Versalhes no dia 14 de novembro de 1908. A lua de mel foi passada entre o sul da França e a Itália. Isabel, que foi tão feliz em seu casamento, não soube entender a escolha do filho. Parecia esquecida de que, aos 50 anos, ainda escrevia ao seu "querido Gastão", lembrando o enlevo com que o viu pela primeira vez "no aconchegante salão de mamãe em São Cristóvão".

Dizem alguns biógrafos que a manobra não passou de um capricho de Isabel. E ela assim explicaria o fato a Teresa da Baviera: "Quero também dar-te a notícia do casamento do nosso filho Pedro. Há mais de cinco anos que ele desejava este consórcio com a condessa Elisabeth Dobrzensky, de excelente família nobre e antiga. Como, porém, não era de família régia, demoramos nosso consentimento até que o Luís se casasse e, agora, entendemos dever anuir".

Mulher emancipada, grande viajante e profundamente humana, deve ter sido a vez de a princesa bávara torcer o nariz para o arrogante conservadorismo de Isabel. E essa já era uma época em que as "uniões livres" e os divórcios eram livremente admitidos na alta sociedade. Como tantas mães conservadoras, Isabel queria uma nora aristocrata que tivesse certezas absolutas sobre a religião e que conhecesse a textura de um suflê bem-feito.

E, sem perda de tempo, Isabel escreveu ao Diretório para tranquilizá-los: "Pedro continuará a amar sua pátria e prestará ao seu irmão todo o apoio que for necessário e estiver a seu alcance. Graças a Deus são muito unidos. Luís ocupar-se-á de tudo o que disser respeito à monarquia e a qualquer bem para nossa terra. Sem desistir por ora de meus direitos, quero que ele esteja a par de tudo, a fim de preparar-se para a posição, à qual, de todo o coração, desejo que ele chegue". Fica claro que, "sem desistir de seus direitos", Isabel também sonhava com a Restauração.

A lista de convidados para a cerimônia do casamento incluía membros da nobreza do Império, amigos brasileiros e nobres europeus. Cabeças coroadas? Nenhuma. Ausentes também os membros da família Orléans. Não há fotos de nenhum deles na cerimônia. Não há dúvidas de que não aprovaram a manobra da renúncia de Pedro. Renúncia que também não teve a benção do Diretório. Houve precipitação – comentava-se. Nas reuniões, houve quem discordasse da troca de herdeiros, afinal, para alguns, a Monarquia brasileira era eletiva. Até Ouro Preto era contrário à renúncia, sobretudo por incluir a descendência do príncipe D. Pedro. Ele lamentou a decisão e avisou a Isabel: comentaria apenas "o essencial" com outros monarquistas para não provocar mais críticas. No Brasil, o casamento teve pouca repercussão. A *Revista da Semana* publicou foto dos noivos na capa e deu breve resumo do fato. E não faltaram jornais republicanos a ironizar a noiva: os Bragança só se casavam com "destronados"! Não houve festa.

A lua de mel começou na Itália, em homenagem à família da noiva, e depois seguiram para a Índia, onde chegaram aos contrafortes do Himalaia. Lá, os sintomas da enfermidade de Luís reapareceram. Na volta, se instalaram com os Caserta, na casa dos sogros, em Cannes: a *villa Marie-Thérèse*. Os ares e o sol fariam bem ao reumatismo do príncipe. Ele não realizaria o desejo expresso numa entrevista dada ao *Jornal do Comércio*: "estabelecer-se como fazendeiro ou estancieiro em qualquer canto retirado do país". Pedro e Lizie também morariam com os pais, em Eu, e Pedro os ajudaria a reconstruir o castelo.

Nem as dores nem o casamento tiraram de Luís as preocupações com a Restauração. Mal chegado da lua de mel em Cannes, a 11 de novembro de 1908, na qualidade de herdeiro da coroa, ele escreveu longamente a João Alfredo. Enviou junto uma foto da cerimônia, lamentou a ausência do amigo e sobre a esposa explicou que "a falta de fortuna e o fato de pertencer a uma Casa não reinante" seriam compensados pelas "qualidades morais e intelectuais que o Brasil saberia apreciar". Esclareceu que qualquer problema com Pedro era mentira.

E indo direto ao ponto: a renúncia do irmão ao trono seria "a ocasião propícia para entrar em contato mais íntimo e mais seguido com os fiéis representantes de nossa causa, que é a causa do Brasil. O Senhor me conhece e espero que nossas conversas passadas o terão convencido de minha boa vontade e desejo de prestar à nossa Pátria todos os serviços que puder". E explicava: "a distância me tem impedido de cultivar relações seguidas com o Senhor e outros Chefes do Diretório. Para que a ideia de uma Restauração possa vingar, é preciso antes de tudo conhecer os que antes de tudo representam a dinastia. Peço aos senhores que me deem seu parecer sobre o assunto. Talvez pudéssemos aproveitar as circunstâncias atuais para publicar um manifesto do partido e assim iniciar a formação do eleitorado, a representação no Congresso, o trabalho insistente e pertinaz na imprensa. No isolamento em que vivemos, só podemos criar uma imagem imperfeita da situação atual. Os Senhores podem me aconselhar, ajudar-me a criar uma personalidade, dando-me um valor político [...]. Aceite um apertado abraço de seu grato, Luís".

O que se ouvia na carta mais parecia a voz imperiosa de Pedro I do que a de D. Pedro II. Membros do Diretório não gostaram do tom autoritário.

Mas quais eram os projetos de Luís? O primeiro, intitulado Manifesto de Cannes – cidade onde morava –, foi publicado em *O Estado de S. Paulo* em 17 de abril de 1909 e no *Jornal do Comércio* em 18 de maio de 1909. Era referendado por Isabel, que explicava haver ali "ideias muito sensatas". Para Luís, o Exército seria o "sustentáculo do trono". Inspirado por sua experiência nas casernas austro-húngaras, acreditava que valores militares como honra, nobreza e estilo de vida garantiriam o sucesso do projeto. Aos aristocratas, seriam dados os cargos militares e diplomáticos mais elevados. O nacionalismo seria o valor supremo em meio ao crescimento do capital industrial. A Alemanha do *Kaiser* Guilherme II inspirava. Havia também que incorporar o movimento operário e criar uma legislação para atender às suas necessidades: saúde, acidentes de trabalho, aposentadoria. A aliança entre capital e trabalho nada tinha de socialista, como quiseram alguns. Ele, mais uma vez, se inspirava em Bismarck, agregando-lhe a calda da Encíclica *Rerum Novarum*, que militava contra o socialismo e o comunismo e se comprometia "em que todas as classes empreguem em comum as suas luzes e as suas forças para dar à questão operária a melhor solução possível".

A Restauração viria, não para recriar o Brasil de D. Pedro II, mas para adaptar-se às "circunstâncias novas" e aos "grandes problemas que precisam de uma solução na sociedade moderna". Dirigindo-se ao Diretório Monárquico, Luís se apresentava como defensor da dinastia Bragança. O antigo discurso tão bonito sobre a Abolição tinha que dar lugar à aliança entre capital e trabalho. Os velhos monarquistas torceram o nariz.

E o fizeram pois entenderam que a concepção federativa proposta por Luís, com a criação de diretórios estaduais e municipais independentes, elementos de "desarmonia e desconjuntamento" da nação, quebrava o monopólio de comando. Os velhos monarquistas repudiavam a descentralização. Achavam que tais medidas prejudicavam a causa. Lamentavam a "abnegação de D. Pedro de Alcântara", que, sem dizê-lo, preferiam ao irmão Luís ou ao seu projeto. Ou seja, não aceitavam a renúncia. Sem contar o ressentimento sobre as acusações de inação. Como, então, Luís não sabia que eles sofreram exílio e perseguição? E não sabia que oferecer títulos nobiliárquicos aos militares era uma forma de desprezar seus brios? Por fim, eles valorizavam o poder moderador que Luís ignorava e só publicariam o manifesto de que discordavam sob ordens expressas de Isabel.

A princesa recuou. Desculpou o "zelo" do filho e insistiu: não via nada de inconveniente, mas, se o Diretório encontrava razões para não publicar o manifesto, ela acatava. Porém, Isabel não iria abandonar o projeto alentado durante anos para o filho predestinado. Insistia num substitutivo que "fizesse Luís benquisto no Brasil" e recomendou: "Seria bom que a expressão do grande interesse que Luís toma pelas coisas do Brasil apareça sem mais tardar agora que ele entrou na vida de casado e de herdeiro do trono de nossa pátria". Luís estava encarapitado em novas e sedutoras possibilidades e estimulado por seus pais.

E, por isso, Luís malhava o ferro frio: havia urgência na situação; ele precisava ser mais conhecido; a viagem para o Brasil foi uma missão que lhe deu a Providência Divina. Como chefe natural do partido, dele viriam as decisões e a vitória. E explicava: queria transpor para a política as normas aprendidas no Exército. Hierarquia, disciplina e primazia da ofensiva sobre a defensiva. Batia pé na questão federativa e no apoio dos militares. Terminava pedindo desculpas pelo excesso de franqueza, mas não pela publicação do manifesto, que logo foi esquecido pelo povo.

A dura resposta não demorou. Se apoiado em "informações inexatas" D. Luís quisesse organizar um novo partido do qual fosse chefe, o Diretório lhe desejava sucesso. Descrentes de qualquer possibilidade de Restauração, seus membros se tornariam guardiões da memória de D. Pedro II e permaneceriam fiéis à princesa e sua família. Os monarquistas estabeleciam limites e mais: os ampliavam. Eles só agiriam quando a República ruísse sozinha. Antes disso, consideravam qualquer ação inútil.

Luís entendeu o recado e passou a se apoiar em Carlos de Laet e no grupo de São Paulo. Apenas João Alfredo, velho amigo de sua mãe, optou por ficar do seu lado. Ainda assim, transmitiu à princesa o que pensava: Luís deveria se manter sempre "na alta esfera de ação mais tutelar do que diretiva [...] sem uma palavra ou gesto que pareça política militante ou iniciativa extraconstitucional, ou que se interprete como invasão de poderes, sobretudo o poder constitucional". Lembrou-lhe que D. Pedro I teve que abdicar por não obedecer à Constituição e que o poder moderador de D. Pedro II era muito criticado. Mas havia uma brecha: a eleição de Hermes da Fonseca.

Greves operárias, lutas entre policiais e estudantes, descontentamento público e queixas das classes conservadoras se acumulavam. Falava-se em próxima "ditadura militar", tendo à frente o então Ministro da Guerra, Hermes da Fonseca, antigo ajudante de ordens de Gastão. Luís era um militarista, apaixonado pela revolução que Bismarck fez entre as armas alemãs, e admirava a reforma que o futuro presidente fizera no Exército brasileiro. Enquanto isso, crescia a Campanha Civilista. Ela tinha Ruy Barbosa de um lado e Hermes da Fonseca do outro. Apesar de ter inovado, circulando e palestrando pelo Brasil afora, inclusive na famosa Conferência de Paz de Haia, Ruy perdeu para o militar as eleições no dia 1º de março de 1910.

Durante a campanha, os monarquistas viram a possibilidade de avançar sua causa. Afinal, estavam convictos de que a Restauração só se daria com o apoio das Forças Armadas. Mais: acreditavam que, ao alcançar postos no Exército e na administração, poderiam revogar o decreto do banimento da família imperial e trasladar os restos mortais de D. Pedro II e de D. Teresa Cristina. Porém, muitos monarquistas, como Eduardo Prado ou Ouro Preto, abominavam a ideia de aliança com os militares sugerida por Luís. E não era só. Ainda havia os monarquistas que resistiam à renúncia de Pedro ou mesmo questionavam o papel da princesa como herdeira do trono. Não existiam caminhos sem pedras que levassem à Restauração.

O cerco a um possível governo Hermes da Fonseca começou. Em carta aos correligionários, Luís louvava o "governo honesto e forte" que considerasse os problemas por prisma administrativo e não político, além do homem "enérgico e honesto". Ele não percebia que a candidatura de Hermes não representava o Exército, mas uma jogada que buscava a conciliação entre São Paulo e Minas Gerais na sucessão de Afonso Pena. Apesar de alguns pontos em comum, inclusive a atenção ao operariado, Hermes era pessoalmente avesso à ascensão do militarismo na política.

Luís resolveu manter seu apoio pessoal a Hermes, acreditando que a divulgação de suas simpatias pudesse ser útil à causa monarquista. Segundo ele, os antigos adversários doravante deveriam "contar conosco no terreno político que lhes pertencia totalmente". Mas tudo com discrição. Quando Hermes viajou à Europa, após as eleições, passou por Paris. Deu-se ali um encontro entre o príncipe e o presidente: trocaram-se palavras e um aperto de mão. Luís acreditava que o programa de Hermes da Fonseca era uma "cópia republicanizada" do seu programa monarquista de 1909.

Em 1910, em Bruxelas, no pavilhão brasileiro da Exposição Universal, Luís foi apresentado ao diplomata e historiador Oliveira Lima, que abraçou sua causa e escreveu um artigo publicado em *O Estado de S. Paulo* sobre a "iniquidade histórica" que foi o banimento. Tocado pela expressão "de melancolia" e simpatia que o príncipe irradiava, Oliveira Lima defendia a causa do translado dos imperadores falecidos e o fim do afastamento da família imperial. O artigo intitulado "Um príncipe brasileiro no pavilhão do Brasil em Bruxelas" tranquilizava os leitores: Luís nunca seria capaz de liderar uma guerra fratricida para recuperar o trono. E Luís, em carta que foi publicada em alguns jornais, lhe respondia:

"Sempre defenderei a causa da Monarquia tradicional no Brasil por julgar essa forma de governo a que melhor se adapta à mentalidade latina em geral e à do nosso País em particular; mas o que é certo é que nunca procurarei impor as minhas opiniões pela violência [...] a Restauração, se se fizer, só poderá ser a manifestação livre e indiscutível da vontade nacional [...]. A Restauração para se tornar prolífica não deverá erguer-se sobre as ruínas do país. Foi essa a razão de minha intervenção na recente questão das candidaturas presidenciais. Os meus amigos, estou convencido, hão de sustentar o governo do Marechal Hermes, contanto que ele siga o seu programa atual [...] que se parece com a carta-manifesto que há dois anos dirigi aos Chefes do partido monarquista".

Alguns passos

O presidente Hermes da Fonseca logo permitiu a instalação de uma estátua de D. Pedro em Petrópolis e tentou a transladação dos despojos da família. Na inauguração da estátua, ele se fez presente junto com os ministros das três armas, diplomatas e políticos do antigo e do novo regime. A palavra era conciliação. João Alfredo foi convidado a ocupar a presidência do Banco do Brasil e logo escreveu à princesa falando do reconhecimento do passado imperial nos novos tempos. Ela respondeu que ele se acautelasse para não violar as convicções monarquistas. Afinal, houve acusações de que ele estaria "aderindo" aos republicanos.

Enquanto João Alfredo movimentava a questão da transladação, Luís enviou dinheiro – um conto de réis – para que a Liga Naval Brasileira aparelhasse melhor a frota. Em julho de 1911, foi apresentado à Câmara o projeto de revogação do banimento e translado dos corpos. Uma das cláusulas, para facilitar o repatriamento dos mortos, mencionava a renúncia "das pretensões dinásticas". O projeto foi rejeitado pelos republicanos, mas também por Luís, que, numa carta-manifesto, se recusou a renunciar ao trono e reafirmou a disposição de agir, caso fosse chamado a "debelar alguma crise".

Durante o governo de Hermes da Fonseca, o Brasil afundou na Revolta da Chibata, na Guerra do Contestado e na "política de salvações", que consistia em fazer intervenções nos estados, substituindo os chamados presidentes civis por militares. O Marechal se tornou extremamente impopular e conhecido pela truculência com que punia inimigos. A aposta em Hermes da Fonseca foi um fiasco.

Enquanto isso, na França, o ano de 1911 foi o do lançamento da saia-calça pelo costureiro Paul Poiret, dos quadros cubistas no Salão dos Independentes, do roubo da Gioconda por um nacionalista italiano, do recorde de voo em altitude por Roland Garros e dos conflitos entre França e Alemanha no Marrocos. Nas usinas de automóveis Renault, instalou-se uma greve contra a cronometragem do tempo de trabalho, enquanto nos quarteirões chiques as senhoras folheavam o primeiro número do *Journal des Dames et des Modes*. Foi também o verão em que os três filhos se reuniram em Eu. Antônio veio de Neusiedl, na Áustria, onde estava baseado, pelo Orient Express. Pia e Luís traziam o herdeiro Luís Henrique nos braços, e Pedro e Lizie estavam felizes com a recém-nascida Isabelle ou Bebelle, que queriam apresentar aos tios.

Homens respeitáveis e mulheres de boa linhagem fugiam de prazeres egoístas da aparência juvenil e se multiplicavam religiosamente. Faziam filhos patrioticamente para servir ao país. Questões como impotência e esterilidade eram inquietantes, pois desconheciam-se seus mecanismos. O uso de preservativos masculinos fazia com que muitos se sentissem cometendo "infanticídio" – segundo os médicos à época.

Explicam historiadores que quem tinha títulos de nobreza tinha mais filhos do que quem não os tinha. Luís e Pia logo tiveram Pedro Henrique, Luís Gastão e Pia Maria, que nasceu um pouco antes do Manifesto de Montreux. Havia um temor generalizado entre as elites de "um suicídio da raça". Pedro também já tinha seu herdeiro: Pedro Carlos. Para os avós, os netos que circulavam entre Cannes e Eu eram os "pequerruchos", "queridos gorduchos" ou "queridinhos". E tinham apelidos: Pupa ou Bebelle. Só eram repreendidos quando pisavam nos canteiros da avó: "Diabinhos! Não estraguem minhas rosas!".

Segundo o mordomo Latapie, "o reumatismo de que D. Luís sofria ia um pouco melhor. D. Antônio andava sempre junto à mãe. E o conde d'Eu, sempre ocupado com a escrituração e a administração de Boulogne e de Eu e com as necessidades financeiras dos três filhos [...] muitas vezes tinha surpresas desagradáveis". Pobre Gastão, o dinheiro

À esquerda: cartão-postal fotográfico da família imperial sob bandeira do Império. Paris, França, c. 1902. Veem-se D. Pedro II e D. Teresa Cristina, logo abaixo a Princesa Isabel e o conde d'Eu, e mais abaixo os filhos do casal, os príncipes D. Luís Maria, D. Pedro de Alcântara, príncipe do Grão-Pará, e D. Antônio Gastão. Os retratos estão em pequenas molduras ovais sob a bandeira do Império e circundados por ramos de café e de fumo.

Castelo d'Eu.

Princesa Isabel e conde d'Eu. Viena, Áustria, 1883.

D. Pedro II no exílio, com a Princesa Isabel e D. Pedro de Alcântara, príncipe do Grão Pará. Cannes, França, 1891.

Princesa Isabel e os filhos D. Pedro de Alcântara e D. Luís. Áustria, c. 1890.

Princesa Isabel, conde d'Eu e seus filhos D. Pedro de Alcântara, D. Luiz Maria e D. Antônio Gastão. Cannes, França, c. 1891.

Princesa Isabel. Paris, França, c. 1898.

Conde d'Eu com seus filhos D. Luís, D. Pedro de Alcântara e D. Antônio fardados. Graz, Áustria, c. 1890.

D. Pedro de Alcântara e D. Luís. Wiener Neustadt, Áustria, c. 1890.

D. Pedro de Alcântara, D. Luís e D. Antônio. Castelo d'Eu, Normandia, França, c. 1905.

Princesa Isabel. Paris, França, c. 1910.

D. Luís Maria, D. Maria Pia e seus filhos. Paris, França, c. 1914.

D. Pedro de Alcântara, D. Elisabeth de Dobrzenicz e os filhos Isabele e Pedro Gastão. Paris, França, c. 1913.

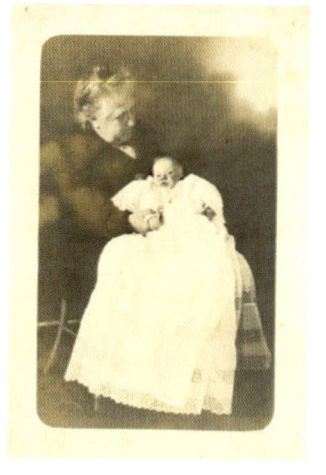

Isabel, condessa d'Eu, 1911.

Princesa Isabel e conde d'Eu cercados por seus netos. Castelo d'Eu, Normandia, França, c. 1917.

Princesa Isabel segurando os netos Pedro Gastão e Pia Maria e conde d'Eu com os netos Pedro Henrique e Luís Gastão. Castelo d'Eu, Normandia, França, 1913.

D. Maria Pia de Bourbon e D. Luís Maria, filho da princesa Isabel e do conde d'Eu, com seu filho D. Pedro Henrique. Cannes, França, c. 1909.

Princesa Isabel e conde d'Eu cercados por seus netos Castelo d'Eu; Normandia, França, c. 1917.

A Família Imperial reunida. Da esquerda para a direita: d. Antônio, em pé, princesa Isabel, sentada, tendo à sua frente d. Luís, sentado, d. Pedro de Alcântara, príncipe do Grão-Pará, e d. Augusto Leopoldo, ambos em pé; d. Pedro II, sentado, segurando um guarda-chuva, conde d'Eu, em pé, d. Thereza Christina e d. Pedro Augusto, ambos sentados. Jardim da chácara da marquesa de Itamaraty no Alto da Boa Vista. Rio de Janeiro, RJ, Brasil, c. 1880.

D. Pedro de Alcântara, filho primogênito da princesa Isabel, c. 1900.

Princesa Isabel e Gastão de Orléans, o conde d'Eu, no exílio. Normandia, França, 1919.

Conde d'Eu. Castelo d'Eu, Normandia, França, c. 1920.

Princesa Isabel. Castelo d'Eu, Normandia, França, c. 1920.

Fon Fon, 18 de maio de 1907.

REVISTA DA SEMANA

Edição semanal illustrada do JORNAL DO BRASIL

Anno VIII — N. 366   DOMINGO, 19 DE MAIO   Numero: 300 réis

S. A. O PRINCIPE D. LUIZ DE BRAGANÇA
(Photographia tirada a bordo do *Amazone*, por occasião da sua estada na bahia do Rio de Janeiro, em 12 do corrente)

A bordo do magnifico transatlantico *Amazone* da Compagnie des Messageries Maritimes, aportou no domingo ultimo á bahia de Guanabara Sua Alteza o Principe D. Luiz de Bragança Orleans, filho segundo da Princeza Izabel e do Conde d'Eu e neto de D. Pedro II.

Enorme era a multidão que aguardava curiosa no cáes Pharoux a entrada do paquete que conduzia ás plagas brasileiras um de seus mais dilectos filhos dellas afastado ha cerca de 19 annos.

Cerca de 10 1/2 horas o Castello assignalou a approximação do *Amazone*, que pouco depois do meio dia fundeava em nosso ancoradouro.

Um sem numero de lanchas, escaleres e rebocadores dirigiram-se lestos para a bordo conduzindo amigos e admiradores do illustre excursionista, afim de apresentar-lhe ás boas vindas.

O primeira pessoa a felicitar D. Luiz pela sua viagem ao Brasil foi um redactor do *Jornal do Brasil* que infelizmente teve tambem o desagradavel encargo de informar a Sua Alteza que o Governo tinha resolvido impedir — seu desembarque no porto do Rio de Janeiro.

Apesar do golpe profundo vibrado por essa noticia D. Luiz não perdeu a continencia, protestando immediatamente contra a severidade da medida contra elle tomada.

Minutos depois recebia o Principe D. Luiz, por intermedio do Major Trajano Louzada, a intimação official de não poder descer á terra.

Perante a autoridade policial de novo protestou o Principe, affirmando entretanto que era deveras brasileiro para não transgredir as ordens ditadas pelas autoridades de seu paiz.

Revista da Semana, 19 de maio de 1907.

Correio da Manhã, 13 de maio de 1907.

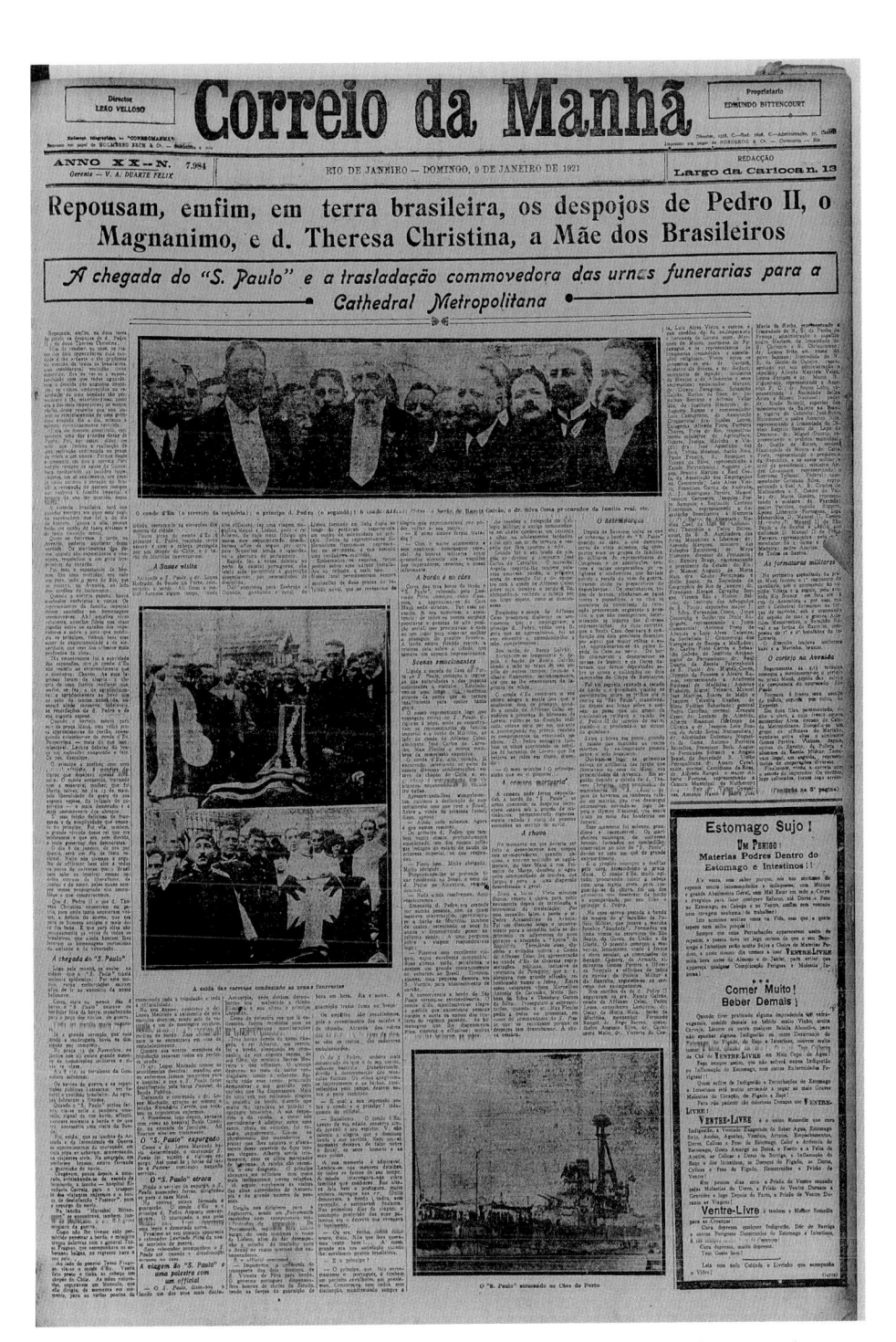

Correio da Manhã

ANNO XX — N. 7.984 — RIO DE JANEIRO — DOMINGO, 9 DE JANEIRO DE 1921

Repousam, emfim, em terra brasileira, os despojos de Pedro II, o Magnanimo, e d. Theresa Christina, a Mãe dos Brasileiros

A chegada do "S. Paulo" e a trasladação commovedora das urnas funerarias para a Cathedral Metropolitana

Correio da Manhã, 9 de janeiro de 1921.

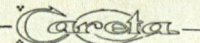

A chegada á Patria dos restos mortaes dos ultimos imperadores

A cidade revestiu-se de um ar consternado de prece nesse sabbado em que deviam desembarcar em terras do Brasil os despojos dos ultimos imperadores. Com elles vinham, revogado o banimento da familia Imperial, dois representantes da dynastia, o Conde d'Eu e o Principe D. Pedro, que pela primeira vez deviam pisar o solo desta grande Patria depois de proclamada a Republica.

O couraçado "S. Paulo" approximando-se do caes.
O desembarque das urnas funerarias e a multidão que as aguardava, vendo-se, ao fundo, o "S. Paulo" com a sua guarnição em uniforme branco.

Careta, 15 de janeiro de 1921.

Correio da Manhã, 16 de novembro de 1921.

PRINCIPE D. PEDRO DE ORLEANS E BRAGANÇA

SEU INESPERADO FALLECIMENTO, HONTEM, EM PETROPOLIS

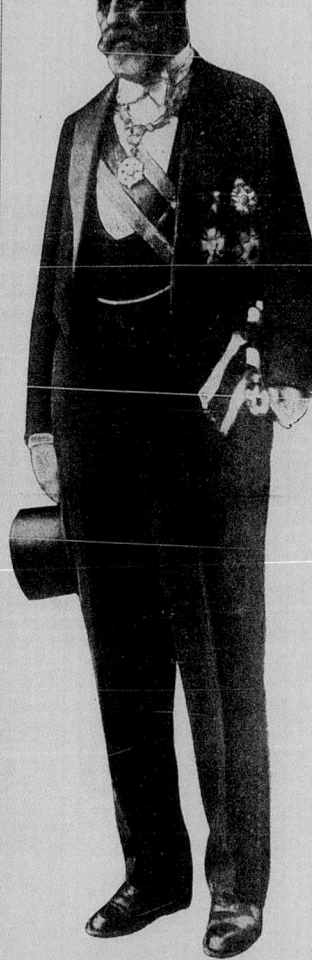

Correio da Manhã,
30 de janeiro de 1940.

O RIO HOSPEDARÁ' SEGUNDA-FEIRA ALGUNS MEMBROS DA FAMILIA IMPERIAL DO BRASIL

Depois de uma longa ausencia, regressa ao Brasil, no proximo dia 23, a bordo do "Mendoza", em companhia de sua familia, o illustre principe d. Pedro de Alcantara de Orleans e Bragança, filho da saudosa princeza d. Izabel, a Redemptora e neto do Imperador d. Pedro II.

Herdeiro do nome e das virtudes dessas grandes figuras da historia patria, d. Pedro de Alcantara é a suggestiva projecção no presente, de uma era de paz e de tranquillidade sob a vigilancia paterna de um monarcha a quem foi dado o justo epitheto de Magnanimo. Symbolo de um passado rememorado com gratidão, o illustre viajante merece de todos os brasileiros, independentemente de suas convicções politicas, o respeito e a veneração devidos a um patrimonio vivo da historia nacional.

Em sua qualidade de primogenito da princeza imperial d. Izabel, competia a d. Pedro de Alcantara substituil-a eventualmente no throno do Brasil, tanto mais quanto ao retirar-se de nosso paiz em 1889, o imperador d. Pedro II não reconheceu a legitimidade do novo regimen abdicando ou renunciando a Corôa, mas partiu, conforme declarou, "cedendo ao imperio das circumstancias". Em 1909, na cidade de Cannes, sua alteza renunciou por si e sua descendencia o throno brasileiro, passando-o para o seu irmão segundo, o inesquecivel principe d. Luiz, fallecido em 1920 em consequencia de enfermidade contrahida nos campos de batalha durante a Grande Guerra.

O principe d. Pedro de Alcantara viaja em companhia de sua illustre esposa, a princeza Maria Elizabeth e de seus filhos os principes d. Pedro de Alcantara, d. Maria Francisca, d. Thereza e d. João, além de duas damas de companhia, devendo fixar residencia em Petropolis.

A Acção Imperial Patrianovista, por sua chefia regional do Rio de Janeiro, prepara a suas altezas imperiaes expressiva homenagem por occasião de seu desembarque, significando aos membros da augusta dynastia os sentimentos de respeito e dedicação de centenas de nucleos patrianovistas espalhados por todo o paiz. Para tal fim, a Chefia Regional Patrianovista desta capital vem recebendo numerosos telegrammas de seus correligionarios de todos os Estados.

Gazeta de Notícias, 22 de dezembro de 1935.

A NOITE — Terça-feira, 24 de Dezembro de 1935

Os principes de Orleans e Bragança em Petropolis

Suas altezas foram habitar o tradicional palacete Grão Pará

D. Pedro de Orleans e Bragança e sua familia, ao desembarcarem hontem, no Rio.

PETROPOLIS, 24 (Da Succursal d'A NOITE, pelo telephone) — Petropolis hospeda, desde hontem, os membros da familia imperial, que chegaram hontem da Europa. Suas altezas, o principe D. Pedro de Alcantara Orleans e Bragança e sua esposa, princeza Elisabeth, que, em companhia de seus filhos, a princeza Thereza e os principes Pedro, Francisco e João, desembarcaram no Rio do "Mendoza", na mesma tarde de hontem viajaram para Petropolis, sendo aqui recebidos por numerosas pessoas.

A' entrada da cidade, postou-se grande numero de familias, dentre as quaes se destacavam figuras da antiga aristocracia brasileira, que compareceram especialmente para cumprimentar os membros da familia imperial, dando-lhe as boas vindas e transmittindo-lhes os votos de feliz estada em Petropolis.

Após o desembarque, rumaram os principes para o Hotel Max Meyer, onde fizeram ligeira refeição.

Em seguida dirigiram-se ao palacete Grão Pará, situado no Bosque do Imperador, e de gloriosa tradição na historia do segundo Imperio, pois ali se assignalou, durante as mais lindas festas de gala, brilhante época na vida brasileira, em que fulguron a elegancia e a fineza da alta sociedade de então.

Ahi, recebidos pelos zeladores e serviçaes do palacete, os principes retiraram-se para os seus aposentos, recebendo, depois, as pessoas intimas.

S. Alteza, o principe D. Pedro, que é petropolitano, tendo nascido nessa cidade em 15 de outubro de 1875, na antiga rua D. Affonso, pretende fixar residencia em Petropolis durante longo tempo.

A Noite, 24 de dezembro de 1935.

nunca chegava para as despesas e agora, além de Isabel, sustentava três famílias. Educado na França, ele sabia que ali o espectro da ruína era terrível. Bem mais terrível do que em países "novos" como a América do Norte. Quem caísse era pisoteado. A desclassificação era motivo de vergonha e excomunhão social.

Ao fim das férias, depois de passear bastante, Antônio seguiu para Viena. As relações entre a Áustria e a Sérvia estavam tensas. Seu regimento foi transferido para a Eslovênia. Sua intenção, tanto quanto a do mordomo que levou, era, em caso de batalha, voltar para a França. Já, Gastão queria ambos os filhos na frente de combate. Mas nada aconteceu, a não ser a troca de insultos entre os dois países pelos respectivos jornais, e, em outubro, o esquadrão voltou para Neusiedl. Logo depois, Antônio, que devia fazer seu estágio na Escola de Guerra em Viena, seguiu para a capital. Segundo o mordomo: "Ele pensava que ia começar a viver fechado durante quatro meses, mas, como queria obter uma boa classificação, seria preciso trabalhar; assim, durante um certo período, ele deveria se privar de sair à noite, o que, para ele, era uma coisa bem difícil. Ele recebeu muitos convites, mas não pôde aceitá-los". A vida mundana ficou de lado.

Em junho de 1910, Gastão chamou o vice-cônsul do Brasil, Virgílio Ramos Gordilho, e na frente dos barões de Nioac e Muritiba fez seu testamento. Deixava para "a muito amada esposa e Princesa Dona Isabel tudo o que as leis me permitem deixar-lhe. Estou certo de que meus queridos filhos nunca entrarão em contestação com sua mãe, submetendo-se todos a tudo o que ela desejar". Da herança dos sogros não havia o que dizer, pois se casaram com separação total de bens. Por que um testamento nesse momento? Não se sabe...

Nuvens escuras

Em novembro de 1912, cem mil pessoas se reuniram na periferia de Paris para protestar contra o risco de guerra. O barulho das botas e dos canhões ainda não tinha começado, mas rumores circulavam. Na mesma época, Luís já enfatizava aos seus interlocutores a necessidade da ação, a necessidade de criar um fato novo capaz de engrenar o movimento que ele acendeu com a tentativa de desembarque em 1907. E justificava: "No entanto, a sua posição excepcional de exilado fazia com que mesmo o melhor dos esforços enviados em prol da Restauração – incremento da propaganda, correspondência dilatada com correligionários e simpatizantes, os dois manifestos lançados à nação – não lhe parecessem nada mais que trabalho ainda e apenas intelectual, sem o correspondente lado concreto [...]".

Entre 1912 e 1913, Luís escreveu o Manifesto de Montreux, mas também *Sob o Cruzeiro do Sul*, seus mais importantes textos políticos, numa última tentativa de impulsionar a Restauração, contou Teresa Malatian. O livro impressiona pela qualidade literária e pelo tamanho: quase quinhentas páginas com lembranças da passagem pelo Brasil e ideias políticas. Ele custeou as três primeiras edições, que também encheu com reminiscências de infância e um balanço da queda do Império. Repetiu os argumentos: foi um golpe de militares indisciplinados, o povo indiferente, o imperador era por demais liberal, crises sucessivas teriam abalado os alicerces da Monarquia. Na questão da abolição, fez malabarismos: solidarizou-se com os grandes proprietários, afirmou que a abolição gradual teria sido o melhor dos caminhos, lamentou que ativa campanha da imprensa precipitou os fatos e, longe de visão exaltadora da obra de Isabel, preferiu explicar que não restou a ela senão participar de um poderoso movimento social afinado com seus sentimentos. Sobre o governo civil, louvou o progresso material, o desenvolvimento econômico e as obras de saneamento do Rio de Janeiro. Deu a mão aos republicanos arrependidos e comprometeu-se a conduzir a pátria, "pelas vias mais rápidas e seguras, à realização dos destinos superiores que a aguardam".

E, em carta de 20 de janeiro de 1913, Luís se justificava com o Diretório do Rio, que lhe resistia: "não sabia da decisão de mamãe, nem que Pedro renunciaria ao trono. Peço-lhes acreditar que sou absolutamente estrangeiro" a tal assunto. E, para convencê-los, insistia que "havia uma grande mudança na opinião pública. Começam a achar bonita a palavra Monarquia". Será que alguém acreditou?

No início de fevereiro de 1913, o seu sonho da Restauração pareceu se materializar mais uma vez. Cartas trocadas com o amigo de infância Nicolau Muniz de Aragão Menezes – neto do Visconde Nogueira da Gama, com quem brincou tantos verões em Petrópolis e que participou, ao lado de Saldanha da Gama, da Revolução de 1893 – o comprovam. Escritas de Cannes, elas informam a Nicolau que havia tempos ele tencionava ir ao Rio e só esperava "o melhor momento para a reedição" de seu projeto. Em Paris, numa recepção oferecida pela mãe, Luís foi apresentado ao Almirante Huet Bacelar, diretor da Escola Naval e ex-combatente ao lado de Nicolau e Saldanha da Gama na revolução federalista. Os brasileiros tinham ido à Inglaterra renovar a frota e acompanhar a encomenda de um encouraçado de doze canhões, o *Rio de Janeiro*, suspensa, posteriormente, por falta de fundos. Em Newcastle, onde estavam reunidos, membros da Marinha junto com Huet Bacelar fomentavam um golpe. Nicolau, impetuoso, patriota, fanático pela Monarquia, aderiu.

Luís começava a carta prevenindo Nicolau de que não convinha que "os adversários estivessem a par das relações que tenho com os representantes das forças armadas". Ele devia informar a Ouro Preto os que "estivessem dispostos a agir". "Por meu lado estou disposto a tudo", afirmava. Mas queria ter as garantias necessárias para evitar "qualquer efusão de sangue inútil". E insistia: "Nada de guerra civil. É preciso que a intervenção das classes armadas, quando se produzir, seja repentina e irredutível. Basta-nos aliás seguir o excelente exemplo que os próprios republicanos deram em 1889".

O lançamento do navio provocava a "atenção dos adversários" e por isso o cuidado em adiar qualquer encontro na Inglaterra. Que Nicolau viesse a Paris com "informações precisas sobre o estado dos camaradas". E Luís perguntava: "1º. Quantos são os oficiais da Marinha atualmente presentes em Newcastle? 2º. Quantos monarquistas <u>declarados</u> há entre eles? 3º. Quando se espera o regresso do Almirante Huet Bacclar? 4º. Quando o Rio de Janeiro havia de seguir para o Brasil?". Ao fim, assinava-se o "muito amigo Luís" e recomendava a maior discrição a Nicolau e seus amigos.

O resultado dessa troca de cartas foi um vazamento. Houve perseguições. Oficiais da Marinha suspeitos de trabalhar em favor da Monarquia foram ameaçados de desterro. Huet Bacelar teve que dar declarações de fidelidade à República e ficou proibido de gozar de qualquer intimidade com Luís. Apesar da tentativa fracassada, o príncipe tinha apoios que alimentavam seus sonhos de Restauração.

Em agosto de 1913, o Manifesto de Montreux circulou em jornais e folhetos brasileiros e foi até publicado nos Anais da Câmara dos Deputados. Apesar de decepcionado com Hermes da Fonseca, as energias de Luís estavam totalmente mobilizadas pela questão da Restauração e a correspondência com monarquistas brasileiros. O programa de Estado que concebeu versava aspectos estruturais e institucionais, incluindo temas avançados como os cuidados com as classes trabalhadoras, Monarquia federativa com partidos políticos fortes e sustentação militar do trono. Nesse texto, incluiu o tema do poder moderador, sem desenvolvê-lo. Basicamente, comparava os dois regimes, mostrando as benesses do Império contra a ruína da República. Em carta a um monarquista, por exemplo, insistia que "devemos convencer o operariado da verdade de que, no caso de uma Restauração, a sua situação só poderia melhorar". O remédio? Leis justas e sábias. Assinava-se só Luís de Bragança.

Em dezembro de 1913, Gastão escreveu à baronesa de Loreto contando do inverno inclemente: "Já me sinto farto da neve". Isabel na missa pelo aniversário de morte da mãe. Totó "sempre cheio de convites mundanos". Luís e Pia em "interessante viagem pela Sicília" com passagem por Roma. Pedro e Lizie no castelo com os pais. Ao fim da carta lamentava a notícia: o Senado rejeitou a "louvável ideia de transferir para o Brasil os restos dos saudosos imperantes".

Era um inverno como outros tantos que cobriam de neve o castelo, a esplanada com vista para a cidade e o parque com belas faias. O jardim concebido por Le Notre desaparecia num colchão branco. No verão, centenas de roseiras floriam nos canteiros geométricos agora afogados em gelo. A casa grande e pouco aquecida oferecia banhos frios. A família de Pedro morava no chamado "Pavilhão dos Ministros", que dava para o pátio principal e compreendia os aposentos do casal, os quartos das crianças, as salas, o escritório de Pedro e dependências de serviço.

Pedro delegou a Lizie a tarefa de fazer a lista de atividades domésticas exigidas pelos pais. Ela escrevia a "minha querida mamãe", assinando-se "a filha reconhecida" ou "beijando-a ternamente". E Lizie tranquilizava Isabel: "Pedro vai escrever este mês ao Papai". Informava ainda que as flores estavam lindas ou que a caldeira que esquentava a água tinha derretido. Num dos 22 quartos da construção, Pedro instalou uma oficina de carpintaria, pois D. Pedro exigira que, desde pequenos, seus netos conhecessem um ofício manual. Ali fazia brinquedos, caixas e outros utensílios que divertiam a família. Inclusive uma bicicleta de madeira ou um novo galinheiro! Em outros cômodos, cheirando a giz, tinta e papel e decorados com bambus e passarinhos, ficavam as salas de estudo das crianças. No escritório, em meio à coleção de cachimbos que a pequena Isabelle gostava de limpar, Pedro se debruçava sobre "contas". A respeito de dinheiro e outros assuntos, Gastão continuava a "tiranizá-lo" – expressão da própria Bebelle.

Gastão e Isabel, Luís, Pia e filhos moravam no castelo. Antônio, depois de um período obscuro, já estava fora da Áustria e veio ter com eles. Toda a família possuía cavalos e a equitação e as caçadas eram esportes praticados normalmente. Morar junto era tradição na aristocracia.

No verão, frequentavam a praia de Tréport, onde as crianças pescavam camarões, catavam mexilhões nas pedras e construíam castelos de areia. Nos dois quilômetros que separavam o castelo e Tréport, um prado que pertencia a Gastão prestava-se às corridas de cavalo. Nos domingos, jantavam todos juntos com os avós, e Isabel distribuía aos netos torrões de açúcar de beterraba molhados no café. As fotos revelam uma "vovó" adorável com Isabelle, Pedro, Pedro Henrique e Luís Gastão. Doce, mas severa. Mimava especialmente a endiabrada e linda Bebelle.

Já Gastão controlava os netos, como fizera com os filhos. Ao fim das refeições, *"Bon Papa"*, como era chamado, perguntava sobre tudo o que tinham feito ou iriam fazer. O relatório era passado por Bebelle – contou a prima Pia Maria. Bebelle era amada por todos que tinham contato com ela, principalmente pelas damas de companhia. Quando a Princesa Isabel lhe dava algum dinheiro, ela comprava balas e, enquanto os empregados estavam ocupados com seus trabalhos, ela entrava na copa e colocava uma bala junto aos talheres de cada um.

Se durante os longos invernos a boca dos poços de água era coberta com tampas para evitar que congelassem, os salões se aqueciam com a presença dos netos, que agora já eram cinco. Cada um que nascia era levado em peregrinação a Lourdes e consagrado a Nossa Senhora. Desde cedo, eram ensinados a rezar e devoções e procissões faziam parte da agenda familiar. Na festa do Corpo de Deus, as crianças colhiam flores para o altar da igreja. Havia préstito e banda de música. Pedro segurava o cordão do pálio e os filhos, pequenos missais e rosários recebidos como presente de aniversário. Às sextas-feiras, a missa era obrigatória para todos.

Para os pequenos, jantar na cozinha: sopa de leite e uma fruta. Chocolate quente uma vez por semana. Vestiam a mesma roupa de lã no inverno e de algodão, no verão, só trocada uma vez por semana. No inverno, portavam rústicos sapatos de madeira e os pés envoltos em jornal para esquentar. Os filhos de Pedro tinham aulas particulares desde as oito horas da manhã e só recebiam presentes duas vezes por ano: no aniversário e no Natal. Em geral, objetos que serviam para decorar seus quartos e eram lembranças de família. Governantas, preceptoras, professoras e padres se alternavam na educação dos príncipes. O salesiano Lacouture, além de jeitoso no trato com a meninada, era um excelente goleiro: quando esticava a batina, fechava o gol. Monsieur Readers, preceptor, ajudava-os a digerir o que aprendiam na escola, mas também a jogar xadrez e comer de tudo. Juntos faziam pequenas peças de teatro. Nenhuma figura era tão presente quanto Berta Alburg, a Aï: filha de servidores da família, era pequena, meio torta e adorada pelas crianças. Era Berta quem conduzia a minicharrete puxada por pôneis, levando-as a toda a parte. As refeições eram muito alegres e as crianças obrigadas a falar um dia em português, outro em alemão e outro ainda em inglês. Nos domingos e quintas-feiras, o francês era livre. Cada um tinha seu cachorro de tamanho e raça diferentes.

Os adultos comiam em mesa bem-posta, com toalhas adamascadas e baixela de prata. Lizie tocava piano e mantinha o hábito da pintura e de caricaturas, que preferia às fotografias. A filha, Isabelle, futura condessa de Paris, recordava seu riso límpido. Os pais eram o casal "mais perfeito e feliz que conheci em minha vida [...] a felicidade provinha da harmonia sentimental. Até o fim da vida viveram intensamente apaixonados e não se sentiam absolutamente constrangidos de manifestar, diante dos filhos, o mútuo amor. Nunca os vimos brigar e estavam de acordo em tudo, menos no que diz respeito às bagagens quando saíamos de viagem". Seu irmão João confirmaria: tinham uma vida espartana, mas muito feliz. Lizie se desincumbia de suas funções cantando ou assobiando. Segundo Isabelle, era "difícil de descrever a atmosfera que reinava em nossa família, mas penso que a causa principal era a maneira de viver de meus pais que enchia a casa de incessante corrente de felicidade e alegria".

Diferentemente de Luís, sempre fardado ou vestido com severidade, Pedro usava roupas originais dentro de casa e não temia portar, em jantares de família, paletós em tecidos da Índia com listras coloridas. Como verdadeiro castelão, era muito ligado aos moradores do vilarejo e não deixava de ir a nenhum enterro. Pelo som dos sinos, conhecia o anúncio de nascimentos, casamentos e mortes. O casal era simples e natural. Encarnavam um modelo de aristocratas que, num século de intensas mudanças, optou pela vida rural e cristã. Que, pela manifestação pública de piedade, mostrava o caminho aos seus aldeães. A agenda: obras de caridade e a ação na comunidade e na paróquia. Para muitos teóricos da Restauração, a França se salvaria se a nobreza abandonasse as frivolidades e restaurasse a ordem cristã neofeudal. O casal visitava com regularidade os pais de Lizie em Chotebor.

O castelo, como a casa de Boulogne, era servido por uma criadagem internacional. Isso porque os estrangeiros eram mais baratos do que os franceses. Porém, a declaração de guerra obrigou tchecos, austríacos, alemães e lituanos a deixar França de um dia para o outro. Um choque. Não se trocava de empregados como se trocava de camisa ou de carro. Quem entrasse para o serviço da aristocracia sabia que jamais ficaria sem cuidados, seria protegido em caso de ameaças e, se morresse, teria seus filhos cuidados pelos patrões. Do momento em que entrasse num castelo para fazer camas, podar arbustos ou cuidar dos cachorros, fazia parte da família. A guerra quebrou a tradição. O criado Latapie foi exceção. Permaneceu na casa, agora casado com uma belga e verdadeiro arquivo silencioso da vida dos seus patrões.

Antes mesmo de a guerra estourar, Latapie acompanhava a princesa em seus passeios na cadeira de rodas ao pavilhão Montpensier, que pertencia aos primos de Gastão, de frente para o mar. Gorda, embutida em longos vestidos pretos, Isabel envelheceu. Andava com dificuldade e se cansava com facilidade. Ela recebia as irmãs Penha ou "Senhoritas Penha", amigas brasileiras emigradas desde 1889, que passavam o verão em Eu. Juntas organizaram uma oficina de costura para a confecção de ornamentos litúrgicos. Sorrisos eram proibidos, contou a neta Isabelle. Ali, só mulheres tristonhas e sérias. Enquanto costuravam, bordavam e pregavam galões, alguém puxava o terço. Na hora do lanche, pão seco, um tablete de chocolate e um copo d'água. A preocupação da princesa era a conversão dos pagãos na África e as saudades do Brasil. Às segundas-feiras, o castelo ficava aberto para quem quisesse visitar Isabel ou Lizie.

Aos 71 anos, a cabeça toda branca, Gastão tinha se tornado muito surdo. Preferia conversar com parentes e íntimos trocando bilhetinhos. Tinha bizarrices, como fixar uma luva de crina nas costas, sob a camisa, para "manter um bom calor", ou andar com uma prancha de madeira presa num bastão, que comprimia contra as omoplatas para corrigir o abaulado dos ombros. Era capaz de ter terríveis acessos de cólera, quando batia o pé e dava bengaladas no ar. Passava os dias no escritório, onde os netos entravam em fila indiana para tomar-lhe a benção, e onde acumulava jornais internacionais. Gostava de ar livre, flores do campo e animais silvestres. Nas manhãs, perambulava pela casa de pijama com uma manta nas costas. Arrastando os chinelos, deixava no ar um cheiro de lavanda e pasta de dente – contou Isabelle. Proibia que o cumprimentassem e, se alguém lhe dava bom-dia, respondia: "Estou invisível". Mas entre filhos, noras e netos era o retrato agradável do patriarca realizado.

Para compensar Pedro da abdicação e fixá-lo na França, Gastão ligou o primogênito ao castelo d'Eu e o fez chefe da Casa Real no testamento. Apesar de considerá-lo "inepto e indolente", queria o filho francês. O direito de primogenitura tinha sido banido da legislação republicana, mas não das tradições. Só o mais velho contava, pois a raça se encarnava nele. Tudo deveria estar organizado para que o conjunto de recursos do clã viesse ter às suas mãos. Mas os pais embaralharam as cartas ao fazer de Luís o sucessor do trono brasileiro, provocando a reação dos monarquistas brasileiros. Sabe-se que Pedro queria voltar para o Brasil. Não para reinar, mas para acabar seus dias e rever a pátria querida.

Totó, para a preocupação dos pais, nem pensava em casamento – como confidenciava ao mordomo Latapie. Louro, não muito alto, de queixo protuberante, não era bonito como Pedro ou mesmo Luís. Impressionava os moradores da pequena Eu, passeando de sandálias, vestindo camisas abertas no peito e lenços coloridos ao pescoço. Gostava de noitadas, de festas de *smoking*, de viagens com o *jet-set* e, quando chegava muito tarde, pulava até as janelas para não ser notado pelos pais. Não tinha paciência com os sobrinhos, alvos de suas brincadeiras de mau gosto. E quando visitava Pedro costumava exclamar: "Adoro quando as crianças choram, porque assim são retiradas da sala!".

A tempestade

Contam poetas e escritores que o verão nunca foi tão belo quanto em 1914: céu de seda azul, ar doce sem ser sufocante, pradarias perfumadas e florestas cobertas de verde. Em Viena ou Paris, pessoas se reuniam nas praças, à volta dos coretos com bandas. A perspectiva da chegada de férias para crianças e adultos enchia os rostos de alegria. Até que certo dia a interrupção abrupta da música e o fato de pessoas pararem o que estavam fazendo para aglomerar-se, agitadas, anunciou a chegada de uma notícia. Ela informava que Sua Alteza Imperial, o arquiduque Francisco Ferdinando, e sua esposa, a duquesa de Hohenberg, em visita oficial a Sarajevo, na Bósnia, para assistir a manobras militares, haviam sido vítimas de um assassinato político.

No dia seguinte, os jornais se consagraram ao necrológio dos mortos e expressavam indignação pelo atentado. Para a Casa Imperial, a maior preocupação era o enterro em grande gala. Uma semana depois, o tom mudou. Acusava-se o governo sérvio de conluio com o assassino. As manchetes ameaçavam: "Áustria provoca a Rússia", "A Alemanha prepara a mobilização". Embora avenidas ou praias estivessem cheias, viam-se cada vez mais jovens fardados. No ar, pairavam marchas e contramarchas militares. Na noite de 29 para 30 de julho, o mordomo Latapic, que se encontrava em Bruxelas para se casar, viu: os belgas quebraram vitrines e esvaziaram as lojas da Rua Nova, dizendo que todas elas pertenciam aos judeus. O antissemitismo se escancarava.

Algumas horas mais tarde, Jean Jaurès, político socialista e pacifista, foi assassinado por um ultranacionalista que queria a guerra da França contra a Alemanha. A Inglaterra, inquieta ante o progresso econômico da potência que ameaçava sua hegemonia, a Alemanha, também. A França e a Rússia, unidas numa aliança bizarra, empurravam o conflito. A primeira, por causa de sua derrota para a Prússia, em 1870, e a segunda, para resolver problemas internos. Nas linhas férreas que cruzavam a fronteira com a Bélgica, canhões alemães cobertos por lonas espreitavam de dentro de vagões. Nas ruas das grandes cidades, um delírio coletivo. E filas de conscritos que esperavam pacientemente a sua vez. Ora para confessar, ora para fornicar nos bordéis. Cuidava-se das almas e dos corpos. Um rastilho de pólvora foi acesso. E iria mandar pelos ares um tempo em que humanidade julgava ter atingido a maturidade necessária para a resolução pacífica dos conflitos internacionais. Os políticos não tinham prometido desarmamento?

No dia 8 de agosto de 1914, o presidente do Conselho endereçou às camponesas uma convocação. Os homens partiam, os cavalos e bois, também. Era preciso se ocupar das colheitas. Elas tomariam o lugar dos três. Puxariam as charruas, ceifariam o trigo, colheriam batatas, esmagariam o feno para amarrá-lo com firmeza. Agachadas, pernas separadas, suadas, cabeça descoberta e pés descalços, atacariam os campos enquanto maridos e filhos seguiam para as casernas para atacar os alemães. Para eles, as trincheiras. Para elas, a solidão.

Ah! Mas havia a pátria, a nação, a honra. E as mães, mais uma vez, veriam partir seus filhos; as esposas, seus maridos, os jovens empunhariam seus rifles. E gritariam para casa: "Voltaremos antes do Natal!". Nada de lágrimas, heróis não choravam. Marchavam para o abatedouro com guirlandas de flores nos capacetes. Seria uma campanha rápida, diziam. Três semanas no máximo, com pouco derramamento de sangue. Uma aventura selvagem e viril. Combater pela paz tornava os homens duros e decididos. Havia um apelo poético na batalha. Ela era um "banho de aço". Poesias rimavam força e destruição. Os padres pregavam diante dos altares e seguiam com as tropas para lhes ensinar a bem morrer. Alemanha, França e Inglaterra sucumbiam a uma histeria de ódio. Era obrigatório servir ao país.

Mas qual país? Totó e Luís se viram perdidos. Totó, que deixou o Brasil aos oito anos, dizia ao mordomo Latapie que sempre se sentiu mais francês do que brasileiro. Porém, a lei que banira os Orléans proibiu os membros da Casa Real de França de servir no exército francês. Inclusive os Orléans e Bragança. Pedro, casado com uma súdita dos Impérios Centrais, cujos irmãos estavam engajados no combate do lado inimigo, teve que manter uma posição de estrita neutralidade para não constranger ainda mais a situação da própria esposa dentro da família. Ele se desligou do exército austríaco.

Em Berlim, a 1º de agosto, depois que o governo proclamou a mobilização de suas forças armadas, milhares e milhares de pessoas se congregaram para ovacionar o *Kaiser*, saudando-o com júbilo e canções patrióticas. A mobilização começou a 2 de agosto. No dia seguinte, a Alemanha lançou um ultimato à Bélgica: ia atravessá-la para chegar à França. Paris esvaziou-se rapidamente. No dia 4, a Grã-Bretanha declarou guerra à Alemanha e ao Império austro-húngaro, seu aliado. Suas tropas, que juntavam homens vindos do Canadá, da Austrália, da Nova Zelândia, da Índia e de possessões africanas, desembarcaram nas imediações de Calais, no dia 14 de agosto, perto da fronteira belga.

O jornal *Les amis de la France*, um dos quase trezentos jornais patrióticos que circulavam nesse momento, publicou uma carta de Totó, endereçada ao presidente Poincaré, em que o príncipe descrevia a situação: ele, irmãos e primos queriam "colocar a espada a serviço da França", país que "por séculos os antepassados serviram com brilho". Assim que a Lei de 1886 fosse revogada, todos acorreriam prontamente. Antes, então, se ofereceriam às potências aliadas. Luís escreveu aos monarquistas esclarecendo o mesmo. Em carta a Amandinha Loreto, Gastão dava a mesma explicação e acrescentava:

"Foram, pois, para a Inglaterra onde o rei de muito boa vontade os fez autorizar a juntar-se ao Estado-Maior do corpo expedicionário inglês na França. De volta de Londres, já fardados seguiram, pois, para este destino neste domingo (23 de agosto). O Pedro entendeu não se oferecer, principalmente, creio, por causa do braço que o tolhe algum tanto".

Sim, o rei autorizou porque Gastão mais uma vez interferiu. O percurso dos rapazes até conseguir um posto não foi fácil. A transação foi feita pelo alto. Gastão hesitou no tom das palavras, mas, depois de invocar a "benevolência com que foram recebidos anteriormente e a amizade que o ligava a Eduardo VII", solicitou que os príncipes entrassem para o Estado-Maior na função de intérpretes. Afinal, falavam bem inglês, francês e alemão. Antes de recorrer à Inglaterra, tentaram junto ao primo, Alberto, rei da Bélgica, e foram igualmente recusados. Pesava sua condição de príncipes na família real da França, mas, também, o parentesco com os Habsburgo austríacos, em cujo exército ambos serviram.

O que terá levado Luís, pai de três filhos e já doente, com dores, a querer ir para a guerra como simples soldado voluntário? E em uma guerra contra a Alemanha que ele prezava tanto e o inspirou em seus projetos políticos? Teve até que se explicar com os monarquistas germanófilos em carta: "Sempre fui grande admirador da Alemanha e o que tenho visto nesta campanha ainda confirma o conceito lisonjeiro que fazia de sua organização social e militar. A sua causa, porém, nas circunstâncias atuais, não se pode defender". Segundo ele, o imperialismo do *Kaiser* colocava em risco até as províncias do Sul do Brasil, mais fáceis de anexar do que a Bélgica. Melhor "seguir a sorte dos Aliados que representam as ideias de justiça e liberdade, que sempre deverão ser a base de nossa política internacional".

Totó, por seu lado, deixaria por um tempo a vida de bon vivant. Trocaria a frivolidade, as salas de jogo da Côte d'Azur, os bailes onde o seu pequeno bigode louro ganhava simpatia e dava origem a histórias galantes por horas perigosas.

A ideia de honra e bravura que marcou a carreira do avô e do pai pairava sobre os príncipes. Eles não teriam medo, pois séculos de coragem em campos de batalha não o permitiam. Gastão não escondia o orgulho: "Eu não podia deixar de aprovar esse ato de coragem", escreveu a Amandinha Loreto. Afinal, foram criados para ser soldados.

Havia uma obrigação familiar de servir aos exércitos e lutar. E não só lutar, mas vencer. Não havia nenhuma necessidade de os príncipes brasileiros se confrontarem ao perigo. Mas o apelo das sereias, da glória pessoal, do reconhecimento, da honra, foi mais forte. Pairava, também, o sentimento de uma guerra breve e fácil, palco para exibições pessoais e valorização do papel de cada um dentro e fora da família. As recompensas seriam, infelizmente, bem menores.

Não sabemos se as despedidas foram chorosas ou se foram encorajadas pelas frases altivas que transpiravam na imprensa, do tipo "Os invulneráveis não temem as metralhadoras alemãs" ou "Exaltadas pela vitória, nossas tropas executam perseguições". Ou na boca de padres na missa, que maldiziam os terríveis alemães que os obrigavam a tocar os sinos das igrejas quando ganhavam uma batalha! No momento da partida, um amigo da família veio se despedir deles e disse-lhes "o quanto seus antepassados tinham sido bravos e que tinha certeza de que eles o seriam também". Quando seriam vistos de novo? A coragem era entendida como uma virtude sacrificial, disciplinada, que crescia à sombra da morte e da nação. Mas nenhum soldado nascia corajoso. Ele se tornava corajoso tendo que enfrentar situações e correr riscos. Luís e Antônio seriam corajosos cada qual à sua maneira.

Os irmãos voltaram de Londres vestindo o uniforme de oficiais da cavalaria canadense. Eles faziam boa figura com suas ordenanças e cavalos, e partiram para a batalha do Marne, sob o olhar de admiração dos familiares e empregados. Nas ruas de Eu outros soldados desfilavam sorridentes, seus capacetes brilhando ao sol, enchendo as ruas cujas calçadas mal continham a torrente humana. O galope de centenas de animais martelava os ares, cascos cantavam nas pedras. "Pobres crianças", diziam os velhos que conheceram outras guerras. Lenços brancos se agitavam como bandeiras de adeus.

Na província de Champagne, teriam lugar duas batalhas decisivas contra os alemães; a primeira ocorreria de 5 a 12 de setembro de 1914 e seria decisiva no desenrolar da guerra, pois os anglo-franceses venceram os alemães, lhes cortaram o avanço, dando início à guerra das trincheiras.

Pedro levou os irmãos de carro até Amiens, onde o exército inglês tinha sua base. Ordenanças e cavalos seguiram de trem. No percurso, a população aplaudia, as moças jogavam flores, ouviam-se exclamações de apoio. No quartel-general, Luís encontrou outros membros da nobreza francesa. Teve acolhida amistosa, mas logo ficou desapontado. Não estava clara a posição que iria ocupar. Seria encarregado de levar e trazer informações entre unidades militares. Irritou-se com a fleugma inglesa. Convidado a tomar chá com o Marechal Sir John French, escandalizou-se com o teor das conversas: qual o melhor lugar para passeios a cavalo, a qualidade das diferentes caixas de tabaco ou a superioridade das botas de borracha sobre as de couro. Ele não conseguia compreender aqueles insulares, mas deve ter percebido sua antipatia por quem não fosse inglês.

Segundo Luís, os ingleses tinham atitude "descuidada" em relação ao inimigo. "Eles esperavam, sorriso nos lábios, como se tratasse de uma boa partida de polo em perspectiva". Luís conhecia a força germânica e acusava britânicos e franceses de excesso de otimismo e ignorância. Condenava "a calma imperturbável como se os combates se passassem a mil quilômetros daqui". Mas as críticas nasciam também do fato de que foi colocado de lado. As informações do Estado-Maior nunca chegariam aos seus olhos ou ouvidos. E esperava, ingenuamente, que a vinda dos russos decidisse logo a guerra. Ele certamente os conhecia da fronteira austro-húngara: bonés de pele enterrados até o pescoço, lanças afiadas na mão, furacões uniformizados sobre cavalos rápidos como o vento das estepes.

O primeiro contato com a realidade se deu em Maubeuge. Os aliados recuavam. O quadro desolador da sociedade civil em fuga impressionou os irmãos. Prédios e igrejas em ruínas, cadáveres queimados ou mutilados. Canhões troavam, caminhões tentavam descolar da lama o peso de seus carregamentos. Soldados cavavam trincheiras e desenrolavam rolos de arame farpado. Os irmãos se separaram, mas, em meio ao pânico e ao caos, tampouco conseguiram alcançar seus quartéis-generais. Ninguém se ocupava deles.

Enquanto isso, em Eu, começavam a chegar os feridos dos campos de batalha. Gastão, Pedro e Pia se colocaram na primeira linha de socorros. No hospital improvisado as enfermeiras voavam de leito em leito. Os doentes gemiam na língua universal da dor. Isabel foi visitá-los levando flores do jardim, "gentileza que pareceu agradar-lhes bastante. Essa pobre gente, apesar das mãos, ombros, braços e pernas quebradas, mostra-se satisfeita, sorri, como que pronta a voltar ao combate" – escrevia Gastão a Amandinha Loreto. O carro da família foi colocado à disposição para levar os feridos da estação à enfermaria.

Estava na moda ceder os automóveis particulares, que eram chamados de "ambulâncias mundanas". Em Paris, houve situações ridículas encenadas pela aristocracia: Madame de Brantés oferecia laranjada e *petits-fours*, servidos por valetes, aos feridos que transportava. A marquesa de Saint-Loup escrevia ao príncipe Luís de Mônaco, gabando-se de como "lhe caía muito bem" o véu de enfermeira. Perfumadas e maquiladas, tais damas eram exigentes. Preferiam atender aos soldados ingleses, mais elegantes do que os belgas, considerados "muito pesados", ou seja, rústicos. Disputavam-se os lotes "mais agradáveis" de moribundos. Não faltou quem, como o conde Etienne de Beaumont, desenhasse uniformes para seus enfermeiros: "uma mistura de almirante russo e policial argentino". O rico dramaturgo Edmond Rostand também criou o seu: uniforme em seda amarela, com grandes bolsos laterais, boné de polícia, gravata de Comendador da *Légion d'Honneur* e meias bordadas. Ambulâncias eram verdadeiros circos sobre rodas.

No castelo da família de Maistre, na localidade de Vauxbuin, Luís encontrou as "senhoritas de Maistre encantadoras em seu uniforme de enfermeiras". Convidaram-no a visitar as instalações e, depois de conduzi-lo à adega com centenas de garrafas, pediram: "Peguem tudo. Não queremos que os alemães os bebam". A frivolidade também podia ser uma forma de patriotismo.

Mas, com certeza, nenhuma das modas parisienses chegou a Eu. Durante os primeiros combates na fronteira com a Bélgica, Pedro ganhou mais uma filha, Maria Francisca, nascida na noite escura de 8 de setembro, enquanto ele transportava feridos de carro. Pia também se mostrava incansável, trabalhando até altas madrugadas, pois havia grande falta de enfermeiras. Mangas arregaçadas, entre os odores de clorofórmio e fenol, mulheres se cobriam de sangue e glória cívica.

Como tantas, Isabel deslizou para uma vida voltada à filantropia e à fé. O clero francês martelava que a derrota de 1870, quando a França perdeu para a Alemanha, havia sido o resultado dos pecados e do desprezo pelas leis divinas. Não se combateram com energia os velhos e verdadeiros inimigos: a maçonaria, a laicização e o comunismo. A Guerra trazia, portanto, a chance de uma "união sagrada" entre Igreja e Estado. Ela seria salvadora. À medida que o conflito se tornou mais brutal e sangrento, nasceu uma "religião de guerra". Párocos incitavam seus fiéis a responder à mobilização, bendiziam as armas, legitimavam as batalhas. O momento de 1914 foi também o de uma renovação espiritual. Ou seria de medo da morte? As mulheres participavam do discurso moralizador que invocava a restauração dos valores, da família e da autoridade. E insistiam na recusa do prazer e da anarquia. Contam historiadores que a mobilização foi fortíssima e Isabel não pode ter escapado dela. Cada vez mais nacionalista, o clero francês evitava os apelos de paz do Papa Bento. E a crueza do conflito transformaria a cruzada em caminho da cruz. O tema da dor e do luto estaria cada vez mais presente. Isabel também não escaparia dele.

Como sempre, Gastão quis controlar os filhos. Inventou de levar o carro de Totó até seu quartel-general para ver *in loco* as manobras militares. Aos setenta anos, via-se como "comandante em chefe 48 anos antes" – como se gabou a Dona Amanda, a quem seguiu explicando: era duvidoso o resultado da recém-iniciada guerra. Os alemães tinham se estabelecido em trincheiras sucessivas e abrigos de terra, armados até os dentes de metralhadoras e pesada e poderosíssima artilharia. Seria difícil desalojá-los. A Áustria estava sendo esmagada e Lizie, que tinha quatro irmãos no *front*, era de uma "coragem admirável". Ninguém tinha notícia deles.

Em outubro, todos se reuniram para festejar as bodas de ouro de Isabel e Gastão. Ele ofereceu a ela um lindo porta-retratos com dois medalhões presos por rosas douradas. Na foto, Isabel antes e depois.

E sob um laço os dizeres: "50 anos de felicidade". Uma foto de família com os netos carinhosamente acomodados entre pernas e braços dos avós, as noras sentadas uma em cada em cada ponta e os filhos às costas parecia dizer tudo. Antônio e Luís em seus uniformes. A mão direita de Luís pousada sobre o ombro da mãe. Sim, ele era o predestinado. Ele a sucederia no trono. Atrás de Gastão e da bela Lizie, Pedro à paisana.

Antuérpia caiu e a Bélgica estava em ruínas. "Que vai acontecer ao infeliz rei?" – perguntava-se Luís. Cruzavam pela ferrovia centenas de trens levando soldados para o Norte. Pedro, Pia e os netos mais velhos iam à estação de Eu levar-lhes cigarros, chocolate, conservas e, como não podia deixar de ser, medalhas milagrosas. Nas janelas, as várias caras do sofrimento e do medo. Uma guarda civil foi criada na cidade, e Pedro e Gastão se alistaram. Durou pouco, mas foi o bastante para a foto de Gastão ser publicada. Fardado e armado de um fuzil, o velho príncipe era a imagem perfeita da propaganda oficial para estimular esforços patrióticos.

Em meio ao horror

O Natal no inverno de 1914 foi especial. Sob o frio intenso, roupas encharcadas e a lama das trincheiras, as armas se calaram. Os homens emergiram de seus esconderijos. Ingleses e alemães se agruparam em torno de soldados mortos respeitosamente alinhados. De início um murmúrio, mas logo, mais alto, cantos natalinos misturaram línguas. Pouco a pouco, trocaram-se votos, apertos de mão, e depois cigarros e vinho. Uma bola de futebol murcha se materializou e não faltaram britânicos que cortaram o cabelo dos alemães. Não se ouviu um só tiro. Pode-se imaginar quantos não se perguntaram o que estavam fazendo ali. Luís veio até o castelo e comungou com Pia. Licenças eram coisa excepcional. O termômetro beirava zero, mas o céu azul resplandecia.

No início do ano, a guerra recrudesceu. De Antônio não se tinha notícias e Luís coxeava por causa do joelho. No seu diário, que vai do dia 23 de agosto de 1914 a 10 de março de 1915, vê-se que ele não ficou cara a cara com os inimigos como aconteceria com a maior parte dos soldados. Há considerações poéticas sobre a paisagem – "noite maravilhosa sob árvore copada", "campos ensolarados", "macieiras e pereiras em flor", "subimos numa elevação e de lá assistimos ao duelo da artilharia de nossa retaguarda com a da vanguarda inimiga". Há comentários gastronômicos – "desjejum excelente com bacon, ovos, chá, pão, manteiga e doces servidos todas as manhãs", "almoço pantagruélico no castelo de Monteglas", "almoço sob o salgueiro copado", "cantina ótima!". Há conversas com amigos como o príncipe Murat, o rei da Bélgica ou o barão de Rothschild – um judeu que o transportava de carro pelas estradas. Judeu? O que diria disso Isabel? Nas pequenas cidades cruzadas pelo Comando, Luís ficava sempre na casa de "um cidadão respeitável". Ele nunca dormiu numa trincheira.

Luís assistiria ao batismo de sangue entre outubro e novembro. Em longa carta a um monarquista amigo, contou da batalha de Mons, da retirada das colunas aliadas açodadas pela cavalaria inimiga, das marchas contínuas dia e noite, das tropas esgotadas, dos duelos de artilharia, da coragem inaudita da infantaria alemã, para concluir: "o nosso corpo de exército está fora de combate. Dos 45 mil homens, o seu efetivo caiu para 8 mil". E prosseguia: "Do ponto de vista militar esta guerra tem sido verdadeiramente uma série de espetáculos incomparáveis. Franceses, ingleses e alemães têm mostrado que a nossa época, no que respeita o valor da raça, nada tem que invejar aos tempos passados. Os campos de batalha abundam em visões de horror, mas o que sobrenada na memória é a beleza sublime dos encontros". Protegido por um cargo de informante dentro do Comando, ele mais assistiu do que participou dos combates, embora suas notas revelem o militar propenso ao sacrifício.

Em seu diário, registrava: "A vida nas trincheiras é um pesadelo, segundo os que de lá retornam, as noites são assustadoras, ninguém pode dormir. Nas horas que precedem a aurora, sobretudo, alucinações se apoderam dos homens e os oficiais. Sucedem-se os casos de loucura. Depois de transcrever a violência das batalhas narradas pelo marido, Pia informava à mãe: "Luís crê que esta guerra terminará por falta de combatentes".

Apesar da idade, Gastão não desgrudava dos filhos. Ele era a figura tutelar representante do código de honra da família, mas, também, de um modelo viril constrangedor. Desejava ir às trincheiras inspecioná-los. Perguntou a Latapie se "havia muito barulho no setor" justo no momento mesmo em que troavam canhões. A surdez não o permitia avaliar a intensidade dos combates. E contou o mordomo: "Em 1915 acompanhei o conde d'Eu à frente do Norte. Os canadenses ocupavam

Lilliers. D. Luís e D. Antônio ficaram muito contentes de rever o pai, mas estavam um pouco contrariados porque ele levantava muitas questões às quais eles não podiam responder".

Ah, os questionários de Gastão! O pai queria que os filhos colocassem uma nova glória no velho nome de família. Mas eles não podiam responder, pois nada sabiam. A política de censura de informações era total. O horror da guerra só era oficialmente exibido com fins estratégicos. Os crimes e atrocidades cometidos por alemães quando da invasão, estes, sim, eram sistematicamente estampados nos relatórios e jornais. Os príncipes não faziam parte dos círculos que filtravam notícias ou decidiam estratégias. Pai e filhos ficaram juntos até as 3h30 da madrugada. Depois, Gastão foi dormir na casa de um padre, e na volta para Eu percorreu hospitais. O que ergueu a duquesa de Vendôme e o que pertencia à rainha Elizabeth da Bélgica. Assuntos que podiam interessar a Isabel e Pia. "Mas chegamos a tempo de jantar. D. Isabel ficou contente em saber que tínhamos feito uma boa viagem" – anotou Latapie.

A vida em Eu seguia. Gastão e Pia iam às enfermarias tratar dos feridos. Isabel visitava hospitais e contribuía para as "cozinhas econômicas". Num cortejo fúnebre, a massa de óleo e aço das locomotivas vinha do Norte carregada de moribundos. O apito do trem rasgava as noites. Para o casal de príncipes, o importante era que os mortos recebessem exéquias solenes com assistência geral, exposição na capela do hospital, missa na igreja paroquial, préstito ao cemitério. Não se esqueciam dos caídos nos campos de batalha, alvo de missas solenes também.

O mordomo registrava: "D. Luís e D. Antônio vinham algumas vezes passar um dia, quando o setor estava calmo. Soube, pelo ordenança de D. Luís, que ele tinha se exposto perigosamente em dois ou três combates; que lhe acontecia de dormir no chão, enrolado somente num cobertor; assim, ele tinha se resfriado e sido atacado, novamente, pelo reumatismo. Fiquei muito preocupado com ele que – sei – nunca se queixaria, mas tudo aquilo era duro para ele". De fato, Luís fez do ofício de soldado uma atividade quase religiosa.

Luís nunca se queixaria. Nunca entregaria os pontos. Nunca revelaria que estava fisicamente incapaz de realizar suas ambições. Aceitar um futuro sem glória era coisa de burguês. Ele era um aristocrata. Desde pequeno foi preparado pelos pais para representar um ideal. E, mais tarde, pelos monarquistas, para veicular valores inovadores de forma que cada brasileiro pudesse se reconhecer nele. Unir-se ao seu combate. E elegê-lo como guia. Mas tudo isso era difícil de encarnar em meio às dores da artrite e à guerra. O que ele via, comprovava. A guerra era o apocalipse em marcha. Nem o catolicismo militante da família, a crença de que aristocratas eram corajosos como leões, de que o exército defendia o bem e a verdade foram antídotos contra o sofrimento que o dobrava. Como gerir a dor – a física e a psicológica? A doença arranhava, labutava, escavava seu corpo.

Depois de ter participado dos combates em Neuve-Chapelle, perto de Lille, e nas trincheiras de Fosse Calonne, onde ocorreram duelos encarniçados, Luís foi promovido a membro do Estado-Maior do I Exército britânico. Ataques de granadas nas quais projéteis eram lançados de homem a homem, atiradores de elite mirando os capacetes que apontavam fora das trincheiras, a chuva de balas de metralhadora, além dos pés enterrados no sangue dos companheiros, foram demais. Com os nervos abalados, ele encerrou sua participação na guerra. Por sorte, antes dos terríveis bombardeios com obuses que tiveram início em fevereiro. Muito jovem, Luís conheceu as virtudes do fracasso. Gastão começou, então, uma campanha para que o filho fosse condecorado.

Antônio, por seu lado, foi se integrando pouco a pouco às operações. O silêncio militar dos superiores constituía muralhas muito altas para serem ultrapassadas. Ele cumpria ordens. Marchas noturnas, retrocesso perante os alemães, espera das tropas francesas atrasadas. Mas ele viu o milagre ocorrido na batalha do Marne, quando os inimigos recuaram, e confessou o choque de ver os combatentes marroquinos trazendo "cabeças de alemães e brochetes de orelhas que nem davam para levantar!". Ao contrário do que diziam os jornais, a barbárie não era privilégio alemão.

Do seu lado, Antônio viu desfilarem casas queimadas e corpos estilhaçados, sentiu no nariz o cheiro da carnificina geral. Sobre a paisagem, resumia: "é lúgubre". Mas, corajosamente, enfrentou o inimigo em ataques-surpresa, uma especialidade britânica. Os soldados se escondiam em trincheiras muito próximas e lançavam assaltos de surpresa aproveitando o escuro da noite. Os combates aéreos tinham se multiplicado e diversas vezes ele assistiu a eles do solo, torcendo pela *Royal Air Force*. Ele se esgueirava de uma trincheira a outra levando e trazendo informações. Negava-se a usar máscara contra gazes, recomendação expressa de Gastão. Seu testemunho das batalhas é fotográfico:

"Desde sábado nós estamos no *front*. Segunda nós tomamos uma aldeia. Ontem, terça-feira, nós tomamos duas delas e duas após o meio-dia. Isso foi muito bonito: nós tomamos duas metralhadoras e doze prisioneiros e instalamos nosso posto do comando diante da infantaria. Nós nos estabelecemos para a noite em uma geada terrível após tempestades de neve, nas ruínas de uma aldeia conquistada, onde não há mais um abrigo e onde um depósito de munição continua a explodir e onde caíam periodicamente grandes obuses. Os boches destruíram tudo. Não há mais uma casa, uma árvore e lá, onde alguma coisa parece mais bem conservada, não ousamos nos instalar pois é comum que ao entrar ou sentar ou mesmo de repente muito tempo depois tudo vai para o ar. As aldeias que se podiam ver mais longe estão também todas destruídas. Às 2 horas da manhã fomos substituídos e entramos por volta das 5 horas em uma aldeia também toda demolida onde nós habitamos nos restos de uma fazenda da qual nós fechamos mais ou menos as janelas, as portas e o teto, o que não impede a chuva de entrar por toda a parte. Não há mais um telhado. Felizmente a destruição geral nos fornece madeira para queimar. Nós vamos amanhã descansar pois os cavalos não aguentam mais e morrem. Não será muito longo, eu penso, nem por muito tempo e um repouso bem relativo tendo em vista a temperatura e a falta de conforto".

Gastão, como de hábito, vigiava. Escrevia aos superiores de Antônio pedindo-lhes informações. Sim, ele esteve gripado, encontrava-se melhor e o pai "podia estar orgulhoso das qualidades militares de vosso filho", assinava o general Seely, seu superior. Antônio, por seu lado, empenhava-se em obter uma nomeação para um posto oficial nas forças armadas, deixando em segundo plano o estatuto de capitão honorário que recebera em 1915 junto com Luís. Ele enfrentava obstáculos por não ser britânico e, mais uma vez, Gastão entrou em ação. Escreveu ao rei da Inglaterra, sublinhando a folha de serviço do filho e pedindo ao primo que não deixasse expirar o prazo de alistamento voluntário de Antônio. O rei George V cedeu e anunciou a concessão do grau de capitão no regimento *Royal Canadian Dragoons*. A nomeação extraoficial, concedida "graciosamente" por mãos reais, causou incômodo, embora o general Seely apreciasse sinceramente as qualidades militares de Antônio.

Enquanto Antônio e Luís, separados das tropas que marchavam para a carnificina, pareciam ascender em direção à glória, Isabel e Gastão partiram para Boulogne no início do ano de 1915. Queriam noticiar aos amigos os bombardeios praticados pelos Zeppelins – "maléficos aparelhos aéreos" – sobre Paris. Às escuras, a cidade era banhada pela luz filtrada por papéis azuis colados às janelas para disfarçar as moradias. A sirene de alerta mugia na noite. Pelas ruas, cortejos de feridos cruzavam as charretes carregadas dos que fugiam. A princesa se preocupava que a opinião pública no Brasil se deixasse manipular pela propaganda pró-Alemanha. Impossibilitada de escrever, pois atacada de um problema reumático no antebraço, enviava brochuras e alertava os monarquistas. A Alemanha não era favorável à religião e a guerra foi simples desejo do *Kaiser* de "satisfazer planos de ambição perfidamente preparados de longa data".

Argumentava que, sendo o governo alemão já herético, o demônio não teria muito trabalho para desviá-lo ainda mais. Os católicos alemães? Maus, pois não aceitaram fazer o juramento determinado por Pio X, que os obrigaria a rejeitar a heresia e a modernidade. Pior, não permitiam o acesso à Primeira Comunhão de crianças, tão logo chegassem ao uso da razão. Já o governo francês até nomeara capelães militares com grau de capitão. Seu procedimento tinha melhorado.

O ano de 1915 obrigou tanto Gastão quanto Luís a falarem da "séria crise de reumatismo" na correspondência que mantinham com amigos e monarquistas no Brasil. Não se falava em "artrite", considerada nessa época, por vários médicos, uma doença hereditária, tão maligna quanto a sífilis e capaz de atacar os sistemas circulatório, respiratório e nervoso. Desligado do exército britânico, Luís se instalou em Cannes. O médico acreditava que o clima mediterrânico lhe faria bem. O pai se abria com Amandinha Loreto: o filho lhe parecia magro, de menos boa cor e manquejava de ambos os joelhos. O filho assumiu o problema na correspondência extensa com monarquistas amigos. Confessava-se "acometido por séria crise...". Mas a cura do sol também não teve efeito. Um inverno se fechava sobre ele. Ao fim do ano, Luís andava com dificuldade, sentia-se cansado e imobilizado. Não havia espaço para se falar de Restauração: "Acabemos esta guerra... depois veremos". Preocupação com o Brasil? Sempre: "Deus poupe o nosso Brasil de semelhantes horrores".

A guerra chegou ao Brasil através de jornais. Manchetes em letras garrafais e anúncios de novas edições com telegramas informavam: "O destino da Europa em jogo", "Horrores da Guerra", "A esquadra anglo-franco russa dá caça implacável aos vasos alemães", "Os formidáveis inventos da guerra" e daí por diante. Várias folhas publicaram trechos do diário de guerra de Luís na forma de matéria. Em julho, por exemplo, a *Gazeta de Notícias* não só exibia uma carta do príncipe a um amigo, mas cobria-o de elogios.

À época, Gastão empreendeu uma verdadeira campanha para obter uma condecoração para Luís. Era a vaidade do pai que, ao preparar seu melhor soldado, aquele que detinha "capacidades admiráveis", o via cair por motivos alheios à sua vontade. Recorreu, então, às autoridades militares na França e na Inglaterra e escrevia minuciosas descrições sobre a "máxima eficácia" com que dom Luís de Orléans e Bragança servia para a comunicação entre tropas inglesas e francesas.

Nas cartas, ressaltava os riscos pelos quais passou o filho: "Durante as trágicas jornadas da primeira batalha de Ypres [...] ele prestou serviços dos mais assinalados, contribuindo noite e dia com inalterável dedicação e energia [...] em um setor que sofria intensos tiros [...]. Nessas diferentes missões nunca deixou de mostrar-se de uma dedicação a toda prova, de uma animação comunicativa, de um sangue frio notável nas mais altas conjecturas, de uma coragem inalterável no fogo e de uma compreensão (notável) das situações táticas. Sua saúde, gravemente alterada pela rude campanha do Yser, obrigou-o a retirar-se prematuramente do Estado-Maior, no qual só deixou amizades, elevado apreço de suas belas qualidades militares e pesar unânime pela sua partida".

Gastão queria a Legião de Honra para o filho. Os militares franceses o empurraram para os ingleses. Não satisfeito, Gastão dirigiu-se ao presidente Poincaré, recebendo como resposta que sua demanda havia sido encaminhada ao ministro da Guerra, junto com a solicitação da Cruz de Guerra. Como bem diz Teresa Malatian, a biógrafa de Luís, "enquanto a saúde do filho declinava irremediavelmente, o pai procurava o reconhecimento pela sua participação na guerra, e quem sabe dar-lhe um alento nos momentos finais da vida". Mas não só. Depois de uma aposta tão alta em Luís, Gastão tinha que lidar com suas próprias frustrações.

Em meio a tantos contratempos, a Restauração foi notícia no *Correio Paulistano* de setembro de 1915. Denúncias de propaganda monarquista no seio do exército vinham crescendo desde a passagem de Luís pela fronteira, em terras da Guerra do Paraguai. Ele teria palestrado com várias patentes sobre o tema – informava a matéria. Outra notícia foi a bem-sucedida reunião de São Paulo que repercutiu nos jornais de todo o país. *O Estado de S. Paulo* cobriu e prestava precioso apoio aos monarquistas. Luís se animou. Em carta a um amigo insistia: "Faço, não obstante, tudo o quanto posso para recuperar as forças". Se os Aliados vencessem – afirmava –, ele se acharia em "ótimas condições para desempenhar o papel que a Providência me reservou".

Mais uma vez é o mordomo quem conta:

"1916 – Estive no 10º Batalhão de Hussardos em Tarbes, e soube pelo conde d'Eu que a saúde de D. Luís não tinha melhorado. Ele tinha ido ao sul da França, a Landes, mas compreendi que os banhos de lama não tiveram grande efeito. Era bem triste, entretanto, pois ele era tão enérgico e decidido que não se podia perguntar-lhe de suas notícias. Tirou licença para poder se tratar. Era o que deveria fazer, mas ele era tão militar e patriota que foi bem difícil abandonar o exército por certo tempo".

O "certo tempo" se prolongou. Luís tentou um tratamento de "mecanoterapia" sem muito sucesso. As mãos inchavam e ele não conseguia escrever. O casal deixou os filhos com os avós Caserta e se mudou para o alto de um morro de Cannes, em busca de mais sol que lhe aquecesse os ossos. No *front*, a batalha de Verdun fabricava em série milhares de mortos e feridos. A guerra durava além da conta. Afora a saúde, Luís se preocupava com finanças. Apesar de o câmbio inglês resistir, ele estava convencido de que tudo terminaria numa grande catástrofe financeira. Onde investir para ficar a salvo: nos bônus do Tesouro francês ou na América? Seus colegas oficiais que seguiram no Exército viram seus soldos caírem por causa da inflação e não faltou quem tivesse que trabalhar de motorista de táxi para alimentar a família.

Em junho foram para Eu. Gastão seguia escrevendo a Amandinha Loreto, dando notícias: Luís andava com duas bengalas e dormia mal. Os "pequerruchos" magrinhos, mas muito sadios. O avô os levava ao cinema, ao teatrinho de fantoches e, para não fugir à tradição, à ginástica. Pia era a maravilhosa enfermeira do marido. O castelo ia sendo gradativamente tomado pelo Corpo do Exército. Cediam-se quartos, camas e o salão aos oficiais.

Antônio continuava no Norte, na cavalaria canadense, sob chuva de obuses. Nos dias de licença, ele voltava à casa paterna. Reencontrava o mundo que ele julgava perdido na lama das trincheiras. Pedro tinha ido com a família – todos resfriados – a Lourdes, apresentar o recém--nascido João Maria à Nossa Senhora. Gastão foi a Roma conhecer o novo Papa, como fez com os antecessores. Isabel, limitada, sem andar nem conseguir subir nos vagões de trem, ficou. De novo, Luís fazendo injeções de enxofre. A situação da Europa piorava com baixas e mortos em todas as partes e sem "esperança de conclusão".

Más notícias se acumulavam. A crise batia à porta. Nas feiras e mercados, preços aumentavam. O valor do ouro e da moeda derretia, enquanto o preço do carvão e da manteiga explodia. Gastão escrevia a Amandinha Loreto: "quantas notícias aflitivas" ou "quase me faltam forças para lhe dar outra má notícia". Morriam velhos amigos. Discutia-se se a Irmandade da Glória cederia ou não espaço para uma cripta para os "saudosos imperantes". E o governo nada de deixar trazer D. Pedro II e D. Teresa Cristina de volta. O clima horrível. Todos gelavam. O pescoço incomodava e a fraqueza das pernas também. E ele para ela: "Desculpe, Dona Amanda, a pouca limpeza destas linhas. Cada vez me custa mais escrever e a Princesa ainda mais, apesar de ter melhor letra". Envelheciam.

Envelheciam e empobreciam. Em carta de 10 de fevereiro de 1915, ao Doutor Silva Costa, era a própria princesa que se manifestava:

"As circunstâncias atuais, a diminuição das rendas por toda a parte, Brasil e aqui, trabalhos que a necessidade nos obriga a mandar fazer e para os quais nos pedem [ilegível], as circunstâncias atuais para os empreiteiros que exigem paga imediata, dívidas atrasadas do mesmo ano nos forçaram a pedir emprestados 150 mil francos. Os juros se acumularam e nos vemos embaraçados [...]. Lembro-lhe da ideia que tive de vender terrenos para a abertura da nova comunicação de Petrópolis. Se o senhor puder obter 200 contos por terrenos tudo fica casado, pois a comunicação desta dívida elevou-a a 100 contos. Os outros com o escrivão para tirar-nos dos embaraços aqui. Em todos os casos, estes é que nos são necessários. A venda de Petrópolis [refere-se ao palácio] não poderia servir para isso, pois é necessária para pagamento dos filhos. Contamos que o senhor fará o possível logo que for possível. Só com o que damos aos filhos, sem contar com o que ganhamos com eles quando temos a felicidade de tê-los conosco, gastamos 150 mil francos. Conto só estas explicações para ver que é pedido justificado. O senhor dirá que não lhe devo explicações. O faço porque não desejo ser considerada perdulária. Receba a saudade maior de sua afeiçoada.

Isabel condessa d'Eu".

Em 1917, os Estados Unidos entraram na guerra, a revolução russa depôs o Tzar Nicolau II e o Brasil saiu da neutralidade. Rompeu relações com a Alemanha depois do torpedeamento de dois navios de sua marinha mercante. Isabel enviou um telegrama ao fiel João Alfredo, pedindo-lhe que publicasse que ela seguia "satisfeita e comovida. O meu caro Brasil na guerra que defende o direito à liberdade rogando a Deus que o proteja". Em julho, como de hábito, Gastão e Isabel deixaram Boulogne e foram para Eu. Estavam ambos agitados e cansados. Luís e família primeiro ficaram em Paris; depois seguiram para Lourdes em busca de um milagre.

Antônio, protagonista de várias missões, via cada vez mais de perto a fúria de uma guerra onde se morria mais do que se matava. Em que era preciso "cavar ou morrer". Onde o estouro dos canhões atravessava as horas e os dias: "Canhão, o tempo todo canhão", ele registrou com o pudor de um sobrevivente. Antônio conheceu o ressentimento dos que, afundados nas trincheiras, entre feridos, mortos e ratos, maldiziam os que estavam na retaguarda, cuidando de mapas e papéis. Em meio às "circunstâncias desagradáveis, ele era sempre alegre e útil", bendiziam os superiores. O *front* lhe dava, como deu a tantos, uma insólita sensação de liberdade. Caíam as regras do tempo de paz. Laços familiares e sociais se desfaziam em meio ao caos das trincheiras.

Em maio de 1917, Antônio foi condecorado por atos de bravura com a *Military Cross*, medalha de terceiro nível, criada por George V para homenagear oficiais comissionados do grau de capitão ou abaixo dele. Depois da forte emoção na frente da brigada, ele enviou um precavido relatório ao pai:

"[...] Isso não vai aparecer nos jornais e por consequência, se Papai quiser absolutamente enviar a eles alguma coisa, podemos enviar – agora que temos alguma coisa sobre que se basear a nota seguinte: '*Soubemos que o Príncipe... (sic), capitão do Exército Canadense, acaba de ser condecorado com a* Military Cross *por reconhecimentos realizados sob o fogo do inimigo e tendo grandemente contribuído para o sucesso de uma operação*' e <u>nada mais</u>. Antes menos, mas assim eu creio que está bom e também é bastante preciso e impessoal, podendo ter sido tirado de um documento oficial por qualquer um. Mas se Papai já enviou alguma coisa eu lhe suplico que de nada mais enviar pois isso seria se exaltar de uma maneira um pouco ridícula".

Antônio fugia da publicidade. Gastão queria dourar o brasão da família à custa do filho. Antônio sabia que, no auge da guerra, entre milhares de mortos e feridos, tais notícias mais ridicularizavam do que glorificavam. E seguiu participando de combates como o feito pela infantaria às margens do Escaut, onde matou inimigos. O mordomo Latapie, sempre atento à família, registrou: "Tive notícias de D. Antônio pelo oficial do 10º batalhão dos hussardos e, então, oficial de ligação do exército canadense com a frente onde estava D. Antônio. Por ele, soube dos trabalhos do príncipe e que ele era muito querido por todos".

Enquanto isso, Pedro e Lizie levaram as crianças para uma temporada nas montanhas suíças e, a seguir, foram caçar na Espanha e no Norte do Marrocos. De volta ao castelo, mergulharam na temporada de caça da estação: javalis e corças. Soava o *Halalli* e os cães disparavam em busca de presas. Foi um inverno rigoroso, como comentou Gastão. Temperaturas de dez graus abaixo de zero.

No Brasil, outros problemas: o país vivia um período de instabilidade econômica provocada pela escassez de alimentos e, consequentemente, pela inflação. Em São Paulo, em julho, os anarquistas organizaram a maior greve de operários até então vista, apavorando quem temia o comunismo. O perfume da Revolução Russa chegava aos trópicos. Enquanto isso, nos cinemas, grande sensação! A classe média assistia, embevecida, à fita em preto e branco "Inocência", produzida pelo pioneiro Vittorio Capellaro.

Luís seguia mantendo correspondência com os monarquistas. Mas o assunto era a guerra, o papel difícil do país no conflito, a necessidade de homens impolutos e plenamente interessados nos problemas da pátria. Preocupava-se com o pós-guerra, com os milhões de desmobilizados, gente indiferente à morte, às ruínas e à fome depois da vitória, o bolchevismo que escorria da Rússia, enfim, a Europa ficaria pior – ele avaliava. Quanto à saúde, dizia estar melhorando, embora se locomovesse num triciclo que conseguia pedalar, tendo uma enfermeira ao lado. Escrevia com regularidade para o jornal *Independence Belge*, diário publicado em Bruxelas, que tinha cerca de cinquenta correspondentes estrangeiros. O periódico era muito lido nas capitais europeias. E, por vezes e por iniciativa de monarquistas brasileiros, os artigos do príncipe eram publicados em jornais do país.

Ao fim do outono de 1918, os príncipes estavam mais em Eu do que em Boulogne. A saúde de Luís deixava sempre a desejar – registrou Latapie. Agora que Luís estava fora da carreira de Armas, Gastão focava todas as suas esperanças e fazia toda a pressão sobre Antônio. Ambicionava trazer o filho para a França. Queria integrá-lo ao Exército francês. A guerra cedia. Os Aliados ganhavam em várias frentes. Gastão queria ir à Inglaterra de todo jeito. Faria outro pedido ao rei George? Antônio recusava: o plano era inviável, pois a travessia entre o porto de Havre e Southampton estava fechada para civis. Cansado das interferências de Gastão, Antônio julgava a iniciativa "um capricho":

"Eu creio que é também inútil lamentar em cada carta o quanto é lamentável que eu não esteja no exército da França. Eu concordo absolutamente com isso, mas não posso fazer nada e é inútil se aborrecer com essas coisas desagradáveis com as quais não se pode nada e não trazem nenhum prazer".

Gastão entendeu? Não. Continuou a pressionar o filho. Talvez a condecoração que ganhou lhe abrisse as portas na França. A obsessão pelo lustro militar da família o devorava. E atropelava Antônio com demandas, a ponto de este lhe responder:

"Eu não sou mais amador e faço parte do exército, o que faz que eu deva ocupar um posto. Quanto a ser oficial de ligação junto aos franceses, é evidentemente o que eu gostaria. Mas esses postos são muito requisitados e dados aos protegidos, além disso os ingleses não quererão jamais me colocar ali, eles querem ali, com razão, um dos seus e os franceses não irão me solicitar".

Nos últimos meses de vida, Antônio estava envolvido com novas funções. Especializava-se em armas e munição, pois as ofensivas heroicas foram substituídas por armamentos modernos, sobretudo tanques e uso da aviação como instrumento de defesa. Ele jamais pediria aos seus superiores a recomendação para um posto na França. Entre o antes e o depois das trincheiras, abriu-se um fosso irremediável. Sua vida anterior, além de fútil, era esmagada pelas pressões do pai. A obstinação de Gastão em trazê-lo de volta asfixiava. Mas o príncipe era lúcido. Na Inglaterra, tudo mudou. Ele respirava como se as exigências da família não pesassem mais sobre ele.

A mater dolorosa

No dia 18 de novembro de 1818, às 5h15 da manhã, sob um céu descolorido, um Armistício, assinado na floresta de Compiègne, perto de Paris, pôs fim aos combates. Às onze horas, os sinos e clarins tocaram em toda parte para saudar o fim de uma guerra que custou aos beligerantes 16,8 milhões de mortos. O rei George V a definiria como "uma carnificina mundial". Milhares de minutos de silêncio foram feitos. Autoridades e monarcas homenagearam os mortos em campo de batalha com longos discursos. Em Londres, a população em massa se juntou à volta do Victoria Memorial. Porém, mesmo os vencedores hesitavam entre euforia e tristeza. No castelo, todos beberam champanhe, inclusive criados.

Uma correspondência do Ministério das Munições tinha que ser entregue na França. Envolvido em suas novas atribuições, Antônio avisou que daria um pulo em casa. Na véspera do acidente, foi pernoitar em Eu. De manhã, disse a Lizie que tinha dormido muito mal e que o colchão da cama era ruim. Logo que ele partiu, o colchão foi enviado para ser reformado. Moendo os ares com a hélice barulhenta, o avião decolou, tomou altitude e mergulhou na chuva e na neblina. Atravessou o canal da Mancha. Não se sabe se Totó chegou a ver os campos, a copa das árvores e, por fim, os telhados se aproximando. Depois, o choque e a explosão. Eram onze horas do dia 29 de novembro de 1918 quando Luís recebeu o telegrama de Londres comunicando o acidente. Muita cerração. O piloto aterrissou não na pista, mas sobre casas de um subúrbio. Preocupadíssimos, Gastão, Lizie e Pedro partiram imediatamente para Londres. Pediram a todos que rezassem por Totó.

Em meio à poeira e aos ferros retorcidos, seu corpo foi retirado ainda com vida dos destroços. Do rosto ensanguentado escapou o Padre-Nosso em latim. Um agente de polícia local o socorreu. Por rara coincidência era católico. E, segundo afirmou numa entrevista a um jornal, apesar da dor e dos graves ferimentos, o príncipe e ele rezaram juntos "os mistérios gloriosos do Rosário".

"Antônio sofreu várias fraturas por todo o corpo, e, apesar de sua constituição robusta, não houve nada que se pudesse fazer para salvá-lo. Foi muito triste para ele e para todos os seus" – registrou o fiel Latapie. Removido para um hospital, ficou sob tratamento vários dias. No leito, recebeu a extrema-unção para bem morrer. E não resistiu. Era o dia 29 de novembro de 1818 e Antônio tinha 37 anos. Seria enterrado em Dreux.

Devastada, Isabel escreveu a Gastão:

"Meu pobre e querido bem-amado!

Que dor! Estou com o coração e a cabeça em frangalhos. O nosso bom e galante Totó. Tanto eu rezei pela cura de Totó que, se Deus o permitiu [morrer], é melhor assim. Esse querido tão querido vai para Deus no desabrochar da força e da beleza, cheio de glória e reforçado pelos sacramentos da nossa Santa Igreja Católica. Para ele, é o esplendor, para nós, a dura provação que suportaremos com Submissão, com a ajuda de Deus. É um grande consolo saber que ele está feliz. Mas eu não voltarei a vê-lo neste mundo. É horrível! Eu o conservarei comigo para sempre, esse querido, querido Totó".

De Boulogne, Luís escreveu a Latapie, dizendo-lhe que ele podia imaginar o vazio que D. Antônio tinha deixado em todo lugar; "só o tempo aliviaria essa dor". Sua filha, Pia Maria, em obra autobiográfica, contaria mais tarde as condições em que a viagem se efetuou: "Fazia um tempo escuro e um pressentimento o torturava. O conde d'Eu o compeliu a voar para cumprir sua missão". Gastão não abriu mão de modelar o destino do filho até o fim.

Novembro, sempre novembro, o temido "mês dos mortos". E perder um filho foi viver uma história sem fim. Apesar da dor, Isabel acreditava em Deus com todas as suas forças. Ele estava lá no alto para receber suas preces e acolher Antônio. Para perdoar seus pecadilhos, inclusive o de colecionar fotos de amiguinhas nuas, que Gastão mandou Latapie queimar. Ou de frequentar bailes que eram considerados pelos padres "elementos de laicização". Totó chegaria ao céu antes da mãe, atravessando as fileiras de anjos e santos. Segundo Lizie, "teve uma bela morte muito edificante".

O casal não percebeu que os filhos cresceram em épocas de mudanças. Problemas familiares não eram mais segredo. Longe ficavam os defensores da família acima de tudo. Afinal, ela não era só o pilar da respeitabilidade, como queriam os moralistas, mas a fonte de ansiedade e tensões que adoecia a juventude quando ela queria se ver livre das pressões paternas. Palavras como divórcio, adultério, laicidade e democracia já estavam nas conversas. Isabel e Gastão, muito afeitos às diretrizes da Igreja, atacavam a "civilização moderna", o progresso e todas as "fontes de tentação, de degradação e de imoralidade". E o controle que tentavam exercer sobre os jovens príncipes mais mostrava sua fraqueza do que sua força.

O culto dos ancestrais, o respeito à tradição e à propriedade, o patriotismo, a reação católica que marcou o fim do século foram fenômenos vividos pelos pais. Não pelos seus filhos. Eles olhavam em outra direção. Mais e mais, os moços queriam se desembaraçar da culpa, inimiga do amor e do entusiasmo. Mais e mais, desejavam fugir de uma vida social imposta por antepassados. Intensificava-se o individualismo.

E o que ficou para elevar o nome de Orléans e Bragança ao nível dos heróis ancestrais? Teve início o que os historiadores chamam de "construção da memória" por parte de Gastão. Abaladíssimo, ele se dispôs a escrever uma biografia do filho, apoiado nas cartas que trocaram. Mas Antônio não as conservou. Gastão pediu de volta ao Exército Canadense os objetos pessoais do filho, inclusive os soldos. Tampouco se sabe se chegou alguma coisa. Solicitou ao Serviço Diplomático francês, em Londres, que lhe enviasse seu diário de campanha. Isso tampouco existia e lhe responderam com ironia: "quando Deus vos houver tirado da depressão onde vós estais", que enviasse ao jornalista monarquista Charles Maurras material para que escrevesse uma nota biográfica. Maurras era um tremendo anti-Dreyfusard, antissemita, monarquista e futuro colaborador do governo de Vichy. Por fim, Gastão deixou inscrito em testamento que as cartas do filho fossem preservadas.

A partir de 1921, em cada vilarejo francês foi erguido um monumento aos mortos da guerra. Eles foram dezenas de milhares e testemunham o choque e o luto coletivo dos que perderam seus familiares. O nome de Antônio e mais tarde o de Luís, junto com o de tantos outros moradores da cidade de Eu que tombaram pela França, estão gravados numa placa na *Collégiale Notre-Dame*, próxima do Castelo e frequentada pela família.

Antônio seria postumamente agraciado com a *Légion d'Honneur* por decreto do Presidente da República Francesa, em reconhecimento à "coragem com que defendeu a França servindo como oficial da *Royal Canadian Dragoons*". A proposição da medalha data de 1917. Não se sabe se, como no caso de Luís, foi também de Gastão o pedido. E seria o mesmo Gastão quem receberia a medalha, no aniversário do acidente.

Isabel respondeu pessoalmente aos amigos que lhe escreveram ou telegrafaram. Mandou fazer os tradicionais "santinhos": "Lembrança de nosso querido Antônio". O folheto tinha quatro páginas e trazia uma boa foto do filho, uma breve explicação sobre as circunstâncias da morte e as palavras do bispo de Nancy e capelão dos Exércitos: "Vosso morto está vivo. O ausente está convosco. Do país da eterna felicidade ele mesmo os exorta a não o chorar, pois está com Deus, pois tornareis a vê-lo". As palavras elogiosas do general que o condecorou com a *Military Cross* vinham a seguir, junto com outro elogio militar, trechos do Novo Testamento e um Cristo na cruz de página inteira. A exclamação "Sagrado Coração de Jesus, tenho confiança em vós" não deixava esquecer que Antônio fora a Paray-le-Monial várias vezes com a mãe para pedir proteção. Mas Deus não esteve lá no dia do acidente. Ele perdoaria os pecados de Antônio. Afinal, era esse o Seu ofício.

Um dos maiores representantes do catolicismo francês, Charles Péguy, usava metáforas marciais que cabiam como uma luva no percurso de jovens educados para a vida militar como Antônio: "Deus me dê a batalha, os inimigos, as multidões a urrar, todos os combates de que serei capaz". Dizia haver "uma necessidade de heroísmo que abraçava toda uma geração", uma necessidade de "guerra militar e de glória militar, uma necessidade de sacrifício e até de martírio, e sem dúvida uma necessidade de santidade".

Apesar das belas palavras, a guerra se revelou bem pior do que se imaginou. A França vacilou, orgulhosa do fim do conflito, mas incapaz de afrontar suas perdas: mil homens por dia. Durante o conflito, um milhão e quatrocentos mil franceses perderam a vida e um milhão retornou inválido, estropiado e desfigurado. O que iria durar meses durou quatro anos. As cicatrizes mais profundas não estavam visíveis. A guerra vista como uma nobre cruzada para restaurar valores como disciplina, honra, fé e progresso transformou-se num massacre mecânico sem precedentes. Os signos de um desespero tranquilo estavam em toda parte. Muitos fugiam das lembranças dolorosas num hedonismo frenético.

A guerra mostrou que virtudes como fidelidade e tradição não levavam mais ao sucesso, e sim ao fracasso. O pós-guerra deixou entrever o desengano com o progresso, o desespero diante de descobertas científicas transformadas em armas poderosas, a solidão diante da perda da religião e a consciência da mediocridade da vida. Os "anos loucos" foram a resposta dos sobreviventes. Em Montparnasse e Montmartre, o *jazz*, os cabarés, o movimento surrealista, a "dançomania" e a cocaína atraíam uma geração nova que repetia: "Nunca mais isso!". Um narcisismo extravagante encarnado por artistas e escritores asfixiava de vez os valores das décadas anteriores.

No Natal de 1919, lutando contra tais imagens, um Luís esforçadamente otimista escrevia a um amigo monarquista no Brasil: contava que seu estado de saúde melhorava, embora suas pernas ainda não se "individualizassem". Depois de dois meses "agradabilíssimos em Paris", voltou a montar a cavalo e passava por um tratamento com injeções de iodo. Não era a doença que o deixava, mas a juventude. A Restauração parecia enterrada junto com os mortos da guerra.

Houve outras tantas mudanças. A Áustria-Hungria, um Império onde os príncipes se sentiam em casa, ruiu. O que nasceu dos escombros, a Tchecoslováquia, a nova Hungria, a grande Iugoslávia consternava quem conheceu a Câmara dos Pares coroados da Europa. O Império do Meio, da águia bicéfala que derrotou tantas vezes eslavos e turcos, que deu tantas festas brilhantes sob o signo das consoantes *K und K – Kaiserlich und Königlich*, era parte do passado dos Bragança, que desaparecia com os Habsburgo. Refugiados, fugindo de ditaduras que se instalavam no Mediterrâneo e na Europa Central, buscavam abrigo em Paris. Era como se o mundo tivesse ficado menor.

"A situação política também continua a melhorar no mundo inteiro (exceto na Rússia e na Áustria). As últimas eleições francesas mostraram que o país quer, antes de tudo, ordem e tranquilidade. O dinheiro tem passado para outras mãos, mas isso, sob o ponto de vista nacional, não tem grande importância. Como toda a gente que conhecemos está empobrecida, a diminuição do nosso orçamento parece um fenômeno natural e inevitável [...]. Nossa pátria saiu-se muito bem da grande guerra. Tomou nela bastante parte para granjear as simpatias das grandes potências e sofreu menos do que qualquer outro beligerante", escrevia Luís. Ele tinha razão. Os Anos Loucos foram um período de forte crescimento econômico. Novos produtos e serviços em expansão dopavam a economia. A Bolsa de Valores subia e parecia não ter limites.

O velho admirador Martim Francisco recebeu uma última carta, datada de 11 de fevereiro de 1920. Nela, Luís menciona as discussões na Câmara sobre a revogação do banimento da família imperial e alerta:

"Em todos os casos, receio que os jacarés do Senado enterrem definitivamente o projeto. É incrível o terror que ainda inspiramos àquela gente nesta época, democracia e tronos derribados. [...]. A Riviera retomou seu aspecto de antes da guerra [...]. Em toda a parte há um frenesi de danças e de jogos. A situação econômica da França inspira sérios receios, mas este país possui assim mesmo uma extraordinária vitalidade. Bem governado, o Brasil deveria aproveitar o movimento atual para sanear definitivamente as suas finanças. Dificilmente achar-se-iam mais tarde condições tão favoráveis. Espero que o Dr. Epitácio (Pessoa) terá energia necessária para livrar o país de sanguessugas orçamentárias". Nesse ano, o *Jornal do Brasil* já fazia campanha aberta pela volta dos corpos dos imperantes.

Enquanto Luís se apagava, a realeza ocupava as páginas da imprensa carioca. Falava-se da revogação do banimento da família imperial, mas, sobretudo, da visita de Alberto I e da rainha Elizabeth da Bélgica, em setembro de 1920. Que sucesso! Os mergulhos do casal na praia de Copacabana reuniam centenas de admiradores. Ela, em longa camisola e chapéu, e ele, atlético campeão de natação, eram aplaudidos por onde passavam. Como era bela a realeza! Dava até saudades de D. Pedro II. A República cedeu. Só não dava verbas para a viagem e empurrava as despesas do traslado dos corpos para Gastão e Isabel. Lutas? Não mais. A derrota de 1904 encerrou um ciclo de tentativas golpistas. Monarquistas envelheciam e morriam. Sem a renovação dos quadros era difícil pegar em armas. Havia, sim, saudades do imperador, de sua bondade e dedicação aos negócios públicos. Mantinha-se a rejeição a um terceiro reinado com Isabel, pois os donos de escravos nunca esqueceram suas fortunas arruinadas.

Luís não veria a continuação da história, nem seu pai e irmão desembarcarem no Brasil. Sua doença se agravava. Ele, que vivia os tormentos da dor, se comportava como um apóstolo. Na verdade, tratava-se de um câncer ósseo. Nada adiantou: dos banhos à mecanoterapia, da homeopatia à intervenção cirúrgica. Nos últimos anos, suas cartas eram de leitura cada vez mais difícil. A letra tremida não escondia o esforço enorme de quem queria se comunicar. De intensificar sua existência. Quase imóvel se dedicou a escrever um *Diário de Guerra*. Pretendia também escrever sobre o socialismo, tema que lhe interessava mais e mais. Visitas? Poucas. O célebre João do Rio foi uma delas. O jornalista escreveria uma nota sobre seu fim, louvando "o realizador de uma breve vida de dever, de inteligência e de vontade".

Gastão, como de hábito, não desistia. Na tentativa de erguer o moral do filho, escreveu aos companheiros de armas, aos superiores. Pedia depoimentos escritos. Esforçou-se junto a várias nações Aliadas para que o heroísmo do filho fosse reconhecido. Escreveu uma memória sobre as atividades militares de Luís, exaltando sua participação ao assegurar a comunicação entre batalhões nas zonas dominadas pelo fogo de artilharia. "Coragem, dedicação, sangue frio notável, coragem inalterável", enfim, o pai não poupava elogios ao filho. Luís acabou recebendo seis medalhas. Duas por participação efetiva em combate: a Cruz de Guerra e a da Batalha do Yser. As demais foram distribuídas a todos que serviram na Primeira Grande Guerra.

Pia e os filhos cercaram de carinho o príncipe que morreu jovem, aos 42 anos, a 26 de março de 1920. No fim da vida, Luís ensinava português aos pequenos quando contraiu uma congestão pulmonar tratada com cataplasmas de mostarda. Fez os filhos o verem receber os últimos sacramentos "para conservar na memória a lembrança desse grande dever cumprido por seu pai". Foi enterrado ao lado de Antônio, em Dreux. A capela real foi revestida de estofos fúnebres com as armas de Orléans e Bragança. Um catafalco muito simples se levantava no centro da nave. Atrás da coroa real velada de crepe, Gastão, Pedro e o general Mac-Mahon, duque de Magenta. Do outro lado da ala principal, Pia com os três filhos, Isabel e as demais mulheres da família. Recoberto pelas bandeiras da França e do Brasil, o caixão foi baixado na cripta com as armas do Brasil Império. Junto enterravam-se as esperanças de Restauração. Para os monarquistas no Brasil, elas se iam com o possível futuro imperador. Mas eles guardariam no coração uma fé indescritível na Restauração sobre a qual não há nada a dizer.

Antes de fechar os olhos, Luís confiou ao pai os cuidados e a educação dos filhos. "Para D. Maria Pia, a perda de D. Luís foi tanto mais dolorosa já que, além de serem um casal feliz, era ele que se ocupava de quase tudo. Ela era tão bondosa, mas teria forças de criar os filhos? Alguns meses depois do falecimento de D. Luís, a família veio a Eu, onde o conde d'Eu tinha contratado um professor para os netos e voltou à vida que tinha quanto seus filhos ainda estudavam: assistia às aulas dadas aos meninos. Apesar disso, a vida continuou a mesma no castelo, até que D. Maria Pia, os filhos e o professor partiram para Cannes", registrou o mordomo.

O casal envelhecia. A perda de Totó e Luís deixou um buraco. Foram mortes precoces que, em meio à incredulidade e ao choque, desarranjaram a vida normal. Ambos bracejavam numa profunda maré de dor. Velhos não deveriam partir antes dos moços? Os amigos partiram também. Foram-se Lafaiete Pereira e João Alfredo, ambos do Diretório Monarquista do Rio; o pianista José White; a amiga e dama do Paço, Chiquinha Penha; o conselheiro Andrade Figueira. Netos chegavam: João Maria e Teresa.

Nessa época, Gastão escreveu um Memorial, endereçado às autoridades da República. O assunto? Dinheiro. No texto, ele sublinhava o leilão dos bens do casal imperial, que nunca chegou à Europa e que, por ocasião do golpe, o Governo Provisório simplesmente se apropriou do Palácio Isabel e de terras em terras em Santa Catarina, antes constituintes do Patrimônio Dotal de Isabel. Alegava ter prestado bons serviços ao Exército brasileiro, sem receber um tostão. Pedia uma indenização. E perguntava:

"Qual foi, porém, o galardão que este Príncipe, estrangeiro por nascimento, recebeu por tantos anos que consagrou ao Brasil?" "Na ocasião em que, pela sublevação de 15 de novembro, foi compelido a deixar o Brasil, a sua conta-corrente com o Banco do Brasil acusava mais de 1.600 contos de réis de débito, posteriormente pago com grande custo" [...] É de notar que D. Isabel, cujos serviços ao Brasil por ocasião de suas Regências ainda hoje provocam persistentes e justas manifestações de gratidão, é a única das Princesas brasileiras que não obteve compensação alguma das condições de seu Contrato Matrimonial, pois as Princesas D. Francisca e D. Januária, assim como os herdeiros de D. Leopoldina, foram, em ocasião oportuna, atendidos com a entrega de dotes" "[...] E o que eram os prejuízos assim justamente evitados a todas aquelas Augustas Senhoras, em comparação com os que têm sofrido o Sr. conde d'Eu e sua Augusta Esposa, a Redentora do Brasil, pela violação injustificável dos compromissos assumidos, em virtude de seu Contrato Antenupcial, pela nação brasileira?" "Acresce que o conde d'Eu, pelo fato de ter contratado casamento com a Princesa Imperial do Brasil, foi consideravelmente prejudicado nas partilhas de seu Augusto Pai, mesmo além do que permitia a lei de sua terra natal, perdendo as vantagens que lhe teriam vindo, por sua qualidade de primogênito" "[...] Acrescentaremos, ainda, que se acha ele rodeado de numerosa descendência a seu cargo, desprovidos, os casais dos filhos, de recursos próprios."

E insistia: "Ora, decorridos esses cinquenta anos, dos quais trinta de silenciosa resignação, e quando o Brasil se prepara para festejar o Centenário de sua Independência, fato grandioso para o qual não pouco concorreu o Augusto Avô da Redentora, não seria ato de digna generosidade ressarcirem parte dos prejuízos tão arbitrariamente acumulados sobre o Sr. conde d'Eu, e que recaem também sobre sua gloriosa Consorte?".

Quando o conde d'Eu escreveu o Memorial, melhorava o ambiente no Brasil relativamente à família imperial. O decreto de banimento tinha sido revogado. Cogitava-se, então, a elaboração de outro projeto referente à indenização pelos bens apropriados pela República. Mas a agitação política, tendo em vista a sucessão presidencial, impediu sua apresentação. O Memorial foi esquecido e o dinheiro também.

Até 1919, Isabel aparecia muito bem nas fotografias. Elegante, coberta com vestidos caros, casaco de pele, xaile oriental, chapéus de plumas, uma alegria discreta no rosto bonachão. Sorrindo para o fotógrafo? Nunca. Os manuais católicos alertavam: o riso enfeava e a vida era dura para dar vontade de rir. Depois da morte de Totó, afundada em cadeiras, olhar perdido, coberta até o pescoço, Isabel não era a mesma. Ela também morria aos poucos. Ela sabia que, segundo os preceitos cristãos, a felicidade não podia ser perseguida, nem mesmo encontrada neste mundo. Aqui, bastava a busca da salvação e pequenos prazeres honrados. Mas não só. A uremia lhe dobrava o corpo. A fraqueza, o cansaço extremo, as câimbras nas pernas vinham da doença. Alguns biógrafos mencionam artrose – o que significa que ela conheceu as dores que devoraram Luís.

Gastão, por sua vez, mantinha os olhos fixos no passado de medo de vê-lo se dissolver, escapar, desaparecer. Pois uma notícia veio lhe aliviar a nostalgia. Os restos mortais dos sogros podiam repousar no Brasil. Um sopro de calor na vida cinzenta de Isabel, que sofria com as baixas temperaturas do outono. Os preparativos tiveram início. Os governos português e brasileiro conversavam sobre o embarque dos caixões. Discutia-se se a bandeira do Império poderia cobri-los. Resposta da República: não. Comissões de senhoras, presididas por Amandinha, e de homens, por Afonso Celso, se organizavam. Passava-se o chapéu para a confecção dos mausoléus. A baronesa de São Joaquim custeou grande parte das despesas. Os jornais começaram a noticiar a volta dos imperantes. Onde repousariam? O decreto de revogação do banimento não especificava.

O jornal *Correio da Manhã* publicou então uma entrevista com a Princesa Isabel, na qual ela manifestava o desejo de que fossem para a catedral de Petrópolis, cujas obras tinham sido retomadas. Sobre o desejo da princesa, o jornal expressou sua opinião: "A sugestão da princesa Isabel é felicíssima e encerra um sentimento de piedoso culto histórico pelos lugares que D. Pedro II amou". E em nenhum outro lugar do Brasil os despojos estariam mais bem alocados "para o culto da história e da edificação do futuro". Ah, Petrópolis! Sempre a Petrópolis dos anos felizes. Será que o casal sonhava com isso quando expropriou os sobrinhos?

Outro local que apareceu como opção foi a Igreja de Nossa Senhora da Glória, no Rio de Janeiro. A ideia, já discutida por Gastão em cartas trocadas com monarquistas, tinha sido proposta pela própria Irmandade da Glória, em 1916, e foi publicada no jornal *A Noite*, de agosto de 1920. A Irmandade apenas oferecia uma área no terreno da igreja para a construção de um panteão, o qual seria adquirido via subscrição popular organizada por uma comissão de amigos da família imperial, designada pela princesa. O panteão abrigaria não apenas os despojos dos soberanos, mas também os de toda a família imperial. Mas a maioria dos amigos já tinha partido.

O *Jornal do Brasil* publicou um telegrama de Isabel a Afonso Celso, em resposta à consulta que lhe fora feita pela comissão encarregada da construção da Catedral de Petrópolis. E confirmava a opinião geral acerca do lugar onde repousariam os restos mortais de seus pais: "Agradecendo-lhe e à comissão o telegrama e também o voto da Municipalidade de Petrópolis, declaro ser meu desejo que os restos mortais de meus queridos pais repousem na Catedral daquela cidade. Para a construção de jazigo esperem carta da Baronesa de São Joaquim. Isabel".

Ganhos e perdas

Bateu o martelo. Iriam para Petrópolis. Enquanto a catedral estivesse em obras, os restos mortais ficariam na capela da Igreja de Nossa Senhora dos Passos, no Rio de Janeiro. Entraram em cena os diplomatas. Portugal foi avisado. O couraçado São Paulo passaria por Lisboa em finais de dezembro. Que tudo estivesse pronto. O governo brasileiro tinha pressa. Além do fiel barão de Muritiba, Gastão e Pedro acompanhariam os ataúdes. O presidente Epitácio Pessoa sublinhava que "na volta a pátria eles teriam a maior prova de acatamento" e D. Pedro, honras de chefe de Estado. A esposa do presidente, Mary Pessoa, foi designada presidente de honra da comissão organizada por Amandinha Loreto e a cerimônia de recepção dos despojos ganhou um caráter grandioso. Todos queriam participar. Os monarquistas de São Paulo enviaram uma coroa de flores em bronze. As senhoras paulistas redigiram uma mensagem a Isabel. O antigo inimigo Ruy Barbosa tonitruava: "era uma reparação" à família imperial. Uma "reintegração". Afinal D. Pedro errara muito como político, mas tinha alto padrão de moralidade.

Ao entrar na baía de Guanabara, na manhã de 8 de janeiro de 1921, Gastão e Pedro talvez tenham se lembrado da cidade que viram de longe, sob céu pesado e nuvens carregadas, tantos anos antes. Se no passado saíram sob o céu escuro e silêncio, agora salvas de tiros partindo das fortalezas de Santa Cruz e São João enchiam os ares. No Pão de Açúcar tremulava uma enorme bandeira nacional republicana.

Uma multidão os aguardava e tomou de assalto o São Paulo. Latapie, que acompanhava os príncipes, contou:

"Como avaliar o número daquelas pessoas? Para mim seriam de dez a vinte mil. Simplesmente, tornou-se impossível circular no convés do navio. Gente e gente por toda a parte, a tal ponto que os príncipes que deveriam se vestir de gala em suas cabines não conseguiram ir até elas. Abrindo caminho entre as pessoas pelos corredores e pedindo desculpas, cheguei antes ao convés e vi homens instalados nos mastros do navio, pronunciando discursos. Por diversas vezes, ouvi aclamarem 'Viva D. Pedro III'".

Os viajantes foram recebidos pelo prefeito do Rio de Janeiro, Carlos Sampaio, pelo presidente do IHGB, Afonso Celso, e outros importantes membros do instituto. Já na Praça Mauá, o Conde e o Príncipe seriam apresentados à esposa e à filha do presidente da República, Mary e Laurita Pessoa, por Afonso Celso. O presidente manteve distância do evento, mas Mary Pessoa, diplomática mediadora entre a República e a Monarquia, convidou Gastão e Pedro para acompanhá-la no automóvel presidencial.

Tal como choveu durante o embarque da família imperial no dia 15 de novembro, também no desembarque caiu forte aguaceiro. A imprensa comparou a saída dos ataúdes com a cena do calvário de Cristo: "O espetáculo de ontem foi de uma grandeza tamanha, que o próprio céu quis, naquela hora, tomar parte. Anunciadas pelos clarins as primeiras ordens para desembarque dos esquifes, as nuvens, que se aglomeravam nas alturas, estalaram também. E o que se viu, então, foi simplesmente épico: [...] Cortado de raios, o céu ribombava, soturno e profundo, como se quisesse partir-se de lado a lado. E não houve quem não recordasse, nessa hora, a cena do Calvário, no momento que o céu estalou, [...] triste e sombrio, anunciando aos homens arrependidos o derradeiro instante de um Deus...".

Baixou um respeitoso silêncio, cortado apenas pelo toque de sentido. As mulheres acenavam com lenços, os homens se descobriam respeitosamente, a multidão enxugava os olhos. Celebrava-se, através do traslado, a reintegração entre passado e presente.

Quando estiou, os caixões tocaram em terra. O momento solene foi marcado por salvas de tiros partidas do São Paulo, a execução do Hino Nacional e mais salvas de tiros efetuados pelo Batalhão Naval. Em seguida, salvaram a um só tempo todas as unidades da Armada, fundeadas na Guanabara e todas as fortalezas da baía. A Polícia Militar, seguida do Exército, liderou o desfile. A carreta com o ataúde de D. Pedro era conduzida por representantes das irmandades de S. Elesbão, Santa Efigênia, do Rosário e de S. Benedito, enquanto a da imperatriz era conduzida por senhoras representantes de várias instituições, como o IHGB, a Irmandade do Sagrado Coração de Jesus e a Sociedade Católica. A seguir, deslizava o automóvel presidencial.

À medida que o cortejo passava pela Avenida Rio Branco, as forças apresentavam armas ao som do hino nacional. Na decoração, tanto da avenida quanto das ruas adjacentes, tremulavam nas fachadas dos estabelecimentos públicos, casas comerciais e residências particulares bandeiras negras em sinal de luto. As nacionais e estrangeiras foram hasteadas a meio-pau. Os republicanos como Lopes Trovão protestaram. Para que tudo aquilo?

Envolta em drapeados de veludo bordado com lágrimas de prata, a catedral engoliu mortos e vivos. Os altares laterais envelopados em mantos negros davam o tom fúnebre ao ritual. Monsenhor Ferreira Alves rezou a missa. Uma vez terminado o ofício, Gastão e Pedro receberam a imprensa na sacristia, enquanto o povo reverente se ajoelhava diante dos esquifes. Historiadores sublinham que a imprensa reforçaria esse momento como de "congraçamento" enquanto o povo rendia "culto patriótico ao passado". Os Orléans e Bragança deixaram o templo aplaudidos.

O jornal *Gazeta de Notícias* publicou uma entrevista com os reais visitantes. Disse Gastão: "Não sei como dizer a emoção que senti, quando me foi dado, enfim, rever as terras do Brasil, avistando ao longe, no horizonte, a ilha de Fernando de Noronha! Se em minha casa, em França, noutra coisa se não falava senão no Brasil, durante trinta anos! Imagine como não hei de rever com emoção essa terra, a que estou tão profundamente ligado por tantos motivos!".

Já Pedro maravilhou-se com as transformações da capital: "Quando daqui parti, tudo era diferente: não havia as avenidas, de que tanto tenho ouvido falar e de cuja beleza tanto se orgulha o povo brasileiro. Esse soberbo cais nem sequer havia sido esboçado. Sinto-me bem ao pisar o solo pátrio e é com pronunciada comoção que observo essa manifestação de apreço do povo carioca aos seus ex-imperadores. Outra coisa não poderia esperar: desde que cheguei de Lisboa, fui cercado de tantas distinções e de tantos carinhos que, na verdade, me sinto confortado e orgulhoso por encontrar-me no meio dos meus concidadãos".

Um desses concidadãos seria sua ama de leite, Anna Grunewald. A senhorinha de 72 anos teria vindo de Petrópolis especialmente para receber e cumprimentar o príncipe. O reencontro dos dois se repetiria, levando a ama às lágrimas. Segundo a *Gazeta de Notícias*, o príncipe teria conversado longamente com ela, "relembrando vários fatos ocorridos em sua mocidade". Além da ama, foi abraçá-lo o preceptor Ramiz Galvão.

Gastão também teve surpresas boas. Veteranos da Guerra do Paraguai selecionados pela direção do IHGB também comparecem a bordo do couraçado. Dono de excelente memória, Gastão os reconhecia imediatamente. Assim, *O Imparcial* descreve o encontro do conde com o marechal Argollo: "Reconheceu-o imediatamente e, estendendo-lhe os braços, disse: '– O meu ajudante de campo!'". Ao ser apresentado a outro veterano da guerra, o sr. Jorge Maria, o conde teria respondido imediatamente: "Ah! Jorge Maia, o que se casou no Paraguai?", impressionando, segundo o jornal, as pessoas que o cercavam com esse "prodígio de memória em um octogenário". E todos "sorriam a cada uma dessas provas de lucidez de espírito do velho conde".

No dia seguinte à chegada, o conde e o príncipe visitaram a Exposição de História e Arte Retrospectiva da Época Monárquica no Brasil, sediada no Clube dos Diários. Composta por objetos e retratos ligados à Monarquia, a exposição foi detidamente apreciada por Gastão e Pedro e rendeu um detalhado artigo de *A Noite*. Sobre as impressões do conde, observa o jornal: "Tinha palavras de recordação, citando episódios e inquirindo de pessoas contemporâneas dos períodos recapitulados". Examinou todos os objetos, reconhecendo os personagens retratados: "O Nabuco, o Patrocínio, o Taunay, o Ferreira Vianna". Ao entrar no salão de baile do clube, teria comentado: "[...] aqui vi reunidos vivos todos esses políticos que ora vejo em retratos. [...] O Zacarias, o João Alfredo, o Dantas... o general Osório...".

Sobre as impressões de Pedro, a matéria destaca um seu comentário simbólico sobre uma das fotos da família imperial: "Foi tirada em Petrópolis pouco tempo antes da revolução republicana. Cá estou eu. Tinha pouco mais de quatorze anos". Mas as lembranças do Conde não ficaram restritas ao seu grupo de velhos companheiros de batalha, também aflorando durante seus passeios pela cidade do Rio. Um artigo de Viriato Correa, publicado no *Correio da Manhã*, narra um passeio de carro pela orla da Avenida Beira-Mar até Copacabana. Viriato descreve a surpresa do conde ao verificar as mudanças pelas quais a cidade tinha passado, presentes, inclusive, no Palácio Guanabara, onde residiu com sua esposa. Ao vislumbrar o palácio, exclamou maravilhado: "Como está mudado!". Depois, rodeou as palmeiras defronte ao imóvel, identificando as que foram plantadas por ele e as que foram plantadas pela princesa. Ainda sobre esse passeio, Viriato comenta que, várias vezes, o conde tinha mandado parar o automóvel "para lembrar um fato que se dera em tal ou qual rua que passava, para recordar a história de um prédio e das figuras que nele habitaram".

Hospedados no Palace Hotel, na Av. Rio Branco, pai e filho não paravam. O primeiro recebendo visitas e o segundo, em compromissos fora. Gastão se esfalfava. Ficava exausto e, à noite, descontava seu mau humor em Latapie. Passaram alguns dias em Petrópolis para afogar saudades de trinta anos longe da serra. Ao fim do mês de janeiro, Gastão e Pedro partiram para uma visita a Minas Gerais, seguindo depois para São Paulo. Esticaram até Joinville, em Santa Catarina, pois Gastao queria apurar o que acontecera com as terras dadas como dote de casamento a Isabel e tomadas pelo golpe republicano. O destino das heranças era preocupação permanente. Voltaram dia 6 de fevereiro. A despedida não teve a grandiosidade da recepção, e sobre ela não há detalhes. Um cortejo de carros levando os visitantes e seguido de acólitos e membros do Império seguiu junto até o navio. O povo se descobria à passagem do neto de D. Pedro e de seu pai.

Bem lembrou uma historiadora que, ao fim da visita de Gastão, o estrangeiro antipático e avarento se transformou em um velhinho simpático e veterano de guerra. Um senhorzinho saudoso que voltava a casa. Graças a tanto sucesso, uma nova viagem foi planejada para o ano seguinte, e assim um dos mais atacados e desprezados membros da família imperial retornaria dentro em breve para participar das comemorações do Centenário da Independência.

Os viajantes deixaram uma República que iria mergulhar em grandes transformações. Se tivessem permanecido em São Paulo, teriam ouvido os ecos da Semana de Arte Moderna que teve lugar no Theatro Municipal. Em março, houve eleições para a presidência. Em junho, pousaram no Rio de Janeiro, depois de uma travessia do Atlântico em hidroavião, os portugueses Gago Coutinho e Sacadura Cabral. Em julho, arrebentou a Revolta dos 18 dos Forte – dezessete militares de baixa patente marcharam com um civil contra as forças do governo republicano que queriam derrubar. Houve mortos e feridos. Depois, em setembro a capital mergulhou nas comemorações da I Exposição Internacional sobre o Centenário da Independência e, em outubro, ocorreu o I Campeonato Sul-Americano de Futebol.

Ao voltar para a Europa, Pedro partiu para Eu e Gastão resolveu ir a Lourdes e, de lá, a Cannes. Queria levar Pia e as crianças para o castelo. Ficou extremamente contrariado porque a nora não aceitou. Prometeu-lhe até vender a casa de Boulogne para viverem com mais conforto. Nada feito. Pia recusou e ficou claro que, enquanto sua família vivesse, ela não ia querer morar com os sogros. Tinha suas razões.

Em fins de junho, Pia veio para as férias em Eu. Os primos, felizes por se reencontrarem. Todo o verão e o outono de 1921, o tempo esteve bom. Nos primeiros dias de novembro, mudou de repente. E contou Latapie: "No dia 4, a temperatura estava gelada. D. Isabel costumava sair todas as manhãs, numa charrete acompanhada pelo cocheiro. Acompanhei-a até o carro e achei que estava muito frio, mas não lhe disse nada. No dia seguinte, fazia mais frio ainda. Eu disse à Princesa que seria melhor que ela não saísse, mas ela me respondeu: 'Mas eu estou tão bem, além do mais estou com um xale, uma garrafa de água quente aos pés, uma estola forrada de peles, a boina dobrada sobre a orelha. Como você acha que eu vou sentir frio?'".

Ela só voltou ao meio-dia e me disse: "Você tinha razão. Faz frio demais". Passou alguns minutos em seu quarto e, quando soou a chamada para o almoço, sentou-se à mesa. Havia ovos cozidos; ela pegou um em cada mão, mas logo depois se levantou, deixando-os no prato, foi para o quarto, de onde não mais voltaria à sala de jantar".

No aposento de lambris pintados e cortinas azuis, o médico diagnosticou um forte resfriado. Ela se arrastava da cama à poltrona. Não se sabe se tinha forças para puxar a comadre ou se só conseguia tomar poções e caldos de legumes. No quarto dia, não se levantou mais só. Voltou o Doutor Duriez, mudou os medicamentos, mas não se mostrou preocupado. Ele estava de saída quando se ouviu o grito de Pedro: "Diga para que o doutor venha depressa ver mamãe". Tarde demais. Latapie foi correndo à farmácia da vila, em busca de uma injeção. "Fraqueza cardíaca e congestão pulmonar" foi o diagnóstico. No leito, a boca suspensa no ar, os roncos, a agitação apontavam o fim da princesa. Não se sabe se recebeu oxigênio ou morfina, então largamente usados pelos médicos para acalmar os pacientes.

Mais um novembro, "mês dos mortos". A pequena cidade de Eu acordou com o toque dos sinos anunciando a partida da castelã. Na sua linguagem, os sinos pediam orações. Netos, filhos e criados foram reunidos em volta do leito rezando, enquanto o padre preparava os sacramentos e recitava o *Misereatur et Indulgentiam*. Gastão, muito agitado, assinalava o que o padre ia esquecendo dos gestos da extrema-unção: a unção nos pés, nos olhos, nariz, boca e mãos. Depois do ritual, todos deixaram o quarto no mais absoluto silêncio. Iam esperar a morte da condessa ser anunciada. E então voltariam para dar o último beijo e aspergir o corpo com um galhinho de bucho e água benta. Mas o temperamento infantil dos netos falou mais alto e foi asperamente corrigido por Pedro Luís, que conhecia a dor de perder o pai: "Se vocês têm vontade de rir e fazer bagunça, vão para o parque. Não está certo se divertir no castelo onde vovó acaba de morrer". Isabelle replicou: "Todo mundo diz que vovó era uma santa e, além disso, a irmã Fidelina sonhou com ela toda feliz no paraíso". Um dia depois de a Princesa Isabel fechar os olhos, assumiu o décimo segundo presidente eleito da República, Artur Bernardes.

Na foto, deitada no caixão, vê-se Isabel inchada, o rosto desfigurado se desmanchando sobre a gola cerrada do vestido preto. Seu rosto virado para um mundo impenetrável. Pálpebras fechadas, os lábios descoloridos, as mãos cor de cera uma sobre a outra. Os santinhos feitos pelo seu aniversário de morte dirão que ela morreu "em odor de santidade", ou seja, os santos exalavam perfume, enquanto seus corpos se decompunham. Seguiu-se o enterro em Dreux e uma cerimônia no Colegial de Eu. O bispo de Rouen proferiu: "Que maior amor pelo próximo podemos conceber do que o de uma Soberana que quebrou grilhões e libertou um povo". O funeral contou com a presença dos moradores de Eu. Uma longa fila de coroinhas abria a procissão do féretro, seguido por familiares, criados, moradores, beatas e autoridades de cartola.

Gastão diria da companheira que "[...] ela tinha adoração por mim, e eu, muito orgulho desse amor... Eu me pergunto, agora, se ele terá sido bem retribuído... ela me mimava tanto...". Isabelle, a condessa de Paris, contou em suas memórias que sempre viu os avós juntos, mas nunca os ouvia conversar ou discutir. "Dividiam o mesmo apartamento, tinham o ar de serem bons amigos, mas nunca os vi sorrir".

No Brasil, exatamente a 32 anos do golpe republicano, a 15 de novembro de 1821, *O Estado de S. Paulo* lhe prestou grande homenagem. Um artigo em letras garrafais homenageava:

"Sua alteza contava 75 anos de idade. A morte da Princesa Isabel vai ecoar dolorosamente em todo o Brasil, onde a sua lembrança permanecia, há trinta e dois anos, entre perenes efusões de simpatia e de saudade.

Deram-lhe, a 13 de maio de 1888, por ideia de José do Patrocínio, o suave cognome de Redentora. Sob esse cognome, como sob uma auréola hierática, ficou pairando na consciência brasileira, até hoje, a sua benévola imagem de senhora, de mãe e de princesa. Todos a evocavam com respeito, muitos com ternura, não poucos com intensa devoção. Para todos, portanto, a notícia que hoje se estampa será uma surpresa triste, para muitos uma rajada de amargas emoções.

Com isso, teremos, por parte de toda a população que já ultrapassou o cabo dos quarenta anos, uma silenciosa romaria subjetiva pelo passado adentro. Voltar-se-á aos tempos que precederam de perto o dia da 'lei áurea', que foi também, sob outro aspecto, o 'dia da Princesa'.

O Brasil todo estremecia sob os choques da campanha abolicionista cada vez mais ativa e mais audaciosa e da reação escravista, cada vez mais desorientada e mais incapaz. A situação tornara-se tensíssima. Tensíssima, sobretudo, para o Trono. Políticos ponderados e hábeis, como Cotegipe – o chefe do último gabinete antes do libertador –, colocavam o problema, para a Monarquia, nos seguintes e claros termos: ou resistir e contemporizar, ou cair. Outros políticos, não menos ilustres, mas no campo adverso, punham a questão nesta dualidade: abolição, ou revolução... Eram dois dilemas opostos, ambos sérios, ambos fundamentados, ambos reclamando solução, mas solução por atos, que não por fórmulas e palavras, e por atos decisivos, que não por passos protelatórios.

As duas espadas de dois gumes, apontadas para o Trono vacilante, brilhavam sobre a cabeça de uma fraca mulher... Dentro da alma dessa fraca mulher desencadearam-se as tempestades mais tremendas, que vinha sentindo a consciência injunções contrárias que se cruzavam, acompanhadas de ameaças igualmente temerosas, e tudo pondo em tumulto os sentimentos mais profundos da Regente, as suas responsabilidades morais mais diversas – perante o pai ausente e valetudinário, perante a família, perante a humanidade, perante as instituições e perante o país...

Pois, esse passo temível, diante do qual tremiam os homens mais acostumados ao manejo do leme governamental entre procela e arrecifes, por temporais desfeitos, nesse passo a ilustre senhora se manteve firme e serena, entre as ameaças e as intimativas, entre os apodos e as recriminações, com um sorriso nos lábios – um sorriso de quem cumpre singelo dever da vida comum, aquele sorriso brando e maternal que ficou inseparável da sua imagem, na memória dos brasileiros.

Não é, pois, verdade, como insinuam ou afirmam tantos, que a Princesa Isabel não tivesse outro merecimento, que o de sancionar uma situação irremediável. Hoje, vistas as coisas na perspectiva da história, a situação nos parece ter sido irremediável, como pareceu a maior parte dos que a olhavam no momento. Ninguém sabe, porém, o que teria acontecido se houvesse uma resistência forte por parte do Trono, apelando para a colaboração dos reacionários, que não faltavam, e para a habilidade e energia de algum político destemido e astucioso. Mas, pondo de lado esta questão, fica sempre a maneira superior, a singela firmeza, a calma segurança, diremos o heroísmo com que essa frágil senhora, bastante inteligente para compreender tudo, se conduziu em tão angustiosa conjuntura.

O título que lhe deram, de Redentora, foi bem dado. Não foi ela, certo, quem, por um ato de sua alta benignidade, deliberou conceder a liberdade aos cativos. Mas foi ela – e isto não lhe poderão negar jamais – quem, num momento dificílimo para a sua consciência e para o seu coração, num momento de intrincadíssima dificuldade e de perigos terríveis, soube, com um sorriso nos lábios, digna filha de reis, sepultar sob uma chuva de flores uma tempestade onde se jogava a própria existência da sua Casa e da Monarquia...

É preciso reconhecer que ela foi grande, e reverentemente guardar a sua memória sagrada – sobretudo agora que a nobre senhora, longe do seu país que amou tanto, paira para a eternidade morrem os ecos das tempestades passadas!".

Como o marido, Isabel também tinha se organizado. Seu testamento foi feito anos antes, em março de 1910. Além da Imperial Fazenda de Petrópolis e sua *enfiteuse* perpétua, que compreendia a zona urbana e distritos suburbanos e rurais, ela deixou títulos e apólices da dívida pública, ações do Banco do Brasil, ações da Sociedade Anônima Liceu Francês, ações da Biblioteca Fluminense, a coroa imperial de brilhantes, um saldo no London and River Plate Bank, cerca de treze casas e pequenos terrenos na Rua São Luiz Gonzaga, em São Cristóvão, um prédio no número 82 da Rua Visconde de Inhaúma, outro na antiga Rua do Hospício, atual Buenos Aires, número 24. Casas na Rua Farani, números 61, 66 e 75, compreendendo terrenos aforados situados na Rua São Luiz Gonzaga, Chaves Faria e Mato Grosso, antiga chácara do Elias. A Fazenda do Funil e Buraco na Cachoeira do Campo, perto de Outo Preto, Minas Gerais. Em Petrópolis, as casas de números 376, 454 A, B, C, D, F e G na Avenida 15 de Novembro. Os números 92 e 220 na Avenida 7 de Setembro. E na Avenida Koeller os números 42 e 98. Se faltava dinheiro na França, sobravam imóveis no Brasil.

Repercussão na imprensa brasileira e também na francesa: o *Le Figuro*, o *Le Journal des Débats* e o *L'Éclair* anunciaram seu passamento. Na primavera de 22, Pedro levou a família para Boulogne. Restaram Gastão e Latapie. Velho e rabugento, ele descontava no mordomo: "Ele era muito bom, mas a doença o tornava algumas vezes bastante nervoso e impaciente, e frequentemente estava zangado fosse por causa da família, fosse por causa dos negócios. Se, acaso, eu estivesse por perto, ele me repreendia fortemente e, no fim de algum tempo, me pedia desculpas e me perguntava como eu estava", registrou o fiel Latapie.

Viúvo, Gastão seguiu viagem. Foi a Roma, para ver o papa, onde se vestiu de burel e permaneceu ajoelhado das 8 às 11 horas no piso de mármore da basílica de São Pedro. Em Paris teve um "ataque". Não conseguia respirar e foi salvo por Latapie, que lhe esfregou o peito com uma luva de crina. Pediu silêncio sobre o acontecido. Não foi a primeira crise. A anterior foi tratada com a ingestão de carnes brancas e legumes e a proibição de subir escadas. O programa, agora, era voltar ao Brasil. Tinha sido convidado para assistir com familiares à festa comemorativa da Independência. Não queria perdê-la.

O retorno

No dia 16 de agosto, Gastão e Latapie rumaram de trem para Bordéus, ao encontro de Pedro, Lizie, e os netos Bebelle e Pedro Gastão. Pedro e família embarcaram no navio *Curvelo*. Gastão, a viúva Pia e filhos, no Massília. A caminho da América do Sul, várias autoridades, diplomatas e o presidente da Argentina a bordo. Gastão queria apresentar os netos Pedro Henrique e Luís Gastão aos brasileiros. No fundo, não desistia da Restauração. Em águas brasileiras, na altura de Pernambuco, contou Latapie que ele "mudou de humor; ficou na cabine escrevendo uma carta de grande formato a D. Pedro de Alcântara e a D. Elisabeth. Uma hora antes do jantar, ele pôs sua roupa de gala, pois naquela noite haveria a festa em benefício das crianças órfãs da Marinha; vestiu um colete branco e eu lhe frisei o bigode; ele se olhou no espelho do armário e achou que estava bem para a ocasião: estava contente de si mesmo. Pouco depois, soou o chamado para o jantar. Os principezinhos ficaram numa saleta de jantar, onde já havia outro casal. Acompanhei o conde d'Eu e D. Maria Pia ao salão de jantar. Ao se sentar, ele me disse: 'Você não me deu meu xale'. Era um xale que ele sempre costumava colocar sobre os ombros. Fui-me encontrar com minha mulher em outra sala. Apenas tinham servido a sopa, um copeiro do salão principal veio me chamar, dizendo: 'Venha depressa, seu patrão está passando mal'. Cheguei ao salão principal e vejo o conde d'Eu estendido sobre o tapete, já todo desabotoado. Com a luva de crina, procurei friccionar-lhe o peito, sobre o coração;

primeiro, pareceu-me que ele batia, mas eram meus reflexos – creio – que me faziam assim pensar: eu não podia acreditar que ele já não existisse mais. O médico de bordo veio e fez algumas fricções, mas logo se deu conta de que nada mais havia a fazer".

As festas a bordo foram suspensas e, a pedido de Pia, o corpo acomodado num frigorífico da cozinha. Queriam jogá-lo ao mar. Desembarcaram sob manifestações de tristeza. O corpo embalsamado foi depositado na Igreja da Santa Cruz dos Militares. Para o velório, o caixão e a armação na frente do altar, o serviço funerário cobrou 180 mil réis. Gratificações foram distribuídas aos membros da Guarda-Marinha, que trouxeram o corpo para a terra. Houve cerimônias religiosas em quase todas as igrejas da cidade. Na Candelária, missa cantada. A fila de cumprimentos era sempre imensa e comprovava que a volta da família imperial tinha causado comoção intensa em todo o país. Eles não queriam mais ficar no Brasil, mas atenderam a compromissos. Pia colocou a pedra fundamental do monumento do Corcovado. As notas do Hotel D'Europa, onde ficou Latapie, revelaram um grande consumidor de cerveja. Em novembro, depois de distribuir gorjetas aos empregados do Hotel Glória, onde ficaram hospedados, voltaram para a Europa. O corpo de Gastão veio com os membros da família, no mesmo Curvelo que os trouxera. Foram direto a Dreux enterrá-lo. Pia e os filhos seguiram num navio francês.

Depois, estiveram em Eu para estudar como arranjariam a partilha da herança. Os príncipes retomaram seus antigos apartamentos no segundo andar. Pedro e Pia dividiram os bens em partes iguais, ficando cada um deles com o que desejava. Pia não viria a Eu, senão duas a quatro vezes ao ano. Sempre na época das caçadas. Para ela ficou a casa de Boulogne, que mandou repintar por dentro. As paredes, antes marrons e tristes, ganharam cores claras.

Como todos já estudavam, Pedro decidiu alugar o palacete Lambert, casa dos primos Czartoryski, em Paris, enquanto os filhos estudavam no colégio Massillon e as filhas no colégio Nossa Senhora de Lyon. Às quintas-feiras, Pedro e Lizie se reuniam com os filhos ora em Boulogne, ora no palacete Lambert. Algumas vezes, passavam o verão em

Eu, no pavilhão dos Ministros. Estavam em todos os cantos da França, ora nos Alpes, ora no litoral ou mesmo na Polônia.

No princípio havia dinheiro suficiente para a manutenção da casa e o pagamento dos estudos. Um procurador, dr. Octávio da Silva Costa, administrava o patrimônio que restara em Petrópolis e enviava os recursos a Paris. Em 1923, Pedro tinha começado os trabalhos na ala outrora incendiada do castelo. Uma firma de construtores de Paris fez os cômodos do térreo, primeiro e segundo andares; em seguida, marceneiros fizeram todos os armários da biblioteca, escritório, nova sala de jantar, saleta, sala de almoço e saleta do telefone. As obras devoravam o dinheiro. Certo dia, o procurador foi misteriosamente assassinado e as coisas se complicaram. As eternas desvalorizações cambiais do mil-réis face à moeda francesa fizeram o resto. Os recursos minguavam. Os filhos mais novos usavam as roupas usadas pelos mais velhos.

Do lado de Pia, a situação não estava melhor. Seus pais iam vender a *villa Marie-Thérèse*. Como explicou a filha Pia Maria, "nós todos vínhamos desfrutando da hospitalidade de nossos avós, sem pensar que ela pudesse ter fim, sem pensar que a vida se tornava cada vez mais cara, sem pensar que alojar e alimentar tanta gente, e manter tantas peças custava uma fortuna". Construíram uma casa em Mandelieu, vilarejo rural de dois mil habitantes perto de Cannes.

No Brasil, fiéis monarquistas acompanhavam de longe os movimentos do sucessor de D. Luís. O jornal *A Noite* publicou um artigo intitulado "Os amigos de D. Maria Pia descontentes com a família imperial?". Talvez desconhecessem a situação difícil em que se encontravam os herdeiros buscando uma moradia possível dentro do minguado orçamento. Cobravam que o príncipe Pedro Henrique, com dezenove anos, não viesse fazer o serviço militar no Brasil, conforme anunciado pelo pai, antes de morrer. E o articulista cutucava:

"O caso assume um singular aspecto, pois cogitam os descontentes (tudo isso é o que nos informam) reconhecer em D. Pedro de Orléans e Bragança o legítimo 'pretendente'. Objectar-se-á:

– D. Pedro renunciou ao título de herdeiro presuntivo, em favor de seu irmão, D. Luís.

– Não é bem a verdade, explicam alguns elementos monárquicos. Desejando D. Pedro casar com a mulher a quem amava e que não era princesa de sangue real. Houve um conselho de família, opinando D. Isabel que o casamento se realizasse, mas perdesse D. Pedro todos os direitos dinásticos, que passariam a D. Luís. D. Pedro reafirmou que realizaria o discutido matrimônio, a despeito de tudo. Era uma deliberação franca, segura, decisiva. Nestas circunstâncias, D. Isabel comunicou às famílias coroadas e aos amigos que D. Luís assumiria a qualidade de 'herdeiro presuntivo ao trono do Brasil'. São estas as combinações que têm, atualmente, por cenário o nosso reduzido número de fiéis à família imperial e à restauração do antigo regime, entendendo os divergentes que o referido casamento de D. Pedro não lhe tirava os antigos direitos, sobretudo por ser tradicional o caráter democrático da monarquia brasileira. Podemos adiantar que D. Pedro, segundo velhos desejos, pretende matricular seu filho mais velho na Escola Naval".

Não se sabe a quantas andava a relação entre as duas famílias depois da morte de Gastão e Isabel. Sabe-se que a França se saiu bem da guerra. A ocupação do vale do Ruhr, as indenizações, a implantação do Seguro Social, a eficiência de um governo de direita que fazia política de esquerda convidavam a celebrar. A vida política era dominada pela geração que ganhou a guerra e, do dono do armazém ao vendedor de jornais e o garçom do café, somente tinham na boca as palavras glória e vitória! Discursos sanguinários contra os boches apaixonavam.

Mas durou pouco. Em 1925, o PIB francês estagnou. A inflação subiu a 7,2% e caminhava, a passos largos, para mais de 31% no ano seguinte. A Bolsa flutuou violentamente. O desemprego congelou em 3%, mas os movimentos operários estavam a todo vapor. Greves pipocavam: das enlatadoras de sardinha, das escolas, dos ferroviários. Num choque de rua, militantes comunistas mataram a tiros membros da Juventude Patriota. Manifestações reuniam dez mil católicos em protestos contra as leis de laicização. Santa Teresa de Lisieux, devoção de Isabel, foi canonizada por Pio IX, sob protestos. No Palais-Bourbon, sede da Assembleia, os deputados se mostravam ávidos, seus agentes eleitorais, famintos, e os ministérios, efêmeros. A Terceira República era obrigada a satisfazer o terrível apetite de uma legião de parasitas. No Marrocos, exércitos espanhóis e seus aliados franceses lutavam contra tribos berberes no Rif. O país começou a renegociar suas dívidas de guerra com Inglaterra e Estados Unidos. O ministro de negócios estrangeiros, Henriot, líder do Cartel das Esquerdas, avisou aos ingleses: "A Alemanha lhes fará guerra em dez anos". O ovo da serpente chocava sob os Acordos de Locarno. Acordos que prometiam garantir a paz na Europa.

No Brasil, foi inaugurada a sede do Senado Federal, o Palácio Monroe. O presidente Artur Bernardes sancionou a resolução legislativa que concedia quinze dias de férias aos empregados do comércio, das indústrias, de fábricas e da imprensa. Os jornais comentavam nas primeiras páginas o consumo "assombroso de automóveis". O modernismo se instalava nas artes e na literatura. Contra os tempos sombrios da Europa, o país parecia viver em luz e progresso. Porém, no seu coração, Mato Grosso, a Coluna Prestes marchava contra o governo. Nesse quadro, Pedro resolveu voltar. Trouxe a família. O castelo ficou vazio.

Pedro tinha herdado bens que era preciso gerir, mas, acima de tudo, adorava seu torrão natal. Se não foi educado para ser o sucessor de Isabel, o foi para ser um brasileiro. Quando foram exilados para a França, ele deixou seu coração em Petrópolis. Na volta, instalou a família numa casa alugada próxima ao palácio Grão-Pará. Uma grande varanda os reunia. Redes suspensas e orquídeas trazidas da mata, uma piscina onde as crianças nadavam antes do jantar, os serões em família, os passeios a cavalo enraizavam os descendentes de D. Pedro II à terra. E, tal como fez em Eu, Pedro começou a restauração do prédio que então abrigava repartições públicas.

Mas a aventura também chamava esse desbravador do Brasil. Com Lizie e Bebelle, tomaram um navio que os levou do Rio a Manaus. Subiram o rio num "navio de rodas", parando em pequenas localidades, pois Pedro queria conhecer cada pedaço da Amazônia. Passaram por Santarém. Em toda parte, eram recepcionados por velhas famílias monarquistas, tendo que almoçar e jantar várias vezes, atendendo a convites. Embrenharam-se em excursões perigosas, descendo o Araguaia até Belém. Andaram de piroga, acamparam nas margens de rios e foram seguidos por xavantes, que na época abriam cabeças com bordunas. Na capital, Pedro foi abordado por uma velha senhora que se dizia ex-escrava de Gastão. Conversaram longamente e ele lhe ofereceu um presente. No retorno, parada em São Luís, onde tomaram o trem para Teresina, Parnaíba, Sobral e Fortaleza. Em toda parte, recepção com banda de música, buquês de flores, poemas em francês em meio "a assustadoras nuvens de poeira ocre", contou Bebelle.

Depois, a descida pelo rio São Francisco costeando a floresta virgem. Comiam em praias de areia, lavavam-se nas águas do rio e dormiam, na proa do barco, sob palha. Ao fim da viagem, foram recepcionados por uma multidão colorida, agitando lenços e dando vivas, que os acompanhou até a estação do trem que os levaria a Maceió. Em todas as cidadezinhas do interior pelas quais passaram, foram hóspedes de moradores. Pedro ficava à noite, nas varandas, conversando com os homens. Nas pequenas salas Lizie e Bebelle recepcionavam as senhoras que perguntavam sobre modas e leituras, enquanto o povo assistia debruçado nas janelas.

A simples presença de Pedro incendiava os incansáveis restauradores. A propaganda monarquista cresceu. Depois de ter sido recebido pelo presidente da República e homenageado pelas mais altas autoridades, o príncipe se viu obrigado a desmentir categoricamente qualquer declaração de caráter monárquico: "A restauração do trono monárquico no Brasil é uma utopia", afirmou. E sublinhava que "O que o Brasil precisa agora é de paz e calma para prosperar". Apenas criticou o protecionismo aduaneiro que teria asfixiado a atividade agrícola, encarecido a vida e gerado mal-estar no povo. Sabia do que falava pois tinha percorrido o país e se misturado à sua gente. Pedro era visto como "autêntico brasileiro", capaz de desprendimento especial, cidadão que nada ambicionava senão a riqueza do país.

Retornaram à Europa em outubro de 1927. Acompanhado da condessa Dobrzensky, mãe de Lizie, o fiel Latapie aguardava no cais da cidade de Havre. Durante todo o tempo que o navio acostava, os príncipes ficaram no convés. Quando a sogra e o criado puderam subir a bordo, já era noite. Pedro avisou: tinha muita bagagem e quase uma criação de papagaios, araras, pequenos beija-flores e um macaco. Latapie procurou arranjar um caminhão para o transporte. Na estação do Havre, os funcionários e o povo, vendo todas aquelas aves, pensaram que era um circo que chegava. No castelo, os quartos estavam prontos, Pedro e Lizie se instalaram e cada jovem príncipe pôde ter seu próprio quarto.

Em 1930, uma revolução no Brasil derrubou a primeira República. Era o fim de uma era que começara em 1889. A predominância dos estados de Minas Gerais e São Paulo sobre os demais e a manutenção do poder nas mãos das antigas elites escravagistas tinham provocado uma revolta que depressa se alastrou em todo o país, e teve como pretexto as eleições fraudulentas que deram a presidência a Júlio Prestes. Antes que este tomasse posse, o candidato vencido, Getúlio Vargas, levantou a bandeira da revolução no Rio Grande do Sul e marchou em direção ao Rio de Janeiro, sendo apoiado pela maioria da população e pelas forças armadas enviadas contra ele. O presidente Washington Luís, ainda no poder, teve que tomar o mesmo caminho do exílio que, 41 anos antes, D. Pedro tomara.

Mais uma vez, fiéis monarquistas apelavam para que o filho de Luís, Pedro Henrique, voltasse de vez para a terra. Embora já maior de idade, Pia o achava muito jovem para tanta responsabilidade. E havia a regra a cumprir: antes, se casar e dar um herdeiro que continuasse a dinastia. Os primos Isabelle, Francisca, Pedro e João também tinham crescido. Uma foto de família tirada às vésperas do casamento de Bebelle mostra a bela família que Pedro construiu à revelia dos pais.

Isabelle fez então o casamento dos sonhos. Aquele que seus avós aplaudiriam. Tornou-se a condessa de Paris, e seu marido, o herdeiro do trono francês. Exilado, o conde Henrique IV de França morava na Bélgica. O governo francês pressionou para que a cerimônia não se realizasse tão perto da França e a festa aconteceu a 8 de abril de 1931, no palácio Orléans, em Palermo, o mesmo onde Luís Felipe se casou com Maria Amélia de Nápoles, em 1808. A Máfia garantiu que a eletricidade não fosse cortada. A festa reuniu 1.500 pessoas. "O Brasil recebe com especial carinho a auspiciosa notícia" – aplaudiam os jornais brasileiros.

No mesmo ano, Pia teve o desgosto de perder seu filho Luís Gastão. Ele contraiu aquilo que se chamava pudicamente de uma "doença de langor". Depressão ou o advérbio "pudicamente" encobria a sífilis? Pia ficou desnorteada. Ela já tinha visto morrer assim um de seus irmãos, Francisco de Assis. Uma longa estada nas montanhas não trouxe nenhum benefício ao jovem. Em Boulogne, o médico fez o que pôde. Ele se depauperava dia a dia, mas conservava "a gentileza e o bom humor. Sua fé inquebrantável e sua confiança na vontade de Deus o sustiveram até o fim. Ele morreu na noite de 8 de setembro, festa da Natividade de Nossa Senhora, pela qual ele tinha uma devoção toda especial", contou a irmã Pia Maria. Segundo o mordomo Latapie, que o conheceu pequenino, Luís Gastão "era tão gentil, sempre de um caráter sempre igual, procurava se apagar diante do irmão, Pedro Henrique, chefe da casa imperial por morte do pai. E não queria senão agradar aos outros". Luís Gastão era dos que viveram calados sob o olhar de Deus.

Mil novecentos e trinta e dois foi um ano de revolução no Brasil. São Paulo, desejoso de recuperar a hegemonia, se levantou contra o governo provisório de Getúlio Vargas, tendo a constitucionalização do país como pretexto. Uns acreditavam na sinceridade dos revolucionários; outros achavam que eram apenas as elites de 1889 querendo retomar o poder. Em três meses, os rebeldes foram vencidos. Como seu pai, Pedro Henrique acompanhava tudo por cartas e por notícias em jornais. Uma assembleia constituinte foi convocada dois anos depois. Estabilidade? Não. Um regime imposto pela força só poderia viver pela força.

Em novembro de 1933, todos se reuniram em Eu para as bodas de prata de Pedro e Lizie. Compareceram a família do infante da Espanha, D. Carlos de Bourbon, os príncipes da Casa de Caserta, os Bourbon-Sicília. À grande mesa da sala de jantar sentaram-se 56 pessoas. Depois do jantar, os jovens príncipes representaram uma peça local. As personagens eram os pais, Pedro e Lizie, num dia de partida para férias na Áustria. O tema fazia rir todo mundo. Enquanto se acumulavam bagagens para cinco filhos, trouxas, malas, caixas de chapéus, valises, os *plaid-rolles* ou mochilas com as mantas de caça, espingardas, varas de pescar, a mala-armário de Lizie, um monte de cachimbos, livros de oração, criados se atarefavam e crianças gritavam, Pedro chegou, olhou tudo e desalentado anunciou: "não vou mais"! Gargalhadas!

Foi a condessa Pinto Calógeras que organizou a apresentação que fez muito sucesso. Peças teatrais estavam na moda entre a aristocracia. Reuniam-se os amigos dos viscondes de Noailles, dos condes de Chevigné ou Greffulhe e, junto com alguns profissionais da Comédia Francesa para dar o tom certo, encenavam-se de peças clássicas a comédias. No dia seguinte, à noite, Pedro ofereceu uma sessão de cinema, de todas as fotos que tinham sido tiradas durante a primeira viagem pelo mundo do conde d'Eu e dele próprio. Um sucesso!

Os anos loucos na Europa faziam rir e dançar, mas preocupavam. Era como se ninguém mais lembrasse da primeira guerra, pois a outra chegava rapidamente. O presidente do Conselho de França, Édouard Daladier, aceitou o projeto do "pacto dos quatro" proposto por Mussolini, que deveria agrupar Itália, Reino Unido, França e Alemanha para revisar os tratados do pós-guerra. Foi criado um comitê de acolhimento às vítimas do antissemitismo alemão. Chegavam os primeiros judeus refugiados. Um "*front* comum" contra o fascismo viu o dia. Os conservadores antissemitas não esperaram para responder. Fundaram uma liga de extrema direita, o Francismo, inspirado nos modelos paramilitares fascistas. Copiaram até a espiga de milho do "*fascio*" mussoliniano. Vestindo camisas azuis – seu serviço secreto foi apelidado de A Mão Azul –, seus membros reclamavam "ordem e hierarquia de valores" para interromper o que chamavam de "a marcha para o abismo". Nascia o "colaboracionismo" que, anos mais tarde, enviaria milhares aos campos de concentração.

Se houvesse uma palavra que explicasse o que aconteceu entre uma guerra e outra, não se falaria de tango, de jazz, de chapéus *cloche* para mulheres, do início da costureira Chanel ou do delírio das diversões. O aspecto das ruas ou dos campos, as roupas, os carros e aviões, as artes, as ideias e os comportamentos, tudo, enfim, parecia morrer para ressurgir modificado. Tudo isso existiu, mas só tinha sentido num quadro mais amplo. A despeito das máquinas, da velocidade, do progresso, ou por causa deles, o sistema não funcionava mais. Era a crise.

Enquanto a Europa tentava se levantar, os Estados Unidos tinham se tornado a maior potência econômica e também o maior credor do mundo. O Tratado de Paz de Versalhes havia imposto pagamentos imensos à Alemanha como "reparações de guerra", o que significou um presente para o nacionalismo alemão. Os debates em torno das "reparações e culpa de guerra" também incluíam os Estados Unidos, que queriam receber de seus devedores europeus. A França, por sua vez, queria manter a Alemanha enfraquecida, pois sentia-se ameaçada. Não percebia que essa era uma atitude improdutiva. Na Alemanha, a hiperinflação e o desemprego fomentavam o desespero das camadas empobrecidas e a ascensão de Adolf Hitler. Ninguém imaginou que a especulação em Wall Street iria provocar uma das piores crises da história: a Grande Depressão. No dia 24 de outubro de 1929, uma "quinta-feira negra", o *crack* da bolsa de Nova York eletrizou o mundo. Como resultado, ao longo de dez anos a recessão engendrou importantes mudanças sociais e políticas. Em outros países, dirigentes tentavam amenizar o colapso por uma política de desvalorizações monetárias e protecionismo.

Na França, a crise atingiu imediatamente os grandes proprietários. Caiu o valor de aluguéis e das terras. A moeda desmoronou. Houve queda de dividendos e a redução nas taxas afetou mais ainda os rendimentos dos aristocratas. Subiu a pressão fiscal sobre os ganhos. Se antes de 1914 as fortunas podiam se acumular e se transmitir sem entraves, os impostos escalavam píncaros. Passaram de 5 para 20 a 25%. O sucesso dos partidos de esquerda conduziu o governo a taxar os ricos. A ideia era redistribuir riquezas. Até o lado rico da família Orléans foi obrigado a reduzir o trem de vida. Muitos venderam parte de suas propriedades. Outros se separaram de suas *"villas"* na costa normanda. Vários *"hôtels particuliers"*, ou seja, grandes mansões com jardins, foram vendidos para embaixadas. Os encargos com domésticos e a manutenção tinham se tornado pesadíssimos. Até o número de pratos que saía da cozinha diminuiu. A energia da alta sociedade que Antônio chegou a frequentar antes de morrer enfraqueceu no decênio seguinte. As célebres reuniões musicais, os bailes de máscaras, as festas privadas se desvaneceram. Jornais de fofocas nem os mencionavam mais.

Pedro não era rico, nem o castelo d'Eu lhe dava renda. Não era como os outros *châteaux* cujas florestas, pedreiras e rebanhos podiam ser vendidos e alimentavam pagamentos. É provável que o clima político e econômico o convidasse a pensar em se estabelecer nos trópicos. Lizie gostava muito do país. Os príncipes voltaram ainda ao Brasil, em 1934. Ao chegar, Pedro partiu para nova aventura ao lado do amigo Padre Hipólito, um salesiano que foi missionário no interior por trinta anos. Subiram o Tocantins até Goiás e desceram, pelo Xingu, até Belém do Pará. A expedição foi cheia de problemas, como a perda das provisões num barco que afundou. Que paixão movia Pedro a conhecer cada centímetro do território?

No velho continente, contudo, outro cenário. No início de 1935, ao voltar de Roma, onde foi assistir a um casamento real, Pia Maria chocou-se com a presença de guardas fascistas pelas ruas e estradas. Ao cruzar a fronteira vinda de Saint-Moritz, na Suíça, teve o que chamou de "uma impressão penosa": "Nevava e, nas ruas, reinava um silêncio de morte, cada um seguindo seu caminho sem dizer uma palavra. Tia Maria – princesa de Baviera – não respondia às pessoas que a saudavam, levantando o braço, no gesto nazista. Ela deixava explodir seu furor, dizendo que o governo só dizia mentiras e que o povo ignorava o que se passava no país".

Em toda a França, grupos fascistas e antifascistas se agrediam. O rei Alexandre I da Iugoslávia foi assassinado ao desembarcar em Marselha para uma visita à França. Um clima de medo asfixiava. Às vésperas do Natal de 1935, Pedro não esperou mais e desembarcou no Rio com a família. Chegava a um país onde tudo lhe pareceria familiar desde tempos imemoriais. Ele sempre teve saudades – contavam seus filhos. Os jornais anunciaram a chegada. A Ação Imperial Patrianovista, por sua chefia regional, resolveu organizar homenagens – anunciavam os jornais. Será que Pedro queria se ligar a uma organização que apostava na instalação de uma Monarquia tradicional, apoiada na Igreja e na obrigatoriedade de ensino religioso e ancorada em ideias nacionalistas e cristãs?

Idealizada por Arlindo Veiga dos Santos, intelectual negro dos mais importantes à época, a Ação era anticapitalista, antissemita, antimaçônica, antimodernista, anticomunista e xenófoba. Enfim, uma mistura de fascismo com neomonarquismo católico. Com saudação própria constituída no leve erguimento do braço direito, com os dedos polegar, médio e indicador levantados, o gesto era acompanhado da saudação oral "Glória!", uma contração de "Glória à Santíssima Trindade".

Apesar das homenagens, Pedro não queria trono ou coroa. Deixou o Patrianovismo para o sobrinho Pedro Henrique, que, depois do retorno ao Brasil, manteve contato intenso com Arlindo Veiga dos Santos. A troca de cartas comprova que Pedro Henrique contava com a Ação para levar adiante a Restauração: "sob cuja bandeira por sem dúvida se unirão todos quantos almejam ver instalados no Brasil o regime da liberdade, de justiça, de honestidade, que fez, no passado, a grandeza de nossa terra e que, no futuro, proporcionará à nossa gente dias de paz, de concórdia, de felicidade e de progresso", escrevia o sucessor a Arlindo Veiga dos Santos.

O retorno de Pedro não deixou indiferente uma parcela dos monarquistas que nunca aceitou a "coação", ou seja, a renúncia a que foi obrigado pela mãe, por se casar com Lizie. Os juristas trombeteavam: o ato jurídico só é perfeito se é manifestação de vontade clara e sem vícios. Ele foi obrigado a renunciar. Só isso bastaria para invalidar o ato de renúncia. De acordo com a Constituição da Monarquia brasileira, o direito dinástico pertenceria ao filho mais velho de Pedro. Tampouco se respeitou o direito dos nascituros, ou seja, dos príncipes que ainda iram nascer. E o mais importante: não houve registro dessa renúncia em cartório conhecido, nem foi feita escritura legal. Apenas uma decisão familiar, restrita aos amigos e formalizada numa carta enviada por Isabel para Afonso Celso. Como poderia um príncipe não reinante, súdito de um país que se tornou República, renunciar a um direito real de futuro? Ficção – exclamavam! Do ponto de vista desse grupo de monarquistas, Pedro poderia reivindicar seus direitos sem ser casado com descendente de família régia.

Coerente consigo mesmo, Pedro não se interessou. Passaria a viver em Petrópolis como tinha morado em Eu: amigo dos moradores, falante com todos, apertando mãos, distribuindo simpatia e simplicidade. A sua própria história de amor com Lizie era lembrada como "um gesto muito brasileiro" – como disse um jornalista. E ele mesmo repetia que "não existiu enquanto esteve fora do país". Que percorria as ruas com os mesmos "carinhosos olhares com que percorria seu jardim".

Em entrevista a *O Estado de S. Paulo*, Pedro até revelou que a pressão de monarquistas podia ter dado frutos:

"Quando, há muito tempo, renunciei ao trono imperial, em favor do meu irmão, o príncipe D. Luís, pai do príncipe D. Pedro Henrique, o fiz em caráter pessoal, sem atender às determinações das leis brasileiras e sem prévia consulta à nação, nem aos necessários protocolos que precedem atos desta natureza. Não foi, além disso, uma renúncia hereditária. Mais tarde, conversando com alguns monarquistas, verifiquei que minha renuncia não é válida [...]. O Conselheiro João Alfredo, que detinha em seu poder uma cópia autêntica da minha renúncia, também afirmou idêntico pensamento".

"Entretanto, se a restauração monárquica se verificar, compete ao nosso povo escolher quem deve lhe dirigir os destinos." Se ele ou o sobrinho Pedro Henrique. Pedro não atropelava nada, nem ninguém. Sabia aguardar.

Em junho de 1938, situação bem diferente se desenhava na Normandia: "Seguíamos com certa inquietação os progressos do nazismo, o crescimento sempre maior do exército e da aviação da Alemanha", registrou Pia Maria. Em setembro, houve o acordo de Munique, do qual Édouard Daladier, presidente do Conselho da França, foi um dos signatários juntamente com Hitler, Mussolini e o primeiro-ministro britânico Neville Chamberlain. "Como tinham evitado a guerra, ambos foram recebidos delirantemente, e, entretanto, isso marcou o fim das democracias. Ninguém se mexeu" – cravou a princesa.

O outono foi angustiante. Os aliados pareciam fechar os olhos e tentavam ignorar a fabricação de blindados pelas fábricas Krupp, os uniformes das SS por Hugo Boss e quatro anos de fanatismo. Algo novo nascia: a força. E enquanto o *front* popular propunha felicidade e lazer aos franceses, Hitler oferecia aos alemães os bombardeiros e as colunas de tanques. No ar, uma atmosfera de agitação e perigo. Nas ruas das grandes cidades, grupos de estudantes nacionalistas marchavam aos gritos: "Abaixo a República de judeus!". Jovens jornaleiros vendiam cruzes gamadas aos passantes. Greves se multiplicavam. Filas de carros, carregados de malas e famílias, evacuavam as capitais em direção ao interior. Avisos de mobilização reuniam os conscritos. Nas estações de trem, eles exibiam entre si fotos de filhos e esposas, se prometiam rápido retorno e paz em breve. Mas a paz agonizava. Um jogo incerto se desenhava na Europa. Os vinte ou trinta meses que antecederam a eclosão da guerra se pareciam com a alvorada que aguarda os condenados à morte.

Em março de 1938, Hitler anexou a Áustria. Foi o *Anschluss*. No dia 1º de setembro de 1939, às 4h45, o encouraçado alemão *SMS Schleswig--Holstein* abriu fogo contra as guarnições militares de Danzig, hoje Gdansk, na Polônia. Inglaterra e França ordenaram a retirada imediata da Alemanha. Nasciam dois protetorados em lugar da Eslováquia: a Boêmia e a Morávia. A Ucrânia, depois de alguns dias de independência, voltou a fazer parte da Hungria. Três semanas depois, a Itália anexou a Albânia e assinou com a Alemanha o "pacto de aço". As grandes cidades começavam a evacuar.

De bicicleta, moto, carro, táxi, fugiam, primeiro, as mulheres, velhos e crianças. Muitos deles tinham permanecido nas colônias de férias católicas, protestantes ou as mantidas pelo Partido Comunista. Nas páginas dos jornais, lembrava-se que mesmo os "*toutous*" – cachorrinhos – e canários iam junto. Nas estradas congestionadas, os *stukas* mergulhavam com as sirenes ligadas para metralhar os refugiados. As cruzes se multiplicavam pelo caminho. Os bombardeios exemplares de colunas humanas ou cidades inteiras eram recomendados para enfraquecer os "inimigos" da Alemanha. Começava a Segunda Guerra Mundial.

Pia e Pia Maria passaram maus bocados: "Dias negros, negros, negros. Há três dias vivíamos um pesadelo. O governo francês decidiu não defender Paris e se retirou para Bordéus. Ontem, os alemães entraram na capital", registrou Pia Maria.

Passaram frio e só comiam batata, cenoura e polenta. A guerra prosseguia no exterior. "Seguíamos, pelo rádio, os acontecimentos na Grécia, na Albânia e na África. As notícias dos nossos diversos parentes filtravam pela Suíça e pela Espanha, e o tempo passava. Não nos sentíamos mais donas do nosso destino e esperávamos, dia a dia, o que ia nos acontecer." Com o avanço da guerra, as restrições se faziam cada vez mais severas. Tinham instituído o sistema de cartões de racionamento e as rações tornavam-se cada dia mais modestas.

Penduradas ao rádio, mãe e filha acompanhavam o movimento das tropas. Ouviam o ronco dos aviões e as bombas que choviam. Viram amigos serem levados pela Gestapo: a condessa de Flers, cujo marido morreu num campo de concentração; os Rambuteaus, também levados para os campos; ou a prima Teresa, cujo marido foi chacinado pelos russos. Parentes tinham se refugiado no Brasil e na Espanha. Para o Marrocos foram os condes de Paris com seis filhos. Uma tia vivia escondida num porão na Alemanha; outra tia, entre as monjas beneditinas de Varsóvia. A prima Maria Carolina de Saxe e Coburgo, filha de Augusto, foi arrastada do Sanatório Estadual de Salzburg para o Hospital de Hartheim, onde os nazistas desenvolviam um programa de eugenismo e eutanásia. E ali assassinada. Ninguém estava a salvo.

Enquanto isso, em Petrópolis, a coerência familiar também tinha se modificado. Antes, como satélites, filhos e netos orbitavam à volta de Isabel, Gastão e do castelo d'Eu. Mas rupturas tinham separado o passado do futuro. As guerras afrouxaram laços. Nas reuniões, pouco se falava de primos e tios. Falava-se mais de política interna, das notícias da guerra, dos programas de fim de semana, da carreira que os filhos Pedro e João escolheriam. Na Avenida Koeller, Pedro cruzava com Getúlio Vargas, que, desde 1931, frequentava a cidade de veraneio e gostava de dar longas caminhadas. Ambos paravam, se cumprimentavam e conversavam. Ambos muito queridos pela população.

Janeiro de 1940: um verão como outro qualquer. O calor era temperado por chuvas consoladoras no fim da tarde. De volta do Marrocos, Isabelle estava de visita aos pais. Trouxe cinco dos onze filhos e até fantasias para as crianças brincarem o Carnaval. As férias em Petrópolis na casa "bela, fresca, colonial, toda cor-de-rosa", visitas aos amigos e viagens pelo interior, na companhia de Henrique, o conde de Paris e seu marido, a mantiveram aqui. E aqui estavam quando foram avisados que Hitler tinha invadido a Tchecoslováquia. Henrique embarcou imediatamente. "Papai era o mais emocionado pois tinha, com certeza, o pressentimento de que não veria mais o genro." Isabelle ficou. A família passava as noites reunida à volta do rádio. A invasão russa à Polônia trouxe os primos Czartoryski a Petrópolis.

Era uma segunda-feira. Pedro tinha ido ao cinema. Ele já sofria de um edema pulmonar, mas não queria se tratar de jeito algum. Tocava a vida normalmente. Missa matutina, café da manhã com mamão e iogurte, que, segundo ele, fariam bem ao coração, longos passeios a cavalo. Porém, no meio da sessão, passou mal. A filha Francisca tomou-lhe as mãos: geladas. Apesar dos protestos, saiu meio carregado por Lizie, Francisca e o filho Pedro. Tomaram um táxi que o levou às pressas para casa. Teve tempo de receber a extrema-unção e um ataque cardíaco fechou-lhe os olhos.

Pia Maria registrou que "fevereiro nos trouxe a triste notícia da morte de tio Pedro". O fiel Latapie escreveu: "Quando recebi o telegrama avisando que ele tinha falecido, não pude acreditar. Demorei a me conscientizar de que não podia mais perguntar-lhe o que ele pensava sobre esse ou aquele assunto. D. Elisabeth era muito bondosa, mas não estava acostumada a se ocupar de negócios, pois D. Pedro de Alcântara decidia tudo: a alma de tudo era ele". Os jornais de todo o Brasil noticiaram. Fotos do príncipe encheram páginas. A *Revista da Semana* fez um caderno especial. Seu nome sempre acompanhado de adjetivos: simpático, simpaticíssimo, cavalheiro, intelectual, culto, "venerando brasileiro", "homem de coração e espírito superior".

Pedro foi velado durante toda a noite de 29 a 30 de janeiro no salão da casa, transformado em câmara-ardente. O bispo de Petrópolis veio encomendar o corpo e saíram todos a pé em direção ao cemitério. A cidade afluiu. Uma multidão imensa de amigos, conhecidos, jovens, velhos, pobres, ricos, autoridades e embaixadores. O enterro atraiu milhares de petropolitanos e cariocas. Getúlio Vargas enviou seu representante, o chefe da Casa Militar. Pedro se tornou, como disse um jornalista, "o mais querido cidadão de Petrópolis".

Não se sabe se descendentes das quase quinhentas famílias alemãs, vindas para construir o palácio de D. Pedro, em 1846, estiveram presentes. O que se sabe é que, quando Pedro partiu, começava a proibição do uso do alemão e a escola evangélica foi nacionalizada. O *Tribuna de Petrópolis* iniciou a publicação de uma série de artigos defendendo uma postura firme do Brasil e criticando duramente o uso da língua estrangeira no país. Na mesma folha, eram frequentes notas minúsculas, convocando para reuniões do *Nationalsozialistische Deutsche Arbeiterpartei*, o NSDAP. A Organização do Partido Nacional-Socialista no Exterior recomendava que seus membros não propagassem suas ideias aos brasileiros. Segundo Adolf Hitler, "o nazismo não era uma mercadoria exportável". Pedro conseguiu escapar da guerra, mas a sombra do fascismo alcançou sua Petrópolis.

Durante a guerra, no castelo d'Eu, Latapie zelou pessoalmente para que os soldados alemães não destruíssem os arquivos da família, tão cuidadosamente organizados por Gastão: "principalmente os quais o conde d'Eu tinha tido tanto trabalho, com Miguel Calógeras e, sobretudo, com Alberto Rangel. Lembro-me que, quando eles estavam sozinhos no castelo, trabalhavam de luz acesa, até tarde da noite" – contou Latapie. Ocultou, também, livros de valor e se bateu junto ao *Kommandantur* para que as árvores do parque não fossem transformadas em lenha. Aliás, quando da invasão alemã, Latapie içou a bandeira imperial brasileira no mastro do castelo, que foi aceita pelos oficiais como a de uma distante Monarquia do Novo Mundo. Só não conseguiu evitar que a casa na árvore que abrigava brincadeiras das crianças fosse bombardeada, confundida com "reduto de observação do inimigo".

A história sem fim

Exílio, desterro, deportação: a palavra não aparece na correspondência ou nos documentos da família imperial. Saudades do Brasil? Muitas. De parte de Isabel, sobretudo. O casal de príncipes e seus filhos se adaptaram. Porém, para enfrentar mudanças, não bastou rebater e baixar as cartas, foi preciso recomeçar uma vida. E vidas não recomeçam tão facilmente. Historiadores ensinam que os determinismos sociais, os custos da mobilidade social, o peso de fatos passados e, sobretudo, a condição de destronados construíram suas biografias. E, na mudança radical de um Império pobre e antiquado para uma República rica e moderna, tais tensões oscilaram entre continuidade e transformação.

Em geral, aristocratas conservadores respondiam às crises com ideias feitas e preconceitos. Isabel e Gastão não foram exceção. Eles pareciam abusar da autoridade. Há biógrafos que sublinham que ela também era dominadora. À época, pais e mães de família governavam de acordo com suas leis. Misturavam amor e autoridade, fazendo com que os filhos confundissem um com o outro. Gozavam de um sentimento de onipotência, aparentemente imune aos tempos. Usavam métodos humilhantes para incentivar os filhos a darem o melhor de si. A dependência afetiva entre pais e filhos oferecia conforto ante a insegurança. Porém, o entreguerras foi um momento em que as pessoas seriam menos dirigidas pela autoridade e mais pelo consentimento. As comunicações, viagens, consumo captavam um novo público. Muitas solicitações menos controlavam e mais convidavam as pessoas a pilotar suas vidas – como demonstrou Sigmund Freud. E os príncipes nesse fermento de mudanças? Ou nesse "tempo fora do tempo, entre dois tempos", como cantava a mazurca...?

Segredos de família começaram a escapar do cofre. Dos três filhos Orléans e Bragança, Luís, dominado por deveres e encargos, reproduziu o modelo de vida desenhado pelo pai. Foi engolido não só por uma doença cruel, mas pela guerra, pela consolidação da democracia no Brasil e pela decadência política e financeira de grande parte dos monarquistas. Viu sua pretensão despedaçada e teve que abandonar o sonho de ser o sucessor do avô. Embora não haja documentos comprobatórios, corre que fomentava junto aos pais picuinhas contra Pedro e Lizie. Não por acaso, em entrevista, o sobrinho Pedro Gastão o chamou de "o tio ambicioso". Antônio não teve tempo de escolher. Antes da guerra, ele vivia entre frivolidade e prazeres. Até morrer, tentou colher todos os frutos do paraíso à altura de sua mão. Antônio tinha fome e sede de uma vida que lhe escapou. E escapou por cumprir até o fim as ordens de Gastão.

Pedro, porém, entendeu que havia algo de novo no ar. Era a ideia de felicidade, que se afirmou com a consolidação da burguesia durante o século XIX. Ele a abraçou. Se Gastão era inflexível, murado em convicções, Pedro estava absolutamente à vontade no mundo e entre as pessoas que amava. Parecia leve ao lado do pai. Pedro se tornou adulto numa época em que a história oscilava entre um passado – em que o olhar de Deus ditava a ordem, a tradição era a regra e o passado monárquico, um mito – e o futuro. Ele escolheu o futuro. A busca de certo conforto, a doçura da vida, a surpresa das novidades, o gosto do lazer e das viagens, tudo o que dava charme à passagem pelo mundo Pedro adotou e levou junto à família. As memórias da filha Isabelle, condessa de Paris, não deixam mentir. Ele tinha uma incrível aptidão para entender as pessoas.

A bela Lizie continuou bela e seguiu a cartilha de muitas mulheres de seu tempo. Ela não tinha a tentação de se deixar reduzir ao reconhecimento social ou a qualquer fantasma de grandeza. Instintivamente, sabia que não precisaria de ações excepcionais nem de feitos gloriosos para se realizar. Realizou-se espontaneamente no amor a Pedro e aos filhos, na ternura da vida familiar, nas amizades. Foi mãe e esposa ideal.

Na década de 1940, os herdeiros venderam o castelo ao magnata e velho amigo Assis Chateaubriand. Ele pretendia fazer da sede a "Fundação Dom Pedro II", um instituto de auxílio a estudantes brasileiros na Europa. A ideia jamais saiu do papel. À época, os salões cheiravam ao frio do inverno quando um magnífico manto de neve cobria as rugas da construção. As pedras do parque tinham sido enterradas pelos pesados caminhões da História. Seus moradores se volatilizaram.

Em suas memórias, Isabelle lembrou as despedidas: Lizie e os filhos Pedro, João, Francisca e Teresa reuniram os vizinhos e os amigos de infância num grande almoço. Dividiram as lembranças do pai, que, como disse o fiel Latapie, "era a alma de tudo". Por algum tempo, Lizie ainda morou no castelo com Teresa. Depois, a nobre construção foi revendida para a prefeitura de Eu. Virou museu dedicado a Luís Felipe de Orléans. Há poucas marcas da passagem da família Orléans e Bragança no castelo de pedra. Elas ficaram mais bem retratadas em suas memórias.

No Brasil, desde 1949, o primo Pedro Henrique se mudou para Petrópolis e depois para o Rio de Janeiro. Em 1952, conseguiu adquirir uma fazenda em Jacarezinho, no interior do Paraná, para onde se transferiu com os oito filhos. Posteriormente, nasceram mais quatro. A fazenda progrediu e garantia-lhes um sustento honrado. Posteriormente, a família se mudou para Vassouras. Sua esposa Maria Isabel da Baviera, a Deidi, se dedicava, além dos trabalhos da casa, de esposa e mãe, à catequese das crianças da colônia.

E até hoje os monarquistas se dividem: Pedro de Alcântara ou Pedro Henrique, quem seria o imperador do Brasil?

Bibliografia

AGULHON, Maurice. Le cercle dans la France bourgeoise 1810-1848: Etude d'une mutation de sociabilité. *Cahiers des Annales*, Paris, Armand Colin, n. 36, 1977.

AFONSO CELSO, Conde de. *O imperador no exílio*. Rio de Janeiro: Instituto D. Isabel (IDII) Linotipo Oficial, 2013.

ALENCASTRO, Luiz Felipe; NOVAIS, Fernando A. (Orgs.). *História da vida privada no Brasil-Império:* a corte e a modernidade nacional. São Paulo: Companhia das Letras, 1997. v. 2.

ALMANACH de Gotha: Annuaire Généalogique, Diplomatique et Statistique. 173ème année. Gotha Justus: Perthes, 1936.

ALMEIDA, Moisés. *Os primeiros anos da República brasileira e sua conturbada estabilização:* militares, civis e monarquistas. Dissertação (Mestrado). Recife, Universidade Federal de Pernambuco, 2001.

ALONSO, Ângela. *Idéias em movimento:* a geração 1870 na crise do Brasil-Império. São Paulo: ANPOCS/Paz e Terra, 2002.

AMORIM, Sarah de Souza Alves. *Jornal O Brazil e a memória do Império. Usos do passado na luta em prol da Restauração monárquica*. Dissertação (Mestrado em História). Goiânia, Universidade Federal de Goiás, 2019.

ANUÁRIO do Museu Imperial. Petrópolis: Museu Imperial. 1973. v. 32.

ARAGÃO, Pedro Moniz de. Cartas de D. Luís a João Alfredo. *Revista do Instituto Geográfico e Histórico Brasileiro*, Rio de Janeiro, v. 240, p. 348, jul./set. 1958.

ARAÚJO, Johny Santana de. A construção do Poder Naval brasileiro no início do século XX: dos programas navais à grande guerra (1904-1917). *Navigator*, Rio de Janeiro, v. 1, n. 2, pp. 69-86, dez. 2005.

ARMISTICE – The End of World War I, 1918. *EyeWitness to History*, 2004. Disponível em: www.eyewitnesstohistory.com. Acesso em: 19 mar. 2023.

ARNAUD, Jacomet. *Marcel Bucard et le mouvement franciste (1933-1940)*. Université de Paris X Nanterre, 1970.

AZEVEDO, Ferdinand. A inesperada trajetória do ultramontanismo no Brasil Império. *Perspectiva Teológica*, [S. l.], v. 20, n. 51, p. 201, 1988. Disponível em: http://www.faje.edu.br/periodicos/index.php/perspectiva/article/view/1680. Acesso em: 28 out. 2021.

AZZI, Riolando. *A escravidão, o clero e o abolicionismo*. Rio de Janeiro: Instituto Brasileiro de Desenvolvimento Social – Ibrades, 1988.

BANCQUART, Marie-Claire. *Paris "fin-de-siècle"*. Paris: Éditions de la Différence, 2002.

BARBOSA, Marialva. *História cultural da imprensa:* Brasil, 1800-1909. Rio de Janeiro: Mauad X, 2010.

BARBOSA, Talita Moreira. *A elite no exílio:* a colônia brasileira de Paris (1889 a 1928). Dissertação (Mestrado). Juiz de Fora: Universidade Federal de Juiz de Fora, 2019.

BARMAN, Roderick J. *Citizen Emperor:* Pedro II and the making of Brazil, 1825-1891. Redwood City: Stanford University Press, 2002.

____. Entre pai e filha: pensamentos sobre o imperador e D. Isabel por seu biógrafo. *80 Anos Anuário Museu Imperial*, pp. 91-102, 2020.

____. *Princesa Isabel do Brasil:* gênero e poder no século XIX. São Paulo: Unesp, 2002.

BARTILLAT, Christian de. *Histoire de la noblesse française de 1789 à nos jours du Second Empire à la fin du 20e siècle*. Paris: Albin Michel, 1991.

BECKER, Annette. *La guerre et la foi:* De la mort à la mémoire, 1914-1930. Paris: Armand Colin, 1994. (Coll. U. Histoire contemporaine).

BEOZZO, José Oscar et al. *História da Igreja no Brasil, Segunda Época:* Igreja no Brasil no século XIX. Petrópolis: Vozes, 2008.

BERNARD, Alice. Le grand monde parisien à l'épreuve de la Guerre, *Vingtième Siècle. Revue d'histoire*, v. 99, n. 3, pp. 13-32, 2008. Disponível em: https://www.cairn.info/revue-vingtieme-siecle-revue-d-histoire-2008-3-page-13.htm. Acesso em: 19 mar. 2024.

BESOUCHET, Lídia. *Exílio e morte do Imperador*. Rio de Janeiro: Nova Fronteira, 1975.

BITTENCOURT, Maria Romana Muniz de Aragão Calmon de. *Reminiscências sobre a Princesa D. Isabel de Orleans e Bragança*. (Coleção Lizir Arcanjo).

BLED, Jean-Paul. *Les lys en exil:* ou la seconde mort de l'Ancien Régime. Paris: Fayard, 1992.

BOLOGNE, Jean-Claude. *Histoire du célibat et des célibataires*. Paris: Fayard, 2004.

BOURDIEU, Pierre. L'illusion biographique. *Actes de la recherche en sciences sociales*, v. 62-63, pp. 69-72, jun. 1986.

BOURGET, Paul. *Le disciple*. Paris: Librarie Generale Française, 2010.

BRAGANÇA, D. Carlos Tasso de Saxe-Coburgo e. *Dona Januária:* a princesa da Independência. São Paulo: Senac, 2022.

BRAGANÇA, D. Luís de Orléans e Bragança. *Onde quatro impérios se encontram*. Rio de Janeiro: Empresa Gráfica O Cruzeiro, s/d.

BRÉLOT, Claude-Isabelle. Entre nationalisme et cosmopolitisme, les engagements multiples de la noblesse. *In*: BIRNBAUM, Pierre (Org.). *La France de l'Affaire Dreyfus*. Paris: Gallimard, 1994.

BYRNE, Robert F. *Antisemitism in Modern France*. New York: Howard Fertig, 1969.

CALDEIRA, Ana Paula Sampaio. Um republicano em plena monarquia: a construção das memórias de Ramiz Galvão no IHGB. *R. IHGB*, Rio de Janeiro, v. 472, pp.165-95, jul./set. 2016.

CALMON, Pedro. *A Princesa Isabel, a Redentora*. São Paulo: Companhia Editora Nacional, 1941.

____. *Franklin Dória:* barão de Loreto. Rio de Janeiro, Bibliex, 1981.

____. *História social do Brasil:* a época republicana. São Paulo: Martins Fontes, 2002. v. 3.

CAMBOR, Kate. *Belle Époque.* Paris: Flammarion, 2009.

CARVALHO, Alberto Marques de. *Império e República Dictatorial.* Imprensa Mont'Alverne, 1981.

CARVALHO, José Murilo de. *D. Pedro II.* São Paulo: Companhia das Letras, 2007.

____. *Os bestializados:* o Rio de Janeiro e a República que não foi. São Paulo: Companhia das Letras, 1987.

CARTAS anônimas à família Imperial. *Anuário Museu Imperial*, Petrópolis, pp. 91-103, 1948.

CARVALHO, Maria Alice Rezende de. *O quinto século:* André Rebouças e a construção do Brasil. Rio de Janeiro: REVAN/IUPERJ/UCAM, 1998.

CASCUDO, Luís da Câmara. *O conde d'Eu.* São Paulo: Companhia Editora Nacional, 1933.

____. *Seleta de Luís da Câmara Cascudo.* Rio de Janeiro: José Olympio, 1972.

CASTRO, Celso et al. *Nova história militar brasileira.* Rio de Janeiro: Editora FGV, 2010.

CENTLIVRES, Pierre et al. *La fabrique des héros.* Paris: Éditions de la Maison des Sciences de l'homme, 1998.

CHAPAUX-MORELLI, Pascale; MURRALI, Eugenio. *Faire de la déception un tremplin.* Paris: Albin Michel, 2018.

CHARLE, Christophe. *Les élites de la République (1880-1900).* Paris: Fayard, 1987.

CHOLVY, Gérard; HILAIRE, Yves-Marie. *Histoire religieuse de la France contemporaine, 1800-1880.* Paris: Privat, 1985.

COELHO Silvia, Beatriz; AJUZ, Christine. *Palácio das Laranjeiras.* Rio de Janeiro: Topbooks, 2008.

COMPAGNON, Antoine. *La Grande Guerre des écrivains.* Paris: Gallimard, 2014.

CORBIN, Alain. *Le Temps, le désir et l'horreur:* Essais sur le XIXe siècle. Paris: Aubier, 1991.

CORBIN, Alain; COURTINE, Jean-Jacques; VIGARELLO, Georges. *Histoire de la virilité.* Paris: Seuil, 2011.

CORRÊA DO LAGO, Bia; CORRÊA DO LAGO, Pedro. *Coleção Princesa Isabel:* fotografia no século XIX. Rio de Janeiro: Capivara, 2008.

CORRÊA DO LAGO, Pedro. *Documentos e autógrafos brasileiros na coleção Pedro Corrêa do Lago.* Rio de Janeiro: Salamandra, 1997.

____. Retratos para a posteridade. *Revista de História da Biblioteca Nacional*, ano 7, n. 80, maio 2012.

CORRESPONDÊNCIA do Conde d'Eu para a princesa Isabel (1921). Arquivo Grão-Pará. Arquivo Histórico do Museu Imperial, [s/d].

D'ABLANCOURT, Gouraud. M. *Les reines chez elles.* Paris: Librarie des Saint-Péres, 1912.

D'ANDIGNÉ, Fortune. *De Boulogne à Auteil, Passy et Chaillot.* 22 mar. 1922, Hachette/BNF.

DAIBERT JR., Robert. *Isabel, a "Redentora" dos escravos:* uma história da Princesa entre olhares negros e brancos (1846-1988). São Paulo: Edusc/Fapesp, 2004.

DAUDET, Alphonse. *Os reis no exílio.* Pelotas: Livraria Americana, [s/d].

DAUMARD, Adeline. *Les Bourgeois de Paris au XIXe siècle.* Paris: Flammarion, 1970.

____. Noblesse et aristocratie en France au XIXe siècle. *Les noblesses européennes au XIXe siècle.* Actes du colloque de Rome, 21-23 novembre 1985. Roma: École Française de Rome, pp. 81-104, 1988.

_____. Une enquête sur la noblesse à Paris au XIXᵉ siècle. *Les Cahiers du Centre de Recherches Historiques*, n. 3, 1989.

DELPEUCH, Arnaud. *La goutte et le rhumatisme*. Paris: Georges Carré et C. Naud, 1900.

DEL PRIORE, Mary. *O castelo de papel*. Rio de Janeiro: Rocco, 2013.

_____. *O príncipe maldito*. São Paulo: Objetiva, 2007.

DEL PRIORE, Mary; DARÓZ, Carlos. *A história do Brasil nas duas guerras mundiais*. São Paulo: Unesp, 2019.

DE DIESBACH, Ghislain. *Proust*. Paris: Librarie Académique Perrin, 1991.

D'EU, Gastão Conde. A deposição do imperador e a viagem para o exílio. *Anuário do Museu Imperial*, pp. 223-41, 1954.

DIÁRIO DE GUERRA, Príncipe Dom Luiz de Orleans e Bragança, traduzido por José Ubaldino Motta do Amaral.

DOSSE, François. *Le pari biographique:* écrire une vie. Paris: La Découverte, 2005.

ECHEVERRIA, Regina. *A história da Princesa Isabel:* amor, liberdade e exílio. Rio de Janeiro: Versal, 2014.

EL FAR, Alessandra. *A linguagem sentimental das flores e o namoro às escondidas no Rio de Janeiro do século XIX*. São Paulo: Unesp, 2022.

FAGUNDES, Luciana Pessanha. Do estrangeiro antipático e avarento, ao velhinho simpático e veterano de guerra: representações e construções memoriais sobre o Conde d'Eu. *Revista Mosaico (Rio de Janeiro)*, v. 2, n. 3, pp. 1-18, 2010. Disponível em: https://periodicos.fgv.br/mosaico/article/view/62785. Acesso em: 19 mar. 2024.

_____. *De volta à terra pátria: o translado dos restos mortais de D. Pedro II e Thereza Cristina para o Brasil (1921)*. XXVIII Simpósio Nacional de História, 27 a 31 julho 2015, Florianópolis.

_____. Uma República em festa: a visita dos reis da Bélgica ao Brasil (1920). Dissertação (Mestrado). Rio de Janeiro, Universidade Federal do Rio de Janeiro, 2007.

FAUSTO, Boris (Org.). *O Brasil Republicano:* sociedade e instituições (1889-1930). 8. ed. Rio de Janeiro: Bertrand Brasil, 2006. v. 9.

FAYET, Aurélien; FAYET, Michelle. *L'histoire de France:* Des origines à nos jours. Paris: Eyrolles, 2009.

FERREZ, Gilberto. *O Paço da Cidade do Rio de Janeiro*. Rio de Janeiro: Fundação Nacional Pró-Memória, 1985.

FERRO, Marc. *Le ressentimemt dans l'histoire*. Paris: Odile Jacob, 2008.

FIERRO, Alfred. *Histoire et dictionnaire de Paris*. Paris: Laffont, 1996.

FLANDRIN, Jean-Louis. *Familles*. Paris: Seuil, 1984.

FLORES, Élio Chaves. A consolidação da República: rebeliões de ordem e progresso. *In:* FERREIRA, Jorge; DELGADO, Lucília de Almeida Neves (Orgs.). *O tempo do liberalismo excludente*: da Proclamação da República à Revolução de 1930. Rio de Janeiro: Civilização Brasileira. pp. 45-88. v. 1. (Coleção O Brasil Republicano).

FORCADE, Olivier. Voir et dire la guerre à l'heure de la censure (France, 1914-1918). *Le Temps des médias*, v. 1, n. 4, pp. 50-62, 2005.

FREYRE, Gilberto. *O outro amor do Dr. Paulo*. Rio de Janeiro: José Olympio, 1977.

_____. *Ordem e Progresso*. São Paulo: Global, 2015.

_____. *Sobrados e mocambos*. São Paulo: Global, 2015.

GATO, Matheus. *O massacre dos libertos:* sobre raça e República no Brasil. São Paulo: Perspectiva, 2020.

GAY, Peter. *A experiência burguesa da Rainha Vitória a Freud:* a educação dos sentidos. São Paulo: Companhia das Letras, 1984.

_____. *O cultivo do ódio*. São Paulo: Companhia das Letras, 1995.

GERSON, Brasil. *História das ruas do Rio*. Rio de Janeiro: Lacerda, 2000.

GIAROLLA, Flávio Raimundo. *Em busca de um Terceiro Reinado:* nacionalidade e futuro entre os monarquistas católicos na Primeira República. XXIX Simpósio Nacional de História, 2017.

GIBSON, Ralph. Le catholicisme et les femmes en France au XIXe siècle. *Revue d'histoire de l'Église de France*, v. 79, n. 202, pp. 63-93, 1993.

GOBATTO, Oscar Ossis. A revolta monarquista de 1902 no Estado de São Paulo. Tese (Doutorado). Departamento de Sociologia, Araraquara, Universidade Estadual Paulista, 2000.

GOMES, Amanda Muzzi. Monarquistas restauradores e jacobinos: ativismo político. *Estudos Históricos*, n. 42, pp. 284-302, 2008.

GRANDJONC, Jacques. Les étrangers à Paris sous la monarchie de Juillet et la seconde République. *Population*, v. 29, n. 1, pp. 61-88, 1974.

GRANGE, Cyril. Les classes privilégiées dans l'espace parisien (1903-1987). *Espace Populations Sociétés*, v. 1, pp. 11-21, 1993.

_____. *Les Gens du Bottin Mondain. 1903-1987. Y être c'est en être*. Paris: Fayard, 1996.

GRINBERG, Keila; MUAZE, Mariana (Orgs.). *O 15 de Novembro e a queda da Monarquia:* relatos da princesa Isabel, da baronesa e do barão de Muritiba. São Paulo: Chão Editora, 2019.

GUGELOT, Frédéric. Guerre de foi ou guerre sans foi. 1914-1918. *Archives de sciences sociales des religions*, v. 168, pp. 15-28, 2014.

HOBSBAWN, Eric. *Era dos extremos:* o breve século XX, 1914-1991. São Paulo: Companhia das Letras, 1995.

HOLANDA, Sérgio Buarque de. *Capítulos de história do Império*. São Paulo: Companhia das Letras, 2010.

JANOTTI, Maria de Lourdes Mônaco. *Os subversivos da República*. São Paulo: Brasiliense, 1986.

JUCÁ, Joseline. *André Rebouças:* reforma e utopia no contexto do Segundo Império. Rio de Janeiro: Construtora Norberto Odebrecht, 2001.

JÜNGER, Ernst. *Orages d'acier*. Paris: Christian Bourgois, 1970.

KAPURTHALA, Brinda de; WILLIAMS, Elaine. *Maharani, Souvenirs de la princesse Brinda de Kapurthala*. Paris: Hachette, 1956.

LABOURET, Guilhem. Les mutations du discours religieux au XIXe siècle. *Romantisme*, v. 2, n. 144, pp. 39-53, 2009.

LACHNITT, Jean-Claude. *Le Prince impérial:* Napoléon IV. Paris: Perrin, 1997.

LACOMBE, Américo Jacobina. *Relíquias da nossa história*. Belo Horizonte: Itatiaia, 1988.

LACOMBE, Lourenço Luiz. *Biografia de um palácio*. Petrópolis: Museu Imperial, 2007.

_____. *Isabel, a princesa redentora*. Petrópolis: Instituto Histórico de Petrópolis, 1989.

LE NAOUR, Jean-Yves. *Miséres et tourments de la chair durant la Grande Guerre. Les moeurs sexuelles des Français (1914-1918).* Paris: Aubier, 2002.

LUSTOSA, Isabel. *O Príncipe Marinheiro do Brasil:* Dom Augusto e a herança de Dom Pedro II. São Paulo: Linotipo Digital, 2022.

LYRA, Maria de Lourdes Viana. Isabel de Bragança, uma princesa imperial. *Revista do Instituto Histórico e Geográfico Brasileiro,* v. 158, pp. 83-131, jan./mar. 1997.

MAGALDI, Cristina. Joseph White in Brazil, 1879-1889. *Inter-American Music Review,* pp. 1- 19, [s/d].

MALATIAN, Teresa. O Retorno do César Caricato. In: BRESCIANI, M. Stella (Org.). *Jogos da Política:* imagens, representações e práticas. São Paulo: ANPUH; Marco Zero; Fapesp, 1992.

MALERBA, Jurandir. *O Brasil Imperial (1808-1889):* panorama da história do Brasil no século XIX. Maringá: Eduem, 1999.

MARSON, Izabel Andrade. *Da "restauração" da monarquia à "conciliação" com a república:* diálogo entre textos, escolhas políticas de Nabuco e episódios da primeira década republicana. XXV Simpósio Nacional de História, Fortaleza, 2009.

MARTIN-FUGIER, Anne. *Les salons de la III* *République:* art, littérature, politique. Paris: Perrin, 2009.

MAYER, Arno. *La Persistance de l'Ancien Régime:* l'Europe de 1848 à la Grande Guerre. Paris: Flammarion, 1983.

MAYEUR, Jean-Marie. *La Vie Politique sous la III* *République.* Paris: Seuil, 1984.

MENSION-RIGAU, Eric. *Aristocrates et grands bourgeois:* education, traditions, valeurs. Paris: Plon, 1994.

MESQUITA, Maria Luiza de Carvalho. *Quem tem medo do terceiro império ou por que não Isabel?* Mimeo, Simpósio de Política e Cultura da Universidade Severino Sombra. Vassouras, 2008.

MEYER, Marlise. No mês do Rosário, indagações sobre Congos e Congadas. *Proj. História.* São Paulo, n. 28, pp. 399-408, jun. 2004.

MONIZ, Heitor. *O Segundo Reinado.* Rio de Janeiro: Livraria Editora Leite Ribeiro, 1928.

NABUCO, Joaquim. *Cartas a amigos.* São Paulo: Instituto Progresso Editorial, 1949. v. 1.

NACHTIGALL, Lucas Suzigan. "Mas, e depois?": o Terceiro Reinado nos horizontes de expectativa do final do Império (1888-1893). Dissertação (Mestrado). Assis, Universidade Estadual Paulista, 2015.

NAPOLITANO, Marcos. *História do Brasil República:* da queda da Monarquia ao fim do Estado Novo. São Paulo: Contexto, 2016.

NAXARA, Márcia Regina Capelari. *Estrangeiro em sua própria terra:* representações do brasileiro (1870-1920). São Paulo: Annablume, 1998.

NICASTRO, Guilherme de Faria. *O direito de propriedade na transição política: uma análise do caso do Palácio Guanabara.* Trabalho de Conclusão de Curso. São Paulo, Escola de Direito FGV, 2017.

NICOLAY, Pia Maria d'Orléans-Bragança de. *Le temps de ma mére,* [s/d].

OLIVEIRA, Priscila Musquim Alcântara de. *Imigração germânica e nazismo em Petrópolis nos anos 1930.* Anais do XIX Encontro Regional de História, 28 a 31 de julho 2014, Juiz de Fora.

ORLÉANS, Gaston d', Príncipe, Conde d'Eu. *Journal d úne promenade autour du monde en 118 jours*, Paris, Fayard Fréres, [s/d].

ORLÉANS E BRAGANÇA, Maria Pia. *Memórias*. Mimeo em tradução de José Ubaldino Motta do Amaral com notas.

ORY, Pascal. *Les Collaborateurs, 1940-1945*. Paris: Éditions du Seuil, 1980.

PAOLI, Dominique. *Fortunes & Infortunes des princes d'Orléans, 1848-1919*. Paris: Éditions Artena, [s/d].

PARIS, Isabelle, Condessa de. *Tout m'est bonheur*. Paris: Robert Laffont, 1978.

PAUSINI, Adel Igor dos Santos Cangueiro Romanov. De Estado a Civil: as relações matrimoniais da Casa Imperial do Brasil. Dissertação (Mestrado). São Paulo, Pontifícia Universidade Católica de São Paulo, 2014.

PÉPIN, Charles. *Les vertus de l'échec*. Paris: Allary Editions, 2016.

PERROT, Michelle. La famille triomphante. In: ARIÈS, Philippe; DUBY, Georges. *De la Revólution à la Grande Guerre*. Paris: Seuil, 1987. t. 4. (Histoire de la vie privée).

POMPÉIA, Raul. *Crônicas do Rio*. Org. Virgílio Moreira Moretzsohn. Rio de Janeiro: Secretaria Municipal de Cultura, 1996.

PRADO, Eduardo. *Fastos da ditadura militar no Brasil*. São Paulo: Livraria Magalhães, 1923.

PROUST, Marcel. *Jean Santeuil*. Rio de Janeiro: Nova Fronteira, 1982.

_____. *Os prazeres e os dias*. Rio de Janeiro: Nova Fronteira, 1983.

PUPIL, François. *Notes de lecture:* memoires d'une petite fille in La letter aux amis du Musee Louis Philippe du Chateau d'Eu, n. 29, pp. 18-21, 2021-2022.

QUEIRÓZ, Maria José de. *Os males da ausência ou a literatura do exílio*. Rio de Janeiro: Topbooks, 1998.

QUEIROZ, Eça de. *Obra completa*. Rio de Janeiro: José Aguilar, 1970.

RANGEL, Alberto. *Gastão de Orléans:* o último conde d'Eu. São Paulo: Companhia Editora Nacional, 1935.

RÉMOND, René. *Religion et société em Europe: La sécularisation aux XIXe et XXe siècle*. Paris: Seuil, 1998.

RENAULT, Delso. *O dia a dia no Rio de Janeiro segundo os jornais (1870-1889)*. Rio de Janeiro: Civilização Brasileira/INL/MEC, 1982.

RERUM NOVARUM: carta encíclica de Sua Santidade o Papa Leão XIII sobre a condição dos operários. Petrópolis: Edições Paulinas, 1998.

REVENIN, Régis. *Hommes et masculinité de 1789 à nos jours*. Paris: Autrement, 2007.

REVISTA do Instituto Histórico e Geográfico Brasileiro, v. 152, t. 98, 1925.

REY, Roselyne. *Histoire de la douleur*. Paris: La Découverte, 2011.

REZZUTTI, Paulo. *D. Pedro II, a história não contada*. São Paulo: Leya, 2019.

RODRIGUES, Maria das Graças Duvanel; VASCONCELOS, Maria Celi Chaves. Mulheres educadas e mulheres educadoras no Brasil oitocentista: perspectivas biográficas de Madame Diémer. IV Congresso Internacional de Pesquisa (Auto)Biográfica, 4; 2010, São Paulo. Anais... São Paulo: Universidade de São Paulo, 2010.

SALES, Sonia. *D. Pedro I e seus amigos judeus*. Goiânia: Kelps, 2011.

SANTOS, Armando Alexandre dos. *A legitimidade monárquica no Brasil.* São Paulo: ArtPress, 1988.

_____. Conselhos do Conde d'Eu ao Príncipe Perfeito. *Revista do Instituto Histórico e Geográfico Brasileiro,* v. 398, pp. 79-84, 1998.

_____. *Dom Luiz na Grande Guerra, aventuras e conjecturas de um Príncipe brasileiro.* São Paulo: ArtPress, 2020.

SANTIROCCHI, Ítalo Domingos. Afastemos o Padre da Política! A despolitização do clero brasileiro durante o Segundo Império. *Mneme (Caicó. Online),* Natal, v. 12, pp. 187-207, 2011.

SHORTER, Edward. *Naissance de la famille moderne.* Paris: Seuil, 1977.

SOARES, Rodrigo Goyena (Org.). *Diário do Conde d'Eu, comandante em chefe das tropas brasileiras em operação na República do Paraguay.* Rio de Janeiro: Paz e Terra, 2017.

SOUSA, Antônio Lindvaldo. Da História da Igreja à História das Religiosidades no Brasil: uma reflexão metodológica. In: BEZZERA, Cícero Cunha et al. *Temas de ciências da religião.* São Cristóvão: UFS, 2007. p. 251-67.

TAUNAY, Affonso de E. *No Rio de Janeiro de D. Pedro II.* Rio de Janeiro: Agir, 1947.

THÉBAUD, Françoise. *Les femmes au temps de la guerre de 14.* Paris: Petite Bibliothèque Payot, 2013.

TORRES, João Camilo de Oliveira. *Histórias das ideias religiosas no Brasil.* São Paulo: Grijaldo, 1968.

TYSON, Franck. Antisemitisme et collaborationnisme dans le monde des châtelains (1890-1944). *Revue d'Histoire de la Shoah,* v. 3, n. 173, pp. 88-112, 2001.

VAINFAS, Ronaldo. *Dicionário do Brasil Imperial.* Rio de Janeiro: Objetiva, 2002.

VENAYRE, Sylvain. *Panorama du Voyage, 1780-1920.* Paris: Les Belle-Lettres, 2012.

VERSAILLES. Disponível em: https://www.versailles-tourisme.com/une-journee-a-versailles.html. Acesso em: 30 jul. 2024.

VIANNA, Hélio. D. Isabel e o Conde d'Eu – príncipes espoliados: um "Memorial" de 1919, de Gastão de Orléans. *Revista de História DH – FFLCH – USP,* v. 36, n. 74, 1968. Disponível em: https://www.revistas.usp.br/revhistoria/article/view/127381. Acesso em: 19 mar. 2024.

VIANNA, Oliveira. *O ocaso do Império.* São Paulo: Melhoramentos, 1925.

VIEIRA, Hermes. *A princesa Isabel no cenário abolicionista do Brasil.* São Paulo: São Paulo Editora, 1941.

VOVELLE, Michel. *La Mort et l'Occident de 1300 à nos jours.* Paris: Gallimard, 1983.

WINOCK, Michel. *La Belle Époque.* Paris: Perrin, 2002.

XAVIER, Boniface. *Histoire religieuse de la Grande Guerre.* Paris: Fayard, 2014.

ZELDIN, Theodore. *Goût et corruption:* Histoire des passions françaises. Paris: Payot, 2002. t. I, II, III.

ZOLA, Émile. *Les Rougon-Macquart.* Paris: Gallimard, 1960-1967.

_____. *Les trois villes.* Paris, 1894.

_____. *Oeuvres complètes.* Paris: Henri Mitterrand, 1957.

ZWEIG, Stefan. *Le monde d'hier.* Paris: Belfond, 1982.

Periódicos – Proclamação da República

Diario de Noticias (18-11-1889)
Diario de Noticias – PA (21-11-1889)
Gazeta de Noticias (18-11-1889)
Gazeta de Noticias (19-11-1889)
O Cachoeirano (1889)
O Liberal do Pará (19-11-1889)
O Mequetrefe (18-11-1889)
O Pharol (21-11-1889)
O Pharol (22-11-1889)
Revista Illustrada (1889)

Periódicos – André Rebouças

A Campanha (20-08-1903)
A Noticia (08-06-1898)
A Republica (29-04-1890)
Correio da Manhã (18-12-1902)
Correio da Manhã (23-12-1902)
Diario Carioca (02-04-1944)
Diario Carioca (26-04-1942)
Diario da Manhã (24-05-1898)
Diario do Commercio (29-12-1889)
Diario do Commercio (16-01-1890)
Diario do Commercio (18-01-1890)
Diario do Commercio (19-01-1890)
Diario do Commercio (21-01-1890)
Diario do Commercio (27-03-1890)
Fon Fon (31-07-1920)
Gazeta da Tarde (18-01-1896)
Gazeta de Noticias (19-05-1898)
Gazeta de Noticias (23-05-1891)
Jornal de Recife (04-02-1890)
Jornal de Recife (29-05-1898)
O Brasil (15-01-1891)
O Brasil (29-07-1891)
O Commercio de São Paulo (12-05-1896)
O Commercio de São Paulo (17-05-1898)
O Commercio de São Paulo (18-05-1898)
O Commercio de São Paulo (31-05-1898)
O Pharol (04-05-1890)

O Pharol (18-06-1891)
O Rebate (31-07-1909)
O Tempo (14-07-1891)
Pacotilha (12-07-1891)
Pacotilha (25-04-1905)

Periódicos – Baronesa de Loreto

A Gazeta (02-08-1922)
A Illustração Brazileira (dezembro – 1925)
A Noite (08-01-1921)
A Noite (17-08-1931)
A Noticia (29-07-1916)
Correio da Manhã (09-01-1921)
Correio da Manhã (11-02-1921)
Correio da Manhã (15-11-1921)
Correio da Manhã (16-11-1921)
Correio da Manhã (01-09-1922)
Correio da Manhã (16-08-1931)
Correio Paulistano (10-01-1921)
Dezenove de Dezembro (20-11-1889)
Diario de Noticias (18-09-1888)
Diario de Notícias (20-12-1888)
Diario do Commercio (28-10-1889)
Diario Nacional (05-08-1930)
Gazeta de Noticias (16-10-1886)
Gazeta de Noticias (08-10-1888)
Gazeta de Noticias (11-06-1924)
Jornal do Recife (03-12-1893)
Jornal do Recife (26-10-1920)
Jornal Pequeno (11-01-1921)
O Apostolo (26-02-1890)
O Estado (10-01-1921)
O Malho (28-12-1933)
O Paiz (12-06-1888)
O Paiz (31-03-1907)
O Paiz (31-12-1914)
O Paiz (30-07-1916)
Pacotilha (17-01-1890)
Revista da Semana (28-11-1925)
Revista da Semana (22-08-1931)

Periódicos – Baronesa de Muritiba

A Noite (13-07-1932)
A Noite (29-11-1939)
Correio da Manhã (26-05-1929)
Diario de Noticias (10-10-1889)
Dom Casmurro (16-11-1889)
Gazeta de Noticias (17-02-1889)
Gazeta de Noticias (16-10-1889)
Jornal do Commercio (18-06-1961)
Revista da Semana (julho – 1916)

Periódicos – D. Luís de Orléans e Bragança

A Noticia (13-05-1907)
A Noticia (30-05-1907)
A Republica (05-10-1910)
Correio da Manhã (12-05-1907)
Correio da Manhã (13-05-1907)
Correio da Manhã (15-05-1907)
Correio da Manhã (19-05-1907)
Correio da Manhã (24-05-1907)
Correio da Manhã (04-11-1908)
Correio da Manhã (17-04-1909)
Correio Paulistano (13-05-1907)
Correio Paulistano (14-05-1907)
Correio Paulistano (16-05-1907)
Correio Paulistano (17-05-1907)
Correio Paulistano (18-05-1907)
Correio Paulistano (21-05-1907)
Correio Paulistano (27-05-1907)
Correio Paulistano (06-06-1907)
Correio Paulistano (11-06-1907)
Correio Paulistano (05-11-1908)
Correio Paulistano (04-03-1915)
Correio Paulistano (28-09-1915)
Diario do Natal (17-05-1907)
Diario do Natal (01-06-1907)
Fon Fon (03-04-1920)
Gazeta de Noticias (25-11-1903)
Gazeta de Noticias (12-05-1906)
Gazeta de Noticias (12-05-1907)
Gazeta de Noticias (13-05-1907)
Gazeta de Noticias (14-05-1907)
Gazeta de Noticias (19-05-1907)
Gazeta de Noticias (08-07-1907)
Gazeta de Noticias (05-11-1908)
Gazeta de Noticias (03-11-1909)
Gazeta de Noticias (09-08-1914)
Gazeta de Noticias (28-08-1914)
Gazeta de Noticias (27-07-1915)
Gazeta de Noticias (08-03-1918)
Jornal do Recife (11-05-1907)
Jornal Pequeno (10-05-1907)
Jornal Pequeno (16-05-1907)
Jornal Pequeno (18-05-1907)
Jornal Pequeno (20-05-1907)
Jornal Pequeno (24-05-1907)
Jornal Pequeno (28-05-1907)
Jornal Pequeno (01-10-1912)
Jornal Pequeno (26-06-1913)
Jornal Pequeno (12-08-1914)
Jornal Pequeno (26-08-1914)
Jornal Pequeno (14-04-1915)
Jornal Pequeno (27-04-1923)
O Commercio de São Paulo (25-01-1909)
O Paiz (05-11-1908)
O Pharol (13-05-1907)
O Pharol (06-11-1908)
O Pharol (24-04-1917)
O Século (10-05-1907)
O Século (11-05-1907)
O Século (13-05-1907)
O Século (15-05-1907)
O Século (16-05-1907)
O Século (24-05-1907)
O Século (25-05-1907)
O Século (28-06-1907)
O Século (16-07-1907)
O Século (10-08-1914)
Revista da Semana (08-11-1908)

Periódicos - Antônio, Pedro e Princesa Isabel (mortes)

A Época (30-11-1918)
A Noite (29-11-1918)
A Noite (07-02-1919)
A Noite (27-03-1920)
A Noite (15-11-1921)
A Razão (30-11-1918)
A Razão (28-03-1920)
A Republica (07-12-1918)
Correio da Manhã (15-02-1919)
Correio da Manhã (10-06-1919)
Correio da Manhã (28-03-1920)
Correio da Manhã (15-11-1921)
Correio Paulistano (07-12-1918)
Correio Paulistano (15-11-1921)
Fon Fon (março-abril – 1920)
Gazeta de Noticias (15-11-1921)
O Combate (02-12-1918)
O Estado (02-11-1918)
O Estado do Pará (30-03-1920)
O Paiz (30-11-1918)
O Paiz (30-11-1918) (1)
O Paiz (29-11-1919)
O Paiz (28-03-1920)
O Paiz (15-11-1921)
Pacotilha (22-02-1919)
Republica (30-03-1920)

Periódicos - Gaspar Silveira

A Federação – Orgam do Partido Republicano (02-01-1890)
A Federação – Orgam do Partido Republicano (16-11-1891)
A Federação – Orgam do Partido Republicano (31-08-1892)
A Federação – Orgam do Partido Republicano (12-11-1892)
Diario de Noticias (12-10-1890)
Diario de Noticias (14-01-1892)
Gazeta de Noticias (16-03-1890)
Gazeta de Noticias (20-11-1890)
Jornal do Commercio (07-02-1890)
O Brasil (10-12-1891)
O Democrata (05-01-1892)
O Estado do Espírito Santo (07-10-1890)
O Mercantil (12-09-1890)
O Pharol (16-02-1890)
O Pharol (06-01-1892)

Periódicos - Pedro de Orléans e Bragança

A Noite (24-12-1935)
A Noite (28-04-1942)
A Republica (23-08-1893)
A Vida Moderna (30-09-1911)
Auctoridade (27-09-1896)
Carioca (1936)
Correio da Manhã (24-07-1893)
Correio da Manhã (30-01-1940)
Correio Paulistano (09-03-1935)
Diário de São Paulo (08-02-1936)
Fon Fon (1921)
Frou-Frou (1925)
Gazeta de Noticias (13-09-1925)
Gazeta de Noticias (22-12-1935)
Gazeta de Noticias (30-01-1940)
Jornal da Noite (27-11-1889)
Jornal do Recife (04-10-1911)
Jornal do Recife (29-08-1922)
Jornal do Recife (18-09-1932)
Jornal Pequeno (20-08-1930)
Jornal Pequeno (06-02-1936)
Jornal Pequeno (30-01-1940)
O Combate (31-05-1927)
O Estado (29-08-1930)
O Estado do Mato Grosso (31-01-1940)
O Estado de S. Paulo (21-06-1973)
O Município (14-12-1930)
O Município (01-01-1931)
O Município (22-04-1931)

O Município (08-05-1932)
O Município (04-02-1940)
O Paiz (30-05-1898)
O Paiz (17-12-1908)
Pacotilha (23-09-1929)
Revista da Semana (03-02-1940)
Revista Pequena Illustração (ano IX, n. 440, 1940)

Periódicos – Família Real (exílio)

A Lanceta (29-01-1890)
A Noticia (07-08-1895)
A Noticia (29-11-1895)
A Noticia (13-02-1898)
A Noticia (24-03-1898)
A Noticia (20-09-1898)
A Noticia (26-10-1900)
A Ordem (12-12-1891)
A Província (19-01-1890)
A Republica (23-09-1890)
A Republica (17-10-1901)
A Republica (07-12-1903)
Amazonas (18-09-1892)
Auctoridade (09-02-1896)
Cidade do Rio (11-05-1899)
Commercio de Portugal (05-04-1890)
Commercio de Portugal (19-10-1890)
Commercio de Portugal (20-12-1890)
Commercio de Portugal (05-08-1892)
Commercio de Portugal (17-08-1892)
Commercio de Portugal (07-12-1892)
Commercio de Portugal (26-11-1893)
Commercio de Portugal (21-02-1894)
Commercio de Portugal (13-09-1895)
Commercio de Portugal (27-09-1895)
Correio da Manhã (07-04-1891)
Correio da Manhã (06-08-1892)
Correio da Manhã (29-05-1896)
Correio da Manhã (13-01-1898)
Correio da Tarde (02-09-1893)
Correio Paulistano (25-01-1891)

Correio Paulistano (28-10-1893)
Correio Paulistano (15-12-1893)
Correio Paulistano (19-12-1893)
Diario de Noticias (27-03-1890)
Diario de Noticias (07-03-1892)
Diario do Commercio (18-11-1889)
Diario do Commercio (19-11-1889)
Diario do Commercio (22-11-1889)
Diario do Commercio (27-11-1889)
Diario do Maranhão (05-09-1898)
Estado do Espírito Santo (12-09-1891)
Gazeta de Noticias (03-01-1890)
Gazeta de Petrópolis (22-02-1896)
Gazeta de Petrópolis (11-07-1896)
Gazeta de Petrópolis (27-11-1897)
Gazeta de Petrópolis (06-04-1899)
Gazeta de Petrópolis (20-04-1901)
Gazeta do Natal (04-01-1890)
Gazeta do Norte (21-01-1890)
Gazeta do Norte (21-03-1890)
Gazeta do Sertão (06-02-1891)
Jornal do Recife (04-01-1890)
Jornal do Recife (14-01-1890)
Jornal do Recife (29-10-1895)
Minas Geraes (29-06-1896)
Minas Geraes (01-06-1897)
Minas Geraes (26-11-1897)
Minas Geraes (06-11-1899)
O Apostolo (03-09-1890)
O Apostolo (02-08-1891)
O Apostolo (19-01-1896)
O Apostolo (28-06-1896)
O Cachoeirano (12-08-1894)
O Cachoeirano (24-04-1902)
O Cearense (03-06-1891)
O Commercio de São Paulo (26-08-1896)
O Commercio de São Paulo (10-10-1896)
O Commercio de São Paulo (01-10-1902)
O Commercio de São Paulo (03-04-1903)
O Commercio de São Paulo (15-10-1903)
O Diário (11-07-1892)
O Economista (04-01-1890)

O Economista (11-11-1890)	XXX-2
O Economista (08-12-1891)	XXXVI
O Economista (08-12-1891) (2)	XXXVII
O Economista (15-12-1891)	XLI-7
O Economista (16-12-1891)	XLI-8
O Economista (16-12-1891) (1)	XLI-13
O Economista (06-12-1893)	XLI-19
O Economista (19-11-1893)	XLI-34
O Estado do Espírito Santo (18-06-1890)	XLI-35
O Jornal de Minas (28-10-1890)	XLI-62
O Mato-Grosso (01-10-1895)	XLI-63
O Orbe (27-02-1898)	XLII-14
O Pará (03-02-1900)	XLI-24
O Pharol (01-01-1890)	XLII-36
O Pharol (15-03-1890)	XLII-85
O Pharol (25-04-1891)	XLII-109
O Pharol (19-07-1891)	XLIII-8
O Pharol (31-01-1892)	XLIII-13
O Pharol (04-09-1895)	XLIV
O Pharol (28-10-1903)	XLVI
O Pharol (25-12-1903)	XLVI-3
O Povo (04-01-1890)	XLVI-4
O Republicano (12-11-1890)	XLVI-12
O Tempo (13-03-1892)	LI
Pacotilha (30-08-1891)	LIII
Pacotilha (02-11-1891)	LXIII
Pacotilha (18-01-1893)	LXIX5
Pacotilha (20-04-1901)	CXLVIII
Pequeno Jornal (29-08-1891)	CXLVIII-2
Republica (25-06-1894)	
Republica (18-10-1900)	

Arquivo do Museu Imperial

Pastas
XIII-2
XIV

Museu da Justiça – Centro Cultural do Poder Judiciário. Inventário do espólio do casal de suas altezas imperiais conde e condessa d'Eu, por falecimento da Princesa Imperial (Princesa Isabel), 1921. Disponível em: Prima PDF (tjrj.jus.br). Acesso em: 15 fev. 2024.

Agradecimentos

Tenente Álvaro Luiz dos Santos Alves (Arquivo Histórico do Exército), Antônio Carlos Secchin (ABL), Armando Alexandre dos Santos, Douglas Fazollatto, Jean do Carmo, Fernando Antônio de Abreu e Silva, Leandro Garcia, Lizir Arcanjo, Luiza Lobo, Maria Celina Soares de Mello e Silva (Arquivo Museu Imperial), General de Brigada Márcio Tadeu Bettega Bergo (IGHM), Sonia Lima (IHGB).

**Acreditamos
nos livros**

Este livro foi composto em Mrs Eaves XL Serif e impresso
pela Geográfica para a Editora Planeta
do Brasil em agosto de 2024.